INHALT

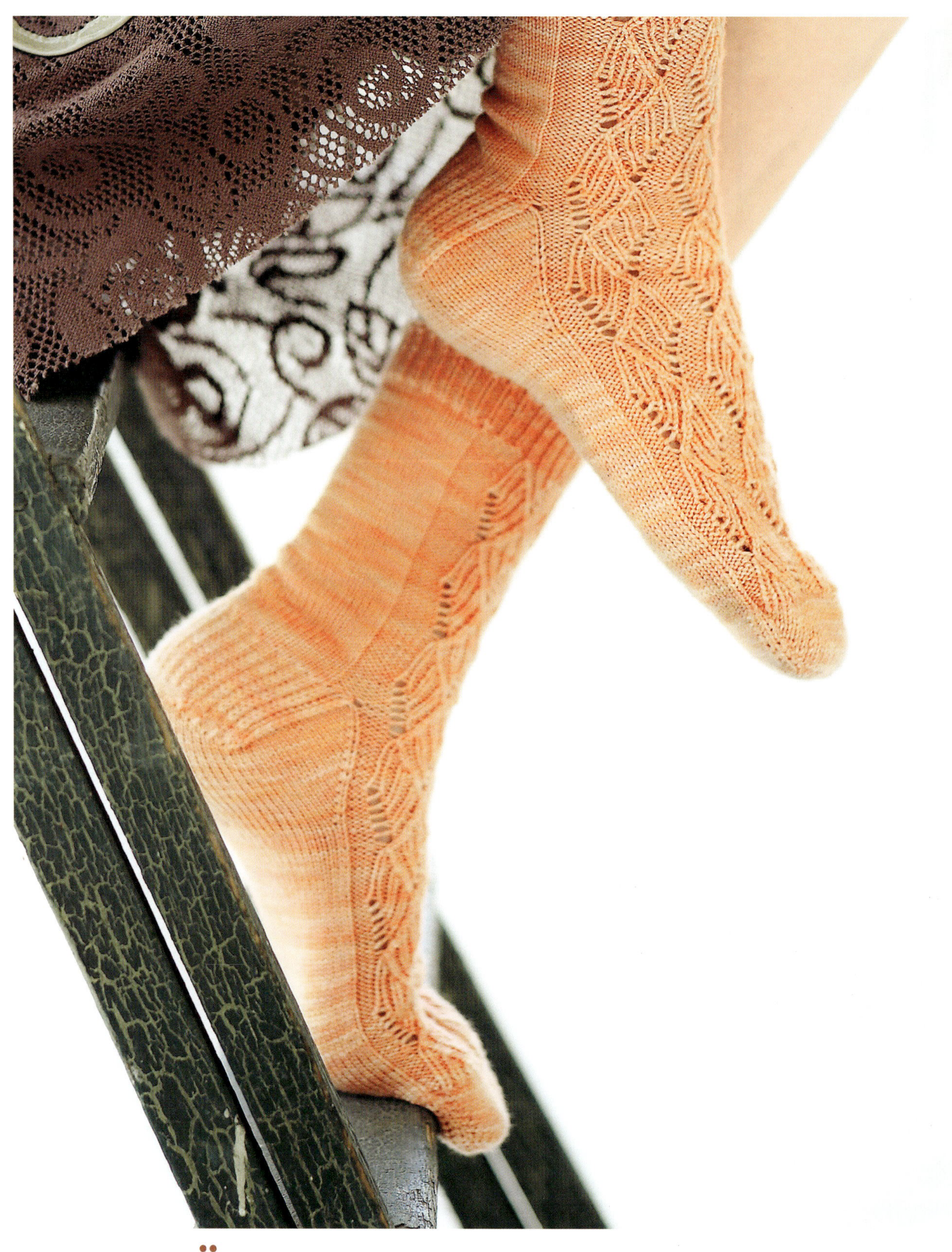

EINFÜHRUNG

Wendy D. Johnson

Socken stricken andersrum

VON DER SPITZE ZUM BÜNDCHEN

Grundtechniken und Modelle von Wendy Knits

Bassermann

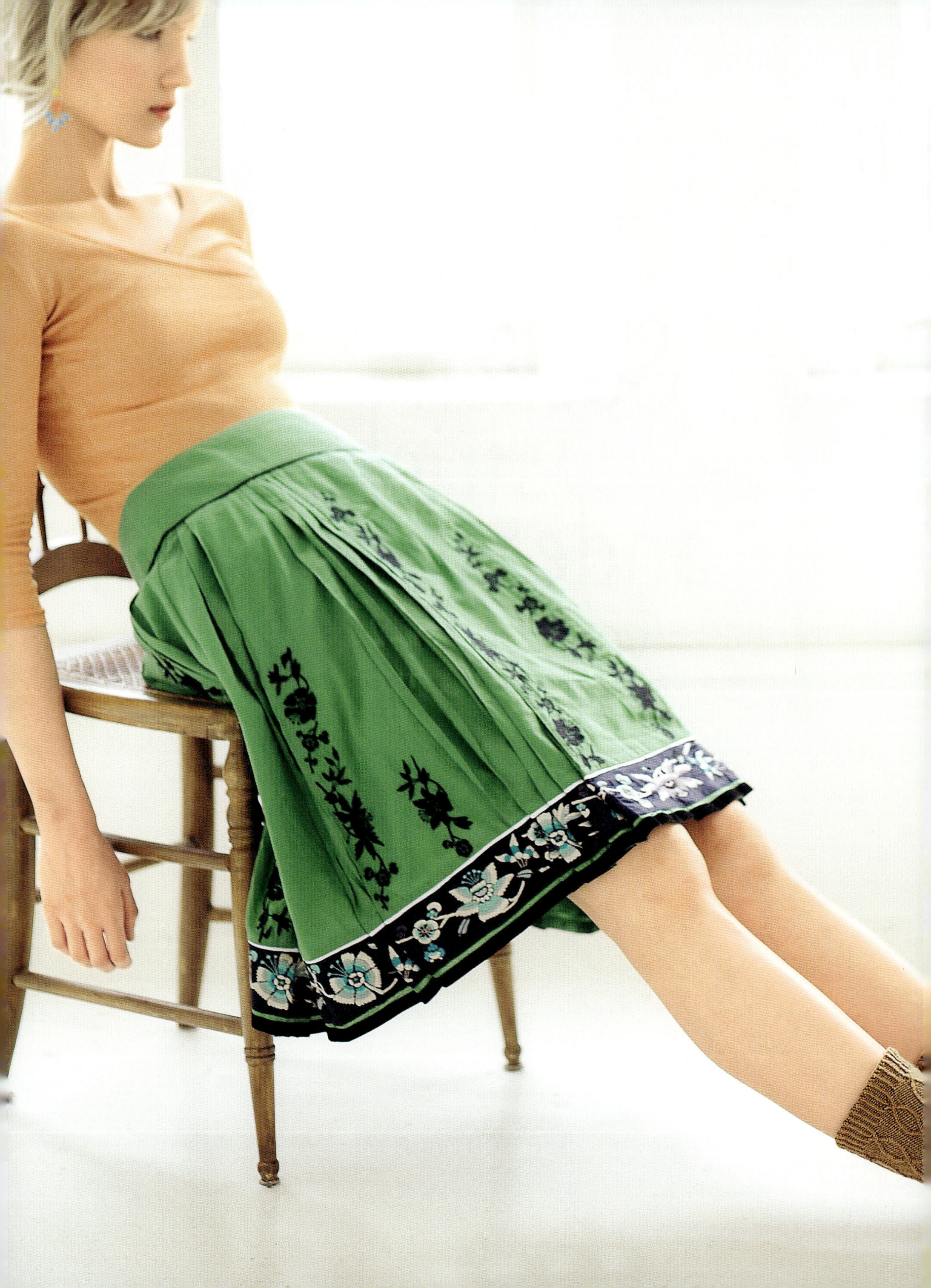

Selbstmusternde Garne, die es seit einigen Jahren gab, verführten mich als junges Mädchen zum Sockenstricken, denn alles, was wie Zauberei aussah, machte mir Freude. Daher verfiel ich dem Stricken, nachdem ich Sockengarn erspähte, das beim Stricken Tigerstreifen bildete.

Ich wollte meine Socken von den Zehen aus nach oben arbeiten. Warum Toe-ups stricken? Ganz einfach: Ich konnte Maschenstiche nicht ausstehen. Ideal ist diese Methode auch für ein begrenztes Garnkontingent. Ich stricke bis der Faden zu Ende ist – ohne Angst, dass ich die Socken nicht fertigstellen kann.

Als ich dann täglich mit der Bahn zum Büro pendelte, nutzte ich die Fahrzeit fürs Sockenstricken. Möglichst unkompliziert wollte ich es gestalten, daher beschäftigte ich mich mit dem Stricken von der Spitze aus und verlegte mich auf Techniken, die am einfachsten schienen: der offene Anschlag, die Spitze und die Ferse mit verkürzten Reihen. Gemäß diesen Techniken erarbeitete ich ein Modell und merkte mir das Schema.

Später entwickelte ich eine verbesserte Grundanleitung für Toe-up-Socken und stellte sie als Muster für jegliche Modelle und Garnstärken auf meine Homepage. Zahllose Strickerinnen haben diese Anleitung, auf ihre Garnstärke und Fußgröße abgestimmt, inzwischen genutzt.

Doch die Lust am Sockenstricken verließ mich für etwa zwei Jahre, bis ein Freund sich ein handgestricktes Paar wünschte. Ich holte meine Grundanleitung hervor, strickte die Socken und war dem Zauber sofort wieder verfallen. Frohgemut strickte ich etwa ein Jahr nach meinem Schema weiter.

Vor einigen Jahren änderte sich alles. Meine verkürzten Reihen langweilten mich, ich testete andere Techniken für Ferse und Spitze. So erstellte ich neue Grundanleitungen für zwei verschiedene Zwickelfersen, die so aussahen, als wären die Strümpfe von oben nach unten gestrickt. Nun entstanden meine Toe-up-Socken nach diesen Grundanleitungen.

Kurz darauf hörte ich von einem Projekt der Online-Strickwelt: »The Summer of Socks 2007«. Nach dieser Idee sollte der Sommer im Zeichen des Sockenstrickens stehen. Ob man nur Socken strickte oder sie mit anderen Arbeiten kombinierte, konnten die Teilnehmer selbst entscheiden. Es würde Wettbewerbe, Spiele und andere Veranstaltungen geben. Das klang nach Spaß, es gab nur wenige Regeln – und so meldete ich mich an.

»Hey! Nur zum Spaß – mal sehen, wie viele Modelle ich selbst entwerfen und im Sommer der Socken stricken kann«, dachte ich, holte Millimeterpapier und Bleistifte heraus und legte los.

Am Ende des Sommers hatte ich neunzehn Sockenpaare fertig. Von diesen Modellen entstanden achtzehn nach meinem eigenen Design.

Doch ich begnügte mich nicht mit dem Entwurf von Socken. Ich schrieb weitere Anleitungen für Toe-up-Modelle und strickte sie. Und so entstand dieses Buch.

»Socken stricken andersrum« enthält eine Bandbreite von einfachen bis fortgeschrittenen Ideen, von Loch-, Zopf- und Strukturmustern. Auch zeige ich drei einfache Basismodelle mit den drei verschiedenen Fersen, die mir am besten gefallen. Nehmen Sie sie als Ausgangspunkt für ganz individuell entwickelte Muster. Mein Ziel: Die Socken sollen Ihnen schon beim Stricken Spaß machen, schön anzuschauen und bequem zu tragen sein. Ich hoffe, Sie genießen das Stricken genauso wie ich das Entwerfen.

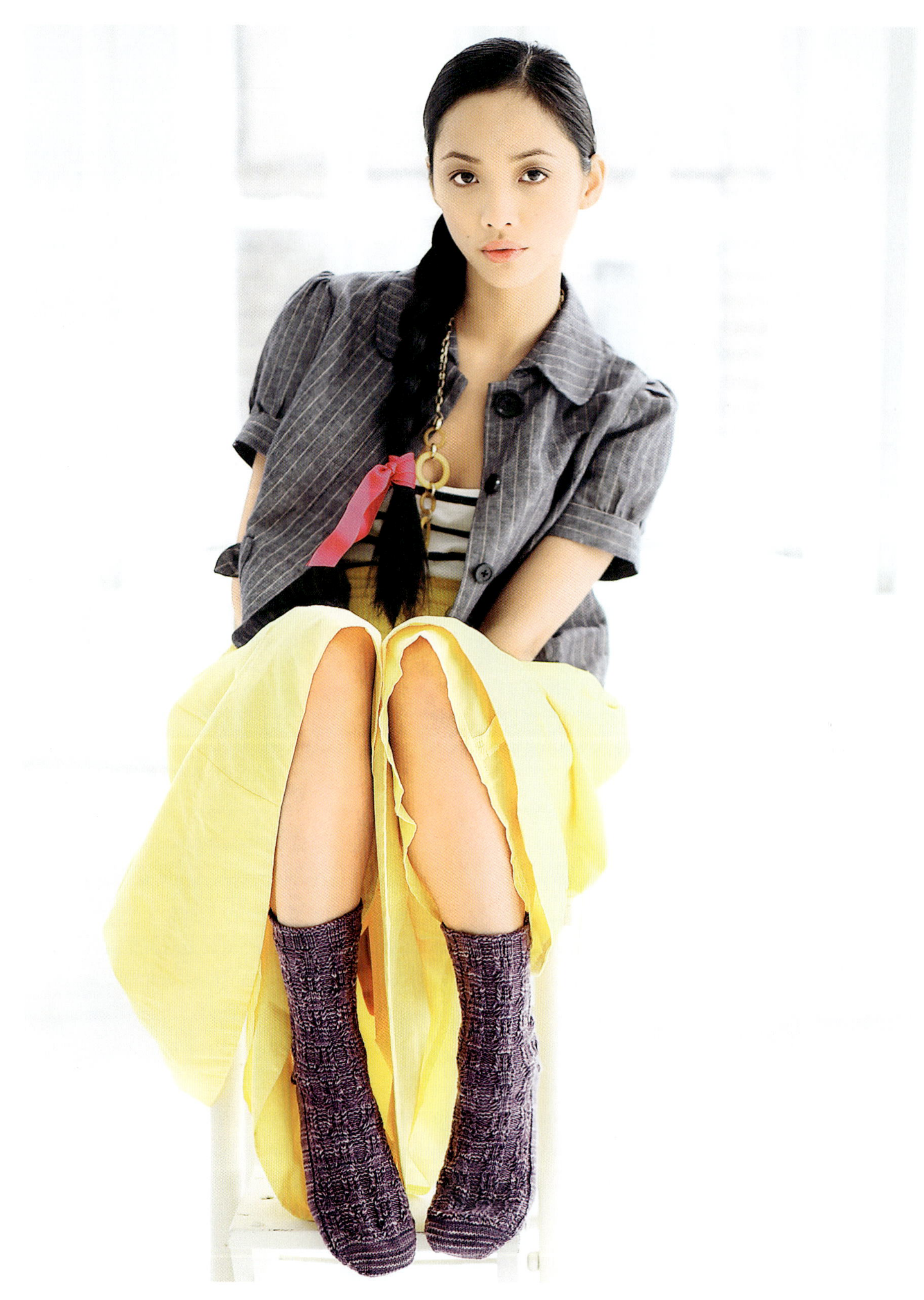

TEIL 1: TOE-UP-GRUNDLAGEN

STRICKZUBEHÖR FÜR SOCKEN

SIE MÖCHTEN SOCKEN STRICKEN? FÜR EINEN GELUNGENEN START BRAUCHEN SIE GUTES WERKZEUG. ES SIND WIRKLICH NICHT VIELE UND KEINE TEUREN DINGE NÖTIG, UM SOCKEN ANZUFERTIGEN. DOCH SIE SOLLTEN DAS ZUBEHÖR SORGFÄLTIG AUSWÄHLEN, DAMIT IHNEN DAS STRICKEN GUT VON DER HAND GEHT.

STRICKNADELN AUSWÄHLEN

Das wichtigste und wirklich notwendige Zubehör für Sockenstricker? Stricknadeln – was niemand wirklich wundert!

Stricknadeln sind in verschiedensten Materialien erhältlich, etwa aus Bambus, Holz, Metall und Kunststoff. Entscheiden Sie einerseits nach persönlicher Vorliebe, andererseits nach der Anwendung. Als Strickneuling oder wenn Sie sich erstmals an Socken heranwagen, probieren Sie hölzerne Nadeln aus, denn sie fühlen sich griffig an und halten die Maschen gut fest. Auch können die Maschen bei sehr glattem Garn (etwa Seidenmischungen) weniger leicht von den Holznadeln herabrutschen. Möchten Sie als erfahrene Strickerin das Tempo beschleunigen, wechseln Sie zu schnellen Metallnadeln. Dank ihrer glatten Oberfläche gleiten die Maschen schnell und glatt über die Spitzen. Für strukturierte Garne, beispielsweise Baumwoll-Synthetik-Mischungen, sind Metallnadeln ebenfalls ideal, da die Maschen an der glatten Oberfläche nicht haften. Wenn Ihnen Holznadeln öfter entzweigehen, testen Sie Metallnadeln – diese werden Sie nur schwer zerbrechen können. Empfinden Sie Metallnadeln als zu kühl? Dann wählen sie welche, die sich durch die Körpertemperatur erwärmen, so wie Holz- oder Kunststoffnadeln. Es gibt keine Regel, dass Sie all Ihre Socken mit denselben Stricknadeln anfertigen müssen; wählen Sie solche, die sich am besten fürs Garn eignen.

Socken können Sie auf dreierlei Arten in der Runde stricken: mit einem Nadelspiel, mit zwei Rundstricknadeln oder mit nur einer Rundstricknadel mithilfe der sogenannten Zauberschlinge. Diese drei verschiedenen Methoden werden detailliert im Technikkapitel ab Seite 22 beschrieben.

NADELSPIELE

Die kurzen Stricknadeln zum Rundstricken haben eine Spitze an beiden Enden und werden üblicherweise in Sets mit je fünf Nadeln angeboten; man nennt solch ein Set Nadelspiel. Mit diesen fünf Nadeln kann man sehr bequem arbeiten, indem man die Maschenrunde auf vier Nadeln verteilt und die fünfte Nadel zum Abstricken verwendet. So lassen sich nicht nur die Fersenmaschen besser von den Oberfußmaschen unterscheiden, sondern auch im Gestrick zu viele lockere Maschen oder gar ganze »Leitern« an den Übergängen von einer Nadel vermeiden, weil an diesen Stellen die Fadenspannung geringer ist.

Nadelspiele gibt es in diversen Längen zwischen 15 cm und 44 cm. Ich besitze zufällig mehrere 35,5 cm lange Nadelspiele aus Stahl und in sehr geringer Stärke, sie sehen sehr gefährlich aus. Ich empfehle sie Ihnen nicht als Socken-Stricknadeln, außer wenn Sie sie gleichzeitig als Waffen nutzen wollen – zu leicht wird jemand verletzt, der sich Ihnen nähert, während Sie beim Stricken sind!

Ich meine, dass sich Socken mit 15 cm langen Nadeln am einfachsten stricken lassen. Sind die Nadeln kürzer, piekse ich mir zu leicht in die Handinnenflächen. Mit längeren Nadeln arbeite ich zu langsam und ärgere mich darüber, dass ich ständig das Gestrick von einem Ende der Nadeln zum anderen schieben muss.

ZWEI RUNDSTRICKNADELN

Socken auf zwei Rundstricknadeln zu stricken, das wurde meine Lieblingsmethode. Sie brauchen dazu zwei Rundstricknadeln gleicher Stärke (etwa 2 mm), aber nicht unbedingt gleicher Länge. Einige Strickerinnen bevorzugen sogar Nadeln mit unterschiedlich langen Kunststoffseilen, so können sie auf Anhieb beide Nadeln unterscheiden.

Einige Menschen bevorzugen kurze Rundstricknadeln (etwa 40 cm), andere finden es bequemer, mit mindestens 60 cm langen Stricknadeln zu arbeiten. Die Länge ist wirklich eine Frage der persönlichen Vorliebe und kann auch davon abhängen, welches Exemplar sie zufällig im Haus haben.

EINE LANGE RUNDSTRICKNADEL

Bei der Sockenstrickmethode mit der Zauberschlinge brauchen Sie nur eine einzige lange Rundstricknadel. Zum Erlernen dieser Technik verwenden Sie eine mindestens 100 cm lange Nadel, besser geeignet ist gar eine 120 cm lange.

Einige Leute kommen zwar auch mit einer kürzeren zurecht, doch mit einer ausreichend langen Rundstricknadel ist es zu Beginn viel leichter. Damit sich später das Mittelteil gut biegen lässt, achten Sie darauf, dass das Kunststoffseil sehr flexibel ist und einen glatten Übergang zu den festen Nadeln aufweist.

WEITERES ZUBEHÖR

Auch wenn Stricknadeln natürlich die allerwichtigsten Utensilien zum Sockenstricken sind, gibt es doch auch noch weiteres Zubehör, das Ihnen das Leben erleichtert.

MASCHENMARKIERER

Im Prinzip benötigt man zum Sockenstricken keinen Maschenmarkierer, um den Beginn der Runden zu kennzeichnen. Denn dieser befindet sich genau dort, wo zwei Nadeln aneinanderstoßen. Dennoch können Maschenmarkierer praktisch sein. Falls Ihr Sockenmuster Wiederholungen aufweist (Rapport) oder kompliziert ist, können Sie mit Maschenmarkierern für Klarheit sorgen. Zur Not stecken Sie kleine Ringe, die sie von Plastikstrohhalmen abschneiden, auf die Nadel oder binden einen auffälligen Kontrastfaden mit einer Schlaufe an ihr fest.

REIHENZÄHLER

Obwohl es nicht immer nötig ist, beim Sockenstricken die Reihen zu zählen, hilft es Ihnen vielleicht, bei der Arbeit den Überblick über jeden Schritt zu behalten. Außerdem sorgt das Reihenzählen dafür, dass die zwei Socken eines Paares genau gleich groß werden.

Wenn Sie ein Muster stricken, dass sich nach einer bestimmten Anzahl von Reihen wiederholt, finden Sie einen Reihenzähler vermutlich ebenfalls praktisch. Am besten nehmen Sie einen Klickzähler (Handzähler), den man sich auch umhängen kann. Ein kleiner zylindrischer Zähler, den man auf die Stricknadel aufsteckt, ist im Prinzip nützlich, weil er immer am Gestrick bleibt. Doch beim Sockenstricken in Runden behindert er die Arbeit, weil man ihn ständig umstecken muss.

TIPP: Sollten Sie nur einen zylindrischen Reihenzähler zum Aufstecken besitzen, befestigen Sie ihn besser mit einer riesigen Sicherheitsnadel am Gestrick.

MASSBAND ODER LINEAL

Sollten Sie keine Reihen mit dem Reihenzähler zählen, benötigen Sie etwas zum Messen, etwa ein Maßband oder ein Lineal. Auf Reisen mit Ihrem Strickzeug sollten Sie stets ein Maßband als Standardgepäck in Ihrer Tasche mitführen. Ich kann Ihnen gar nicht sagen, wie oft ich schon unterwegs ein Messutensil vermisst habe, aber dringend gebraucht hätte. Fast hätte ich einmal in meiner Not mir ein Lineal mit Inches und Zentimetern auf den Arm tätowieren lassen, mein gesunder Menschenverstand hat letztlich jedoch gesiegt. Aus Schaden wird man klug, und daher habe ich nun in all meine Beutel und Handtaschen ein billiges Maßband oder kurzes Lineal getan.

TIPP: Eine Visitenkarte ist meist 85 x 55 cm groß und kann zum handlichen Lineal werden: Zeichnen Sie einfach eine praktische Zentimeter-Skala auf eine Ihrer Visitenkarten. Sollten Sie dieses Exemplar aus Versehen bei einem Geschäftskontakt weitergeben, fertigen Sie sich eben ein neues Minilineal an!

MASCHENRAFFER

Auch Maschenraffer (lange Sicherheitsnadeln ohne Spirale) nutze ich zum Messen. Als Socken strickende Berufspendlerin wechsle ich ständig Beutel und Handtaschen, weshalb mir trotz guter Vorsätze manchmal ein Lineal fehlt. So messe ich vor dem Verlassen des Hauses oder Büros mein Gestrick aus und markiere bestimmte Messstellen mit dem Maschenraffer. Beim Anfertigen eigener Socken stricke ich beispielsweise immer 18 cm, bevor ich mit der Fersenzunahme beginne. Wenn ich mehr als 12 cm gestrickt habe, kennzeichne ich diese Stelle mit der Nadel. Weil ich meine Maschenprobe fürs jeweilige Garn kenne, weiß ich dann genau, wie viele Reihen ich ab hier noch bis zum Erreichen von 18 cm stricken muss. Auch den Beginn der Fersenzunahme können Sie markieren, um das Abzählen aller Zunahmereihen zu erleichtern. So dienen Maschenraffer nicht nur zum Halten stillgelegter Maschen, sondern helfen auch beim Markieren.

ZOPFNADELN

Möchten Sie Zopfmustersocken stricken? Und gehören Sie nicht zu denen, die hier grundsätzlich ohne Hilfsmittel auskommen? Dann helfen Ihnen Zopfnadeln (Zopfmusternadeln) weiter. Zur Not tut es auch ein Zahnstocher – der sich dann jedoch selten finden lässt.

STICKNADELN

Das Schöne an Toe-up-Socken ist, dass man hier keine Maschenstiche braucht. Dennoch muss man an zwei Stellen den Faden vernähen: am Anfang und Ende der Socken. Auch wenn Sie das Bündchen italienisch abketten, ist eine vorn abgerundete Sticknadel oder eine dicke Stopfnadel vonnöten.

SCHERE

Schließlich brauchen Sie eine Schere, um den Faden am Ende der Strickarbeit abzuschneiden. (Ich war dafür bekannt, dass ich das Garn durchbiss, wenn ich keine Schere zur Hand hatte. Aber weder empfehle ich es, noch bin ich stolz darauf. Außerdem erntet man vor allem befremdliche Blicke von den Mitreisenden in der Bahn.)

NOTIZBUCH UND HAFTNOTIZEN

Zu einem Ihrer wertvollsten Hilfsmittel könnte ein Notizbüchlein werden, worin Sie den Ablauf des Sockenstrickens festhalten. Ich notiere gern etwas auf Haftnotiz-Zetteln, klebe sie auf meine Anleitung und habe so alle Information parat, wenn ich die zweite Socke beginne.

SOCKENSPANNER

Sie dienen dazu, die Socken nach der Wäsche in Form zu bringen. Doch ehrlich gesagt: Ich spanne meine Socken nicht nach der Wäsche. Ich meine, dass Sie sich bestens am Fuß ausformen. Möchten Sie aber, so wie ich, Ihre gestrickten Socken hin und wieder fotografieren, können Sockenspanner äußerst praktisch für die Präsentation Ihrer Meisterstücke sein.

GARNE ZUM SOCKENSTRICKEN

Ein Motto von mir lautet: »Sockengarn wird nicht weggeräumt.« Und ich werde es verteidigen - trotz aller gegenteiligen Meinungen.

Sockengarn ist mein liebster Luxus. Und ein erschwinglicher dazu, denn Sie brauchen sich nur ein bis zwei Knäuel oder Stränge zu kaufen, um ein Sockenpaar zu stricken. Der Anblick meiner Sockengarne erinnert mich an kleine Juwelen und Kostbarkeiten, die in allen Farben leuchten und mich glücklich machen. Im Wohnzimmer arrangiere ich die Wolle dekorativ in Körbe und Schalen.

Noch vor einigen Jahren gab es nur wenige Sockengarne zu kaufen: einfarbig und in robusten Wolle-Synthetik-Mischungen, die rau und praktisch waren. Dann eroberten selbstmusternde Garne mit Streifeneffekt die Szene. Kürzlich tauchten handgefärbte Sockengarne von »Indie Dyers« in kleinen Onlineshops auf. Inzwischen gibt es Sockengarne in allen Regenbogenfarben und aus unterschiedlichsten Fasern.

Was können Sie von Sockengarnen erwarten? Für Einsteiger ist ein pflegeleichtes Garn ideal. Superwash-Wolle ist eine gute Wahl, damit überstehen Ihre Socken die Maschinenwäsche. Oftmals werden diese Socken von Hand gewaschen, ich hingegen gebe sie in den Schonwaschgang der Maschine. Wenn ich es eilig habe, kommen sie sogar in den Wäschetrockner, wobei ich sie meist noch leicht feucht herausnehme. Zum Stricken möglichst langlebiger Socken empfehle ich ein Mischgarn mit Polyamid-Anteil. Wünschen Sie ein sehr weiches Garn, bietet sich Merinowolle an. Ein fest gezwirntes Garn ist natürlich haltbarer als eine eher locker gesponnene Sorte.

Sockengarn gibt's in diversen Fasern und Mischungen wie Schurwolle, Alpaka, Kaschmir, Seide, Bambus und Baumwolle. Leben Sie in einer warmen Region, eignet sich Baumwollgarn für handgestrickte Socken. Es sollte aber elastisch sein, etwa durch beigemischte Synthetikfasern, so halten die Socken ihre Form und sacken nicht faltig am Bein herab.

Viele Universalgarne, das sollte hier angemerkt werden, halten auch den Anforderungen eines Sockengarns stand. Sie sollten das Garn aber dichter verstricken, als auf der Banderole in der Maschenprobe angegeben ist. Zum Beispiel verarbeite ich gern eine dickere Wolle: jedoch nicht mit den angegebenen 20 oder weniger Maschen pro 10 cm, sondern mit 24 Maschen, wie für dünneres Garn empfohlen. Denn durch festeres Stricken und engere Maschen wird das Gestrick kräftiger, dichter und dadurch haltbarer.

Doch Vorsicht bei handbemalten und -gefärbten Sockengarnen: Je komplizierter Ihr Strickmuster ist, umso weniger kontrastreich sollte Ihre Garnfarbe sein. Denn ein akribisch gestaltetes, kompliziertes Lochmuster, das in der wilden Farbpalette des Garns gar nicht sichtbar ist, ist doch mehr als enttäuschend! Es gibt viele wunderbare einfarbige, nur leicht schattierte, melierte und fein gesprenkelte Sockengarne. Während viele der in diesem Buch gezeigten Modelle in ruhiger Farbgebung am besten aussehen, wirken andere Socken auch in den lebendigsten handgefärbten Mustergarnen toll, was in der jeweiligen Anleitung erwähnt ist.

Die meisten Garne dieses Buches stammen aus den USA, einige davon können auch in Deutschland übers Internet bestellt werden (Seite 125). Ansonsten wählen Sie sich anhand der angegebenen Lauflängen und Maschenproben ein eigenes Garn aus, das Ihren Vorstellungen am ehesten entspricht. Lassen Sie sich am besten in einem Wollfachgeschäft beraten. Sie werden viel Freude dabei haben, die verschiedensten Garne beim Sockenstricken auszuprobieren – und genauso viel Spaß beim Sammeln all der Knäuel. Sie wissen ja: Sockengarn wird nicht weggeräumt!

WIE MAN EIN WOLLKNÄUEL IN ZWEI GLEICHE TEILE AUFTEILT

Ein Vorteil der Toe-up-Methode: Man kann von den Zehen aus so weit hinauf stricken, bis das Garn zu Ende ist. Aber was tun, wenn ein dickes Wollknäuel oder ein Strang gleich für zwei Socken reicht? Man halbiert den Garnvorrat einfach schon zu Beginn. Sie benötigen nur einen kleinen Apparat – einen Knäuelwickler – oder Ihre Hände sowie eine Waage (zum Beispiel eine preiswerte Küchen-Digitalwaage, die auch kleine Mengen anzeigt.)

Einen Strang wickeln Sie zuerst zu einem Knäuel (entfällt bei einer als Knäuel gekauften Wolle). Wiegen Sie dann das Gesamtgewicht des Knäuels, notieren Sie sich diese Zahl und dividieren Sie sie durch zwei. Dann wickeln Sie das Garn zu einem neuen Knäuel ab, wobei Sie ab und zu das große Knäuel wiegen. Ist die Hälfte des Ausgangsgewichts erreicht, schneiden Sie den Faden durch – und Sie haben nun zwei gleich schwere Knäuel. Bei selbstmusterndem Garn sollten Sie jetzt auch das Ausgangsknäuel zu einem neuen Knäuel wickeln, damit der Faden in beiden Fällen in der gleichen Richtung verläuft. Sonst würde später die Farbstreifenabfolge in einer der Socken umgekehrt erscheinen.

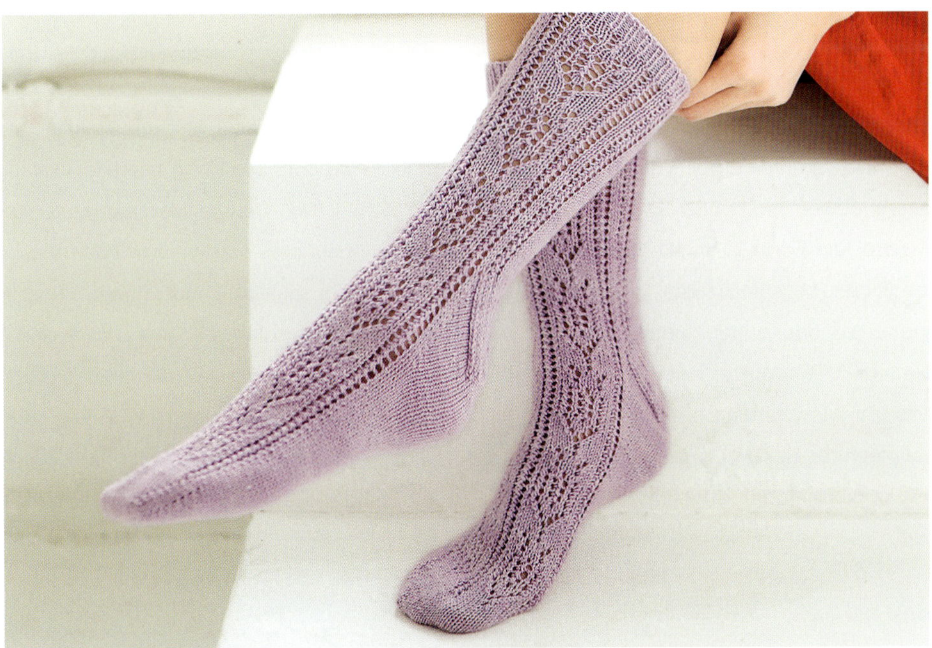

TECHNIKEN

WIE STRICKT MAN TOE-UP-SOCKEN? SIE AHNEN ES: MAN BEGINNT AN DER SPITZE, ARBEITET SICH AM FUSS ENTLANG, STRICKT DIE FERSE UND DANN DAS BEIN. DOCH ZU BEGINN MÜSSEN SIE EINIGE LEITMASSE VOM FUSS DES SPÄTEREN TRÄGERS ABNEHMEN, DAMIT DIE SOCKEN SPÄTER PASSGENAU SITZEN.

DEN FUSS AUSMESSEN

Zuerst messen Sie den Umfang des Fußes (Ballenmaß) an seiner breitesten Stelle, das ist gewöhnlich vorn am Fußballen. Ziehen Sie nun von diesem Maß 10 Prozent ab, denn eine Socke mit guter Passform muss ausreichend stramm sitzen. Dieses Ergebnis ist schließlich das Maß, das Sie für den Umfang Ihrer Socke benötigen.

Das zweite Maß, das Sie brauchen, kennzeichnet die Länge der Fußsohle – und zwar nur von der Spitze der längsten Zehe bis zu der Stelle, wo darüber der Knöchel beginnt.

Es ist auch hilfreich, zusätzlich den Beinumfang direkt über dem Knöchel zu messen. Sollte dieser Umfang (minus 10 Prozent wie beim Ballenmaß) stark vom Ballenmaß abweichen, notieren Sie sich das: Sobald Sie später die Ferse gestrickt haben und mit dem Bein beginnen, passen Sie die Maschenanzahl entsprechend an (zu- oder abnehmen).

Wenn Sie jedoch ein Muster stricken, das nur bei einer bestimmten Maschenanzahl korrekt aussieht, können Sie einfach die Beinweite dadurch verändern, dass Sie mit stärkeren oder dünneren Stricknadeln weiterarbeiten.

EIN WORT ZUR MASCHENPROBE

Eine Maschenprobe ist beim Sockenstricken entscheidend. Weicht Ihre Strickweise nur wenige Maschen von der Empfehlung ab, kann es durchaus sein, dass die Socke zu locker sitzt, am Bein herabrutscht und am Fuß Wellen schlägt; oder die Socke wird zu eng und lässt sich kaum über Ferse und Knöchel ziehen.

Angenommen, ein Modell erfordert zum Beispiel 64 Maschen in der ersten Runde. Zeigt Ihre Maschenprobe (10 x 10 cm) nun 32 Maschen auf 10 cm, ergibt sich ein Sockenumfang von 20 cm. Wenn Sie aber lockerer stricken, etwa mit 28 Maschen auf 10 cm, beträgt der Umfang fast 23 cm. Stricken Sie hingegen fester, mit rund 36 Maschen pro 10 cm, misst der Umfang nur 18 cm. Sie sehen: Nur wenige Maschen Unterschied wirken sich stark auf die Passform aus. Zwar sind einige Strickmuster sehr elastisch und können verschieden feste Strickweisen ausgleichen. Aber andere (wie Zopfmuster) tun das nicht und müssen nach einer exakten Maschenprobe gearbeitet werden, damit die Socken wirklich gelingen.

Fertigen Sie deshalb unbedingt eine Maschenprobe an, wenn Sie ein Garn erstmals einsetzen. Sollten Sie in Runden mit anderer Festigkeit stricken als bei flachen Stücken, so wie das viele tun, sollten Sie auch Ihre Maschenprobe in Runden stricken. Dazu schlagen Sie genügend Maschen für den gestrickten Schlauch an: mit

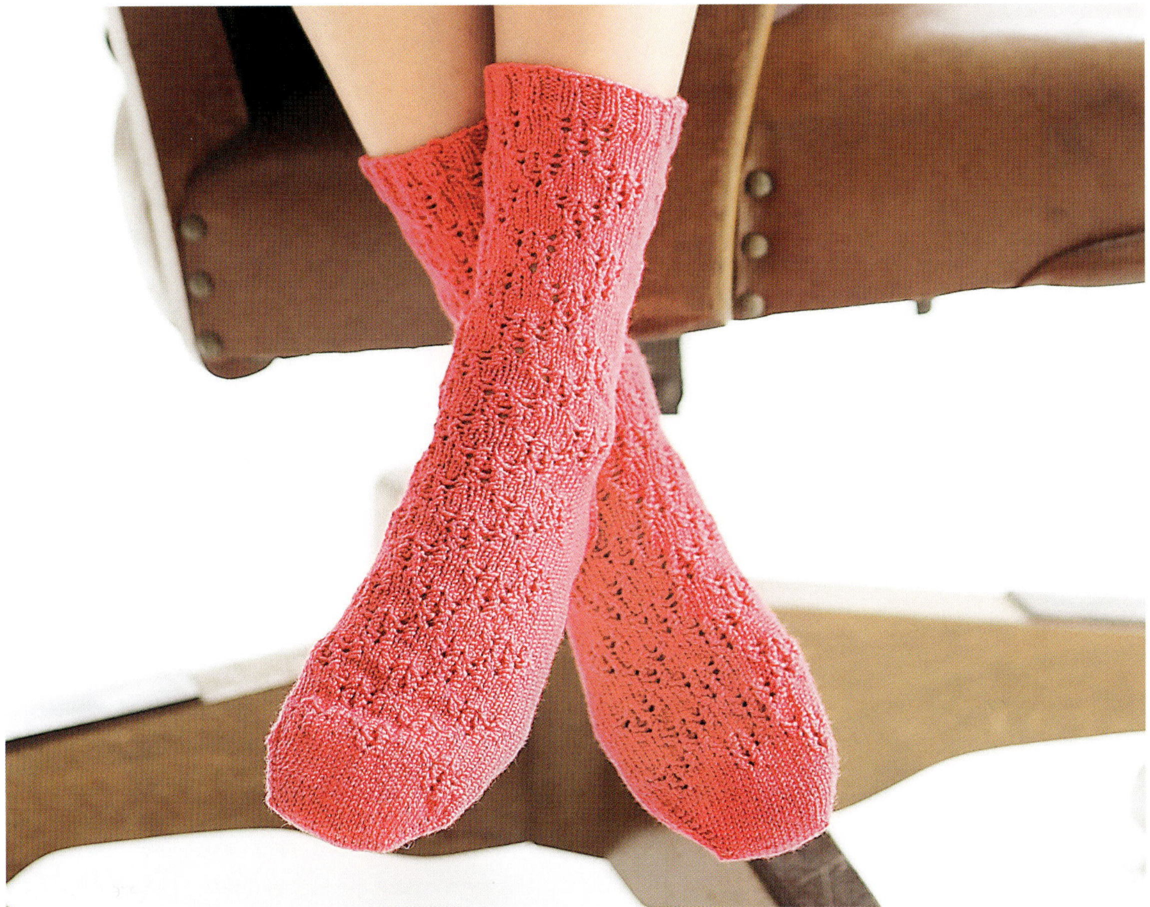

mehr als 10 cm Umfang (je mehr, desto besser!). Nach dem Schließen der Runde stricken Sie den Schlauch mindestens 10 cm lang, bevor Sie die Probe auszählen (Maschen/Reihen auf 10 x 10 cm).

Sobald Sie Ihre Maschenprobe fürs jeweilige Garn kennen, finden Sie leicht Ihre »magische Zahl« heraus: die Anzahl der Anschlagsmaschen, die für eine gut passende Socke notwendig ist. Ein Beispiel: Hat der Fuß, für den Sie stricken, einen Umfang von 22 cm, dann ziehen Sie zunächst 10 Prozent ab, was 19,8 cm ergibt (aufgerundet 20 cm). Ergab Ihre Maschenprobe 32 Maschen auf 10 cm, so benötigen Sie 64 Maschen für die 20 cm Umfang, damit die Socke gut passt.

Doch nehmen wir einmal an, das gewählte Modell benötigt für sein Muster 64 Maschen, Ihre in der Maschenprobe ermittelte »magische Zahl« ergab aber nur 60 Maschen für den erforderlichen Umfang. Dann können Sie, wenn es das Muster erlaubt, einfach hier und da einige Maschen weglassen. Falls es sich jedoch um ein Strickmuster handelt, das mit 60 Maschen nicht funktioniert, beheben Sie das Problem, indem Sie dichter stricken: entweder mit der nächstkleineren Nadelstärke oder indem Sie etwas fester stricken als sonst.

Bei den Modellen in diesem Buch sind bestimmte Nadelstärken vorgeschlagen – sie sind aber nur der Ausgangspunkt für Ihre eigene Maschenprobe. Jeder strickt anders, weshalb Sie vielleicht mit den angegebenen Nadeln zu einem anderen Ergebnis kommen. Sollten Sie bereits wissen, dass Sie die Maschenangaben mit anderen Nadelstärken erreichen, können Sie die Maschenprobe gleich damit beginnen. Ansonsten fertigen Sie am besten mehrere Maschenproben mit unterschiedlich starken Nadeln an, bis Sie die passende Methode und Strickfestigkeit gefunden haben.

SPITZEN STRICKEN

WIE BEREITS ERWÄHNT, BEGINNT MAN BEIM STRICKEN VON TOE-UP-SOCKEN AN DER SPITZE. ES GIBT VERSCHIEDENE METHODEN FÜR DEN ANSCHLAG UND DAS WEITERSTRICKEN DER ZEHENPARTIE. MEINE LIEBLINGSTECHNIKEN ZEIGE ICH IHNEN NUN. DIE ANSCHLAGTECHNIKEN SIND HIER ZWAR MIT ZWEI RUNDSTRICKNADELN ERKLÄRT, DOCH KÖNNEN SIE GENAUSO GUT NUR EINE LANGE RUNDSTRICKNADEL NEHMEN UND IN DER ZAUBERSCHLINGENTECHNIK ARBEITEN. MIT AUSNAHME DER SPITZE MIT VERKÜRZTEN REIHEN EMPFEHLE ICH, DEN ANSCHLAG MIT EINER ODER ZWEI RUNDSTRICKNADELN DURCHZUFÜHREN UND NICHT MIT DEM NADELSPIEL. DENN SIE ERZEUGEN JA ZWEI PARALLEL VERLAUFENDE MASCHENGRUPPEN. BEIM EINSATZ VON RUNDSTRICKNADELN KÖNNEN SIE DIE RUHENDEN MASCHEN BEQUEM AUFS FLEXIBLE KUNSTSTOFFSEIL SCHIEBEN - SO LASSEN SICH DIE AKTIVEN MASCHEN LEICHTER ABSTRICKEN.

SPITZE MIT VERKÜRZTEN REIHEN

Diese Anleitung gilt für Socken mit 48 Maschen in der Runde. Man beginnt mit einem offenen Anschlag über die Hälfte dieser Maschen, in diesem Fall 24.

Nehmen Sie einen Garnrest, der eine völlig andere Farbe hat als die entstehenden Socken, und häkeln Sie eine Luftmaschenkette, die einige Maschen mehr hat als die benötigte Strickmaschenanzahl. Verwenden Sie ein glattes, kein fusseliges Garn – es ist nicht leicht, später Maschen aus einer Mohair- oder Bouclégarnkette herauszustricken!

Für einen Anschlag mit 24 Maschen häkele ich gewöhnlich 30 Luftmaschen. Ketten Sie die letzte Masche ab und schneiden Sie den Faden ab. Schlingen Sie einen lockeren Knoten an dieses Garnende, von wo aus Sie später die Häkelmaschen aufribbeln. Der Knoten hilft Ihnen, gleich das richtige Ende zu finden.

Schauen Sie sich die Häkelkette an: Die eine Seite ist glatt und sieht aus wie eine Reihe Vs, die andere zeigt kleine Höcker in der Mitte eines jeden Vs.

Mit Ihrem Sockengarn und zwei Nadelspielnadeln (oder einer Rundstricknadel) stricken Sie aus den Höckern auf der Rückseite der v-förmigen Maschen jeweils eine rechte Masche heraus, bis Sie 24 Maschen auf der Nadel haben (Verkürzte Reihen, Abb. 1).

Stricken Sie diese 24 Maschen dann links ab. Nun können Sie mit den verkürzten Reihen beginnen.

Reihe 1 (Hinreihe): 23 Maschen rechts stricken. Mit dem Arbeitsfaden nach vorn die letzte Masche abheben (Abb. 2), Arbeit wenden.

Reihe 2 (Rückreihe): Die erste, ungestrickte Masche von der linken auf die rechte Nadel heben. Dabei hat sich der Faden unten um die ungestrickte erste Masche herumgewickelt (Wickelmasche). Die nächsten 22 Maschen links stricken. Vor der letzten ungestrickten Masche den Faden nach vorn legen, die Masche abheben. Die Arbeit wenden.

Reihe 3 (Hinreihe): Die Wickelmasche abheben. Die Reihe rechts stricken bis vor die letzte ungestrickte Masche vor der Wickelmasche. Den Faden nach vorn, die Masche abheben. Wenden.

Reihe 4 (Rückreihe): Die Wickelmasche abheben und die Reihe links stricken, bis vor die letzte ungestrickte Masche vor der Wickelmasche. Den Faden nach vorn, die Masche abheben. Wenden. Wiederholen Sie Reihe 3 und 4 immer weiter nach dieser Methode (Abb. 3).

Stricken Sie so weit, bis 8 stillgelegte Wickelmaschen links liegen, 8 reguläre Maschen in der Mitte und 8 stillgelegte Wickelmaschen rechts. In dieser Phase sollte jetzt mit einer rechten Reihe fortgefahren werden können. Ihre Spitze ist nun zur Hälfte fertig.

Hinweis: Die Anzahl der regulären Maschen in der Mitte hängt davon ab, wie breit Ihre Sockenspitze vorn werden soll. Für eine breitere Spitze stricken Sie einfach einige verkürzte Reihen weniger. Soll sie schmaler werden, stricken Sie weitere verkürzte Reihen.

DIE ZWEITE HÄLFTE DER SPITZE ARBEITEN

Reihe 1 (Hinreihe): Die regulären Mittelmaschen bis vor die erste ruhende Wickelmasche rechts stricken. Diese mit der Wicklung rechts zusammenstricken.

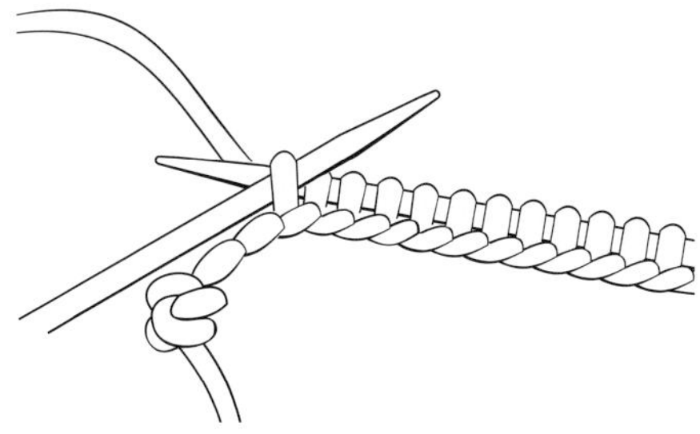

Verkürzte Reihen, Abb. 1

Hinweis: Die Wicklung sitzt fast waagerecht unten an der Masche. Heben Sie die Wicklung mit der linken auf die rechte Nadel, dann Masche und Wicklung zusammen auf die linke Nadel, um sie gemeinsam rechts zusammenzustricken (Abb. 4).

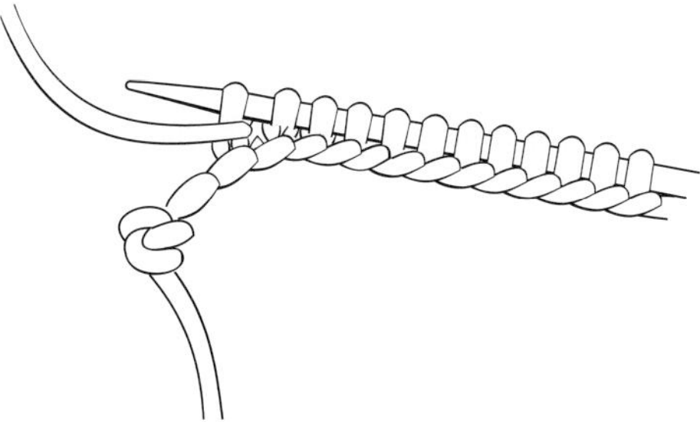

Verkürzte Reihen, Abb. 2

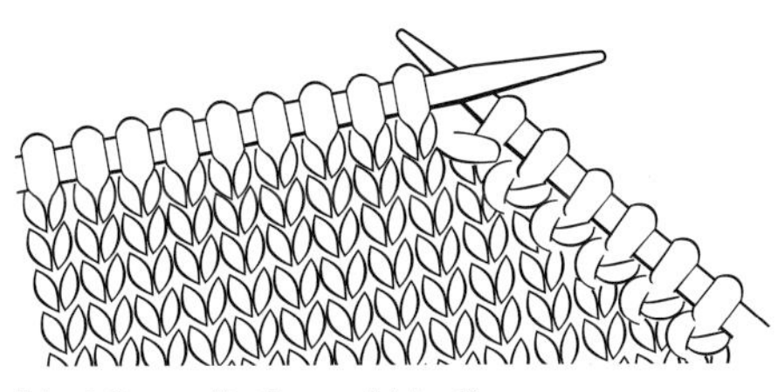

Verkürzte Reihen, Abb. 3

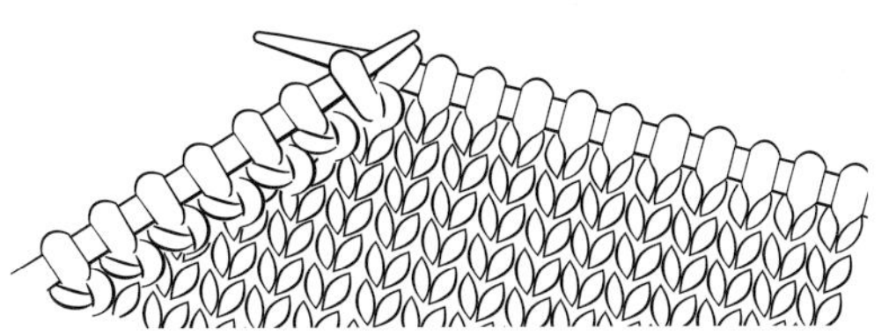

Verkürzte Reihen, Abb. 4

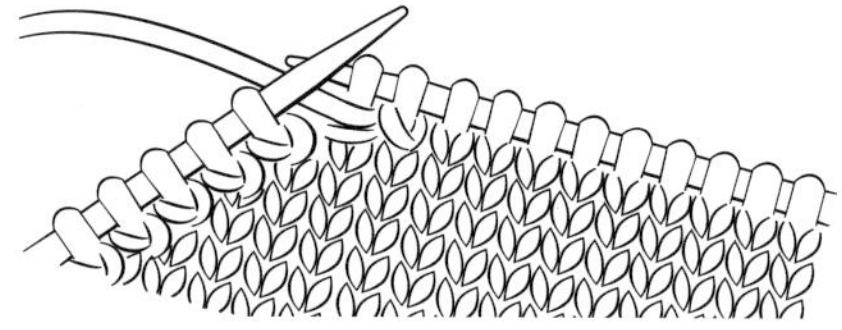

Verkürzte Reihen, Abb. 5

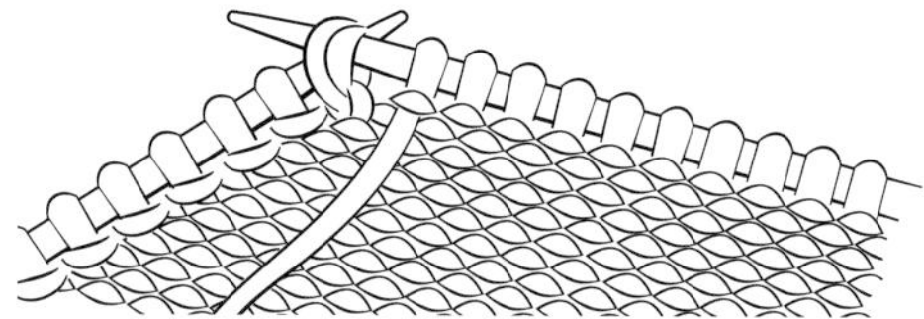

Verkürzte Reihen, Abb. 6

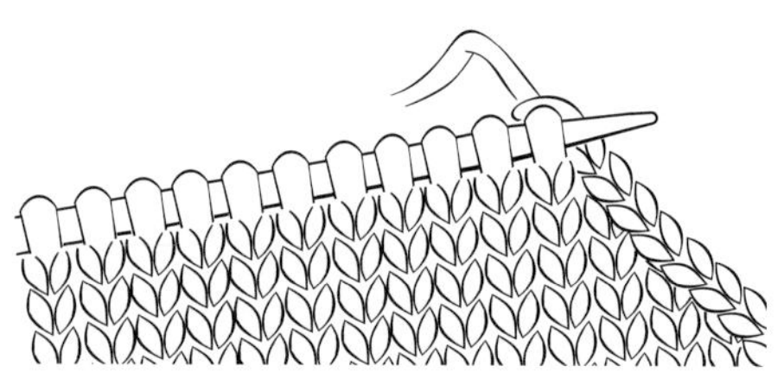

Verkürzte Reihen, Abb. 7

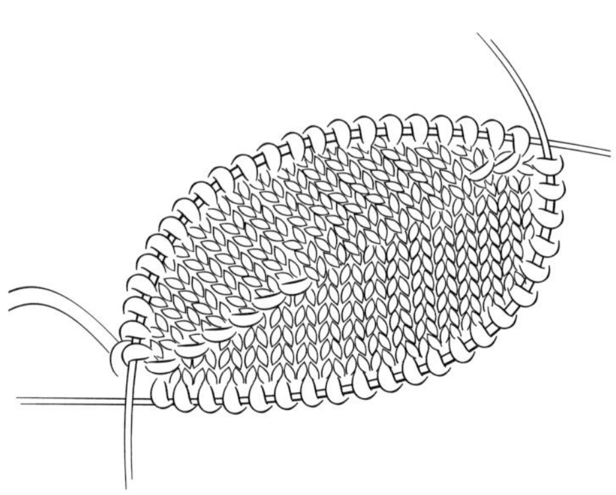

Verkürzte Reihen, Abb. 8

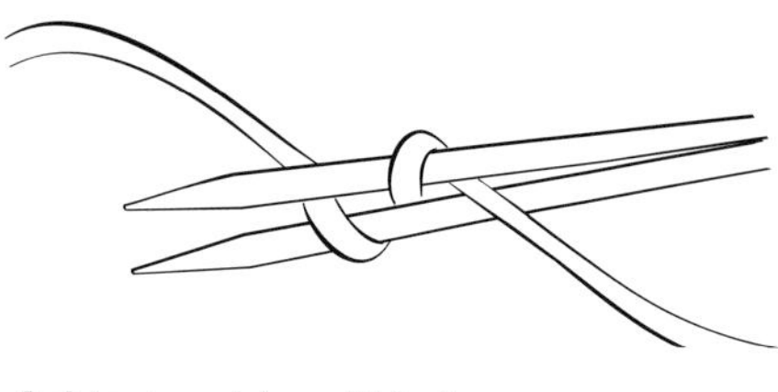

Achteranschlag, Abb. 1

Umwickeln Sie die nächste Masche (hat nun zwei Wicklungen), die Arbeit wenden (Abb. 5).

Reihe 2 (Rückreihe): Die doppelt umwickelte Masche abheben. Links weiterstricken bis vor die Wickelmasche. Die Wicklung mit der Masche links zusammenstricken. Die nächste Masche umwickeln, die Arbeit wenden (Abb. 6).

Ab jetzt die Doppelwicklungen mit ihren Maschen zusammenstricken. Fahren Sie so fort, bis alle ruhenden Wickelmaschen abgestrickt sind und wieder 24 reguläre Maschen auf der Nadel liegen. (Beim Nadelspiel verteilen Sie nun die 24 Maschen auf zwei Nadeln.)

Lösen Sie die Luftmaschenkette (Hilfsanschlag) am markierten Ende, dazu führen Sie die Spitze einer dritten Nadelspielnadel (oder zweiten Rundstricknadel) in die erste Masche unter den Luftmaschen. Lösen Sie diese Kette auf, wobei Sie Masche für Masche des offenen Anschlags auf die Nadel gleiten lassen (Abb. 7).

Diese 24 Maschen kommen auf die zweite Rundstricknadel (Abb. 8). Beim Nadelspiel verteilen Sie sie auf die dritte und vierte Nadel.

In der ersten Runde nach Ausformung der Spitze können Sie am Übergang zwischen regulären und soeben aufgenommenen Maschen eine oder zwei Extramaschen stricken, um Löcher zu vermeiden. Doch nehmen Sie sie in der nächsten Runde wieder ab, um die ursprüngliche Maschenanzahl (hier 48) zu erhalten.

Jetzt können Sie am Fuß der Socke rund weiterstricken.

SPITZE MIT ACHTERANSCHLAG

Diese Spitze erscheint anfangs kniffelig, doch mit ein wenig Übung gelingt sie garantiert. Der Vorteil: Es ist kein offener Anschlag mit Hilfsfaden nötig. Man kann sich die Methode gut merken und unterwegs anwenden – ohne jedes Mal in die Anleitung zu schauen.

Halten Sie zwei Rundstricknadeln mit je einer Spitze parallel übereinander. Drücken Sie das Fadenende frontal gegen die untere Nadel. Führen Sie den Faden zwischen den Nadeln hindurch nach hinten, dann um die obere Nadel nach vorn und wieder durch die Nadeln nach hinten. Schlingen Sie ihn um die untere Nadel herum, erneut durch die Nadeln nach hinten und immer weiter in Achten um die Nadeln herum (Achteranschlag, Abb. 1). Brauchen Sie insgesamt 16 Maschen, müssen auf jeder Nadel 8 Schlingen liegen (Abb. 2).

Der Arbeitsfaden führt von vorn nach hinten durch die Nadeln und bildet unten die letzte Schlinge. Drehen Sie die Nadelspitzen in die andere Richtung, sodass die untere Nadel oben liegt. Die jetzt untere Nadel ziehen Sie vorsichtig weiter, bis die Maschen auf dem Kunststoffseil liegen und die starren Enden herabbaumeln.

Mit dem freien Ende der oberen Nadel stricken Sie die 8 Schlingen rechts ab (Abb. 3).

Nun drehen Sie die Arbeit erneut, damit die unteren Schlingen oben liegen. Halten Sie die Fäden stramm fest und stricken Sie jetzt diese oberen Maschen auf ähnliche Weise mit dem freien Ende der oberen Nadel rechts ab; weil in dieser Reihe die Maschen verdreht auf der Nadel sitzen, stechen Sie nun ins hintere Maschenglied ein (Abb. 4).

Stricken Sie 2 weitere Reihen auf diese Weise, also insgesamt 4 Reihen. So sitzen auf der oberen und auf der unteren Nadel jeweils 8 rechte Maschen (Abb. 5).

Der Anfang der Sockenspitze ist geschafft. Die mittleren Maschen mögen etwas zu locker sein, doch nach einigen Strickrunden können Sie die Weite durch ein nach außen Ziehen des Garns etwas ausgleichen.

Starten Sie die erste Runde mit Zunahmen:

Nadel 1: 1 M re, 1 M zun, bis vor die letzte M re str, 1 M zunehmen, 1 M re (Abkü: Seite 124).

Nadel 2: 1 M re, 1 M zun, bis vor die letzte M re str, 1 M zun, 1 M re.

Danach stricken Sie eine Runde rechts ohne Zunahmen.

Wiederholen Sie diese 2 Runden so oft, bis Sie die für Ihr Sockenmodell benötigte gesamte Maschenanzahl erreicht haben: eine Hälfte auf Rundstricknadel 1, die andere Hälfte auf Nadel 2 (Abb. 7).

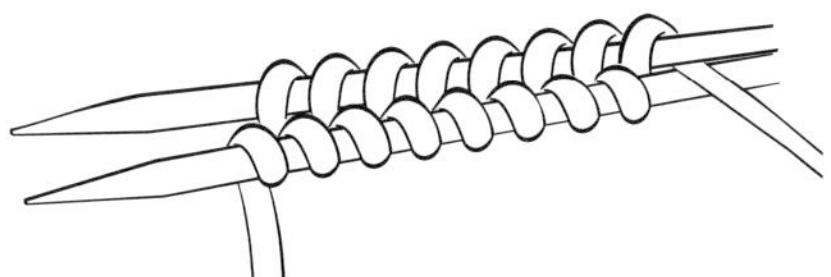

Achteranschlag, Abb. 2

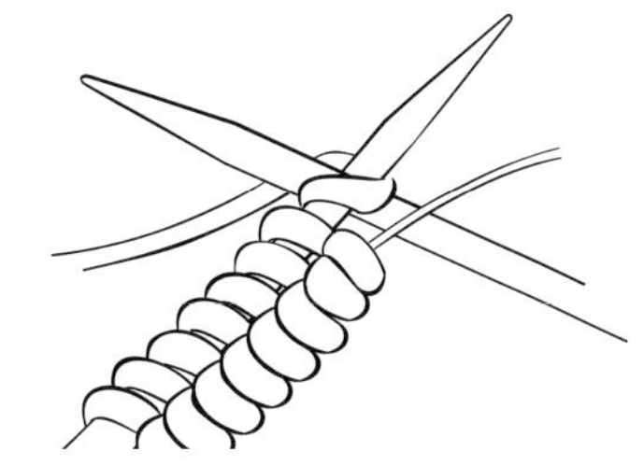

Achteranschlag, Abb. 3

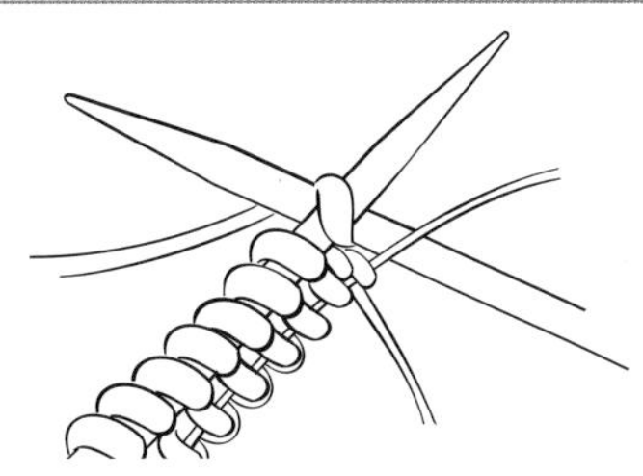

Achteranschlag, Abb. 4

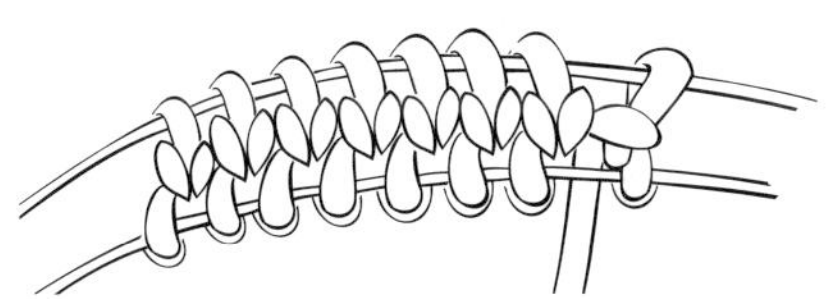

Achteranschlag, Abb. 5

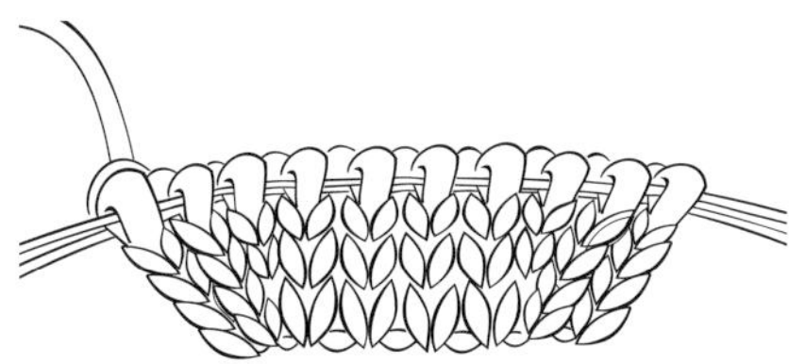

Achteranschlag, Abb. 6

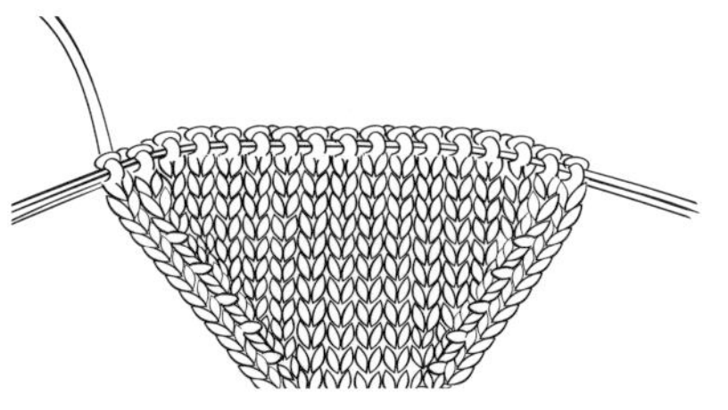

Achteranschlag, Abb. 7

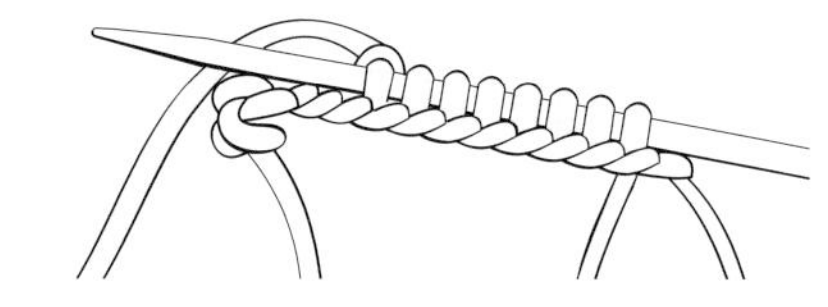

Einfach-Spitze, Abb. 1

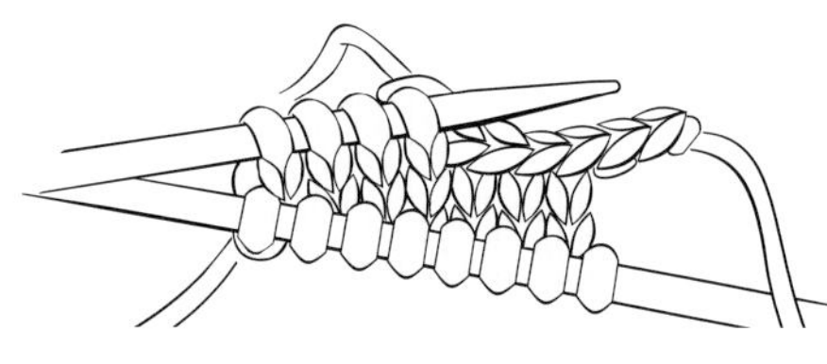

Einfach-Spitze, Abb. 2

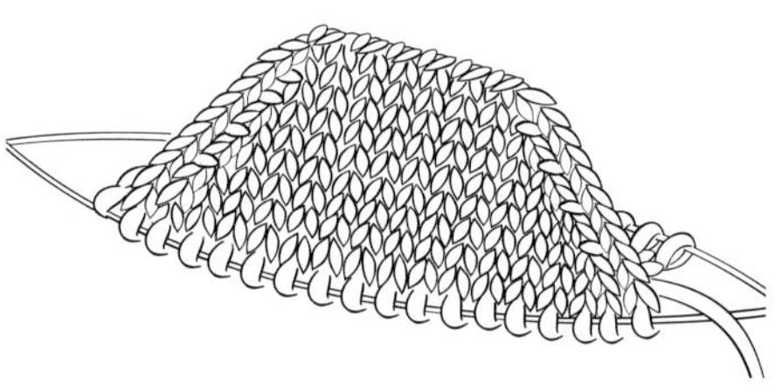

Einfach-Spitze, Abb. 3

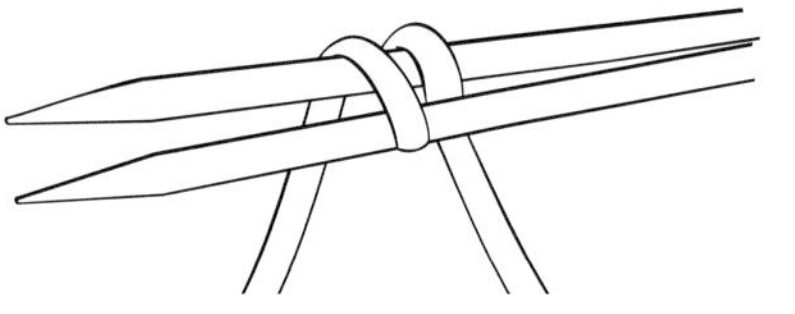

Türkisch anschlagen, Abb. 1

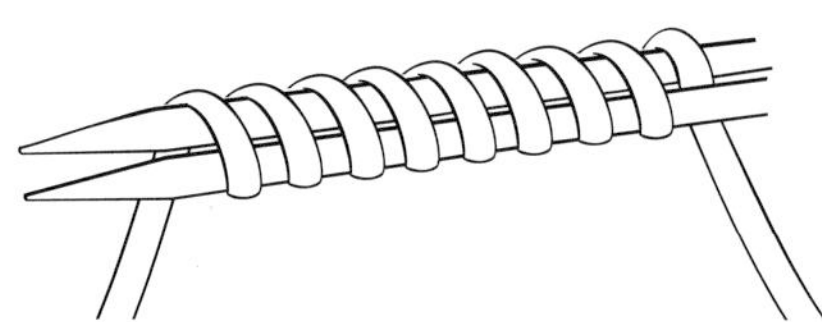

Türkisch anschlagen, Abb. 2

EINFACH-SPITZE

Die Einfach-Spitze ähnelt dem Achteranschlag, ist aber viel einfacher konstruiert. Sie starten, wie bei den verkürzten Reihen, mit einem offenen Anschlag. Mit einem Garnrest häkeln Sie eine Luftmaschenkette, die einige Maschen mehr hat als die benötigte Strickmaschenanzahl. Wenn Sie zum Beispiel 8 Maschen brauchen, häkeln Sie 12 Luftmaschen. Ketten Sie die letzte Masche ab und schneiden Sie den Faden ab. Schlingen Sie einen Knoten an dieses Garnende, von wo aus Sie später den Häkelmaschen-Hilfsanschlag aufribbeln. Der Knoten zeigt Ihnen das richtige Ende.

Mit Ihrem Sockengarn und einer Rundstricknadel oder mit zwei Nadelspielnadeln stricken Sie aus den Höckern auf der Rückseite der v-förmigen Luftmaschen jeweils eine rechte Masche heraus, bis Sie 8 Maschen auf der Nadel haben (Einfach-Spitze, Abb. 1).

Stricken Sie 4 Reihen glatt rechts. Ziehen Sie die Luftmaschenkette langsam auf und lassen Sie die offenen Maschen auf eine zweite Rundstricknadel oder eine weitere Nadelspielnadel gleiten (Abb. 2).

Jetzt haben Sie jeweils oberhalb und unterhalb des Gestricks eine Nadel mit 8 Maschen.

Starten Sie die erste Runde mit Zunahmen:

Nadel 1: 1 M re, 1 M zun, bis vor die letzte M re str, 1 M zun, 1 M re (Abkü: Seite 124).

Nadel 2: 1 M re, 1 M zun, bis vor die letzte M re str, 1 M zun, 1 M re. Danach stricken Sie eine Runde rechts ohne Zunahmen.

Wiederholen Sie diese 2 Runden so oft, bis Sie die für Ihr Sockenmodell benötigte gesamte Maschenanzahl erreicht haben: eine Hälfte auf Rundstricknadel 1, die andere Hälfte auf Nadel 2 (Abb. 3).

TÜRKISCHER MASCHENANSCHLAG

Hierfür brauchen Sie zwei Rundstricknadeln gleicher Stärke, sie dürfen aber verschieden lang sein. Legen Sie zuerst eine Knotenschlinge um die obere Nadel. Halten Sie die Nadeln parallel in der rechten Hand, die Spitzen weisen nach links. Wickeln Sie den Arbeitsfaden mehrfach von rechts nach links um die Nadeln, bis es so viele Schlingen sind (die erste Knotenschlinge zählt nicht mit), dass die Hälfte der benötigten Maschen erreicht ist (Türkischer Anschlag, Abb. 1).

Zum Beispiel wickeln Sie für 16 Strickmaschen den Faden 8-mal um die Nadeln, wobei die erste Knotenschlinge nicht mitzählt (Abb. 2).

Drehen Sie die Arbeit mit den Nadelspitzen in die andere Richtung, sodass die untere Nadel nun oben liegt. Die jetzt untere Nadel ziehen Sie vorsichtig weiter, bis die Schlingen auf dem Kunststoffseil liegen und die starren Enden herabbaumeln.

Mit dem freien Ende der oberen Nadel stricken Sie die Schlingen der oberen Nadel rechts ab (Abb. 3).

Danach wenden Sie die Arbeit wieder. Schieben Sie die Schlingen vom Kunststoffseil aufs starre Ende der jetzt oben liegenden Nadel, dafür kommen die soeben gestrickten Maschen der unteren Nadel aufs Seil. Jetzt lösen Sie die Knotenschlinge am Beginn auf (Abb. 4).

Mit dem Arbeitsfaden, der von der letzten Masche der unteren Nadel kommt, stricken Sie die Schlingen rechts ab. Ziehen Sie bei der ersten Masche den Faden gut an, damit sich kein Loch bildet (Abb. 5).

Danach schieben Sie erneut die soeben gestrickten Maschen aufs Kunststoffseil, die anderen dafür zum Abstricken aufs starre Teil der Nadel. Arbeiten Sie insgesamt 2 Runden auf diese Weise.

Starten Sie danach die erste Runde mit Zunahmen:

Nadel 1: 1 M re, 1 M zun, bis vor die letzte M re str, 1 M zun, 1 M re (Abkü: Seite 124).

Nadel 2: 1 M re, 1 M zun, bis vor die letzte M re str, 1 M zun, 1 M re.

Danach stricken Sie eine Runde rechts ohne Zunahmen.

Wiederholen Sie diese 2 Runden so oft, bis Sie die für Ihr Sockenmodell benötigte gesamte Maschenanzahl erreicht haben: eine Hälfte auf Rundstricknadel 1, die andere Hälfte auf Nadel 2 (Abb. 7).

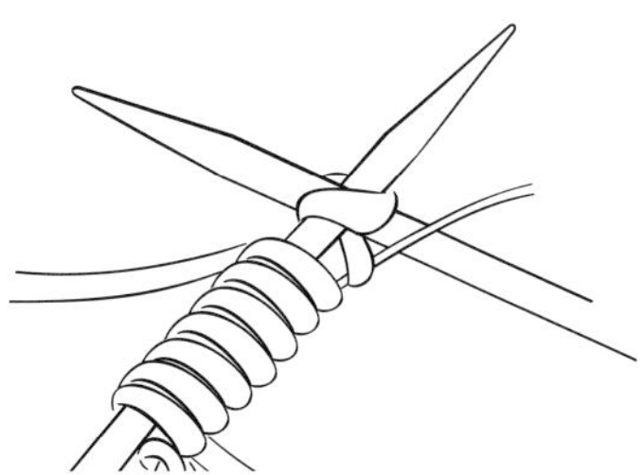

Türkisch anschlagen, Abb. 3

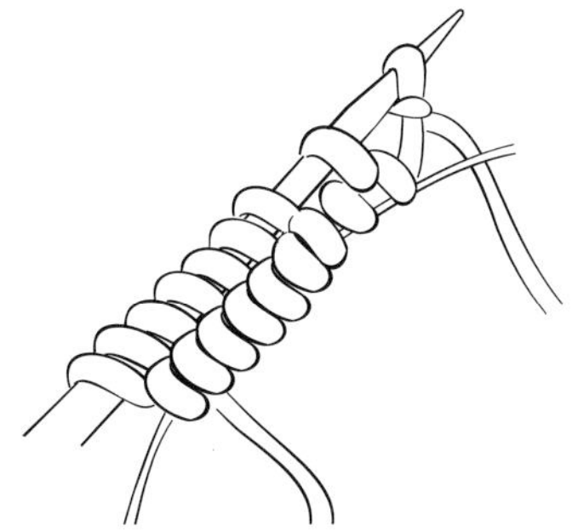

Türkisch anschlagen, Abb. 4

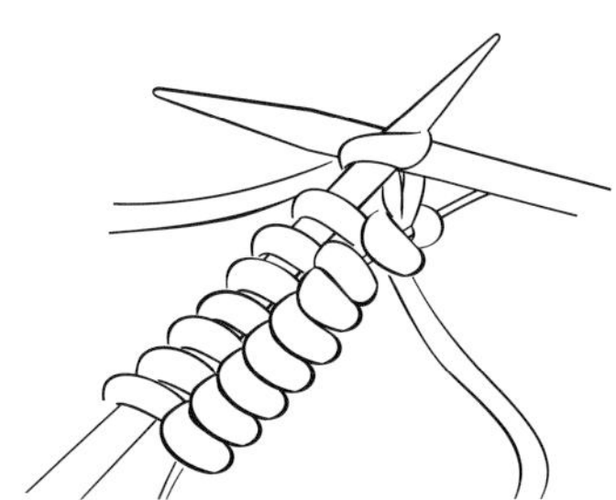

Türkisch anschlagen, Abb. 5

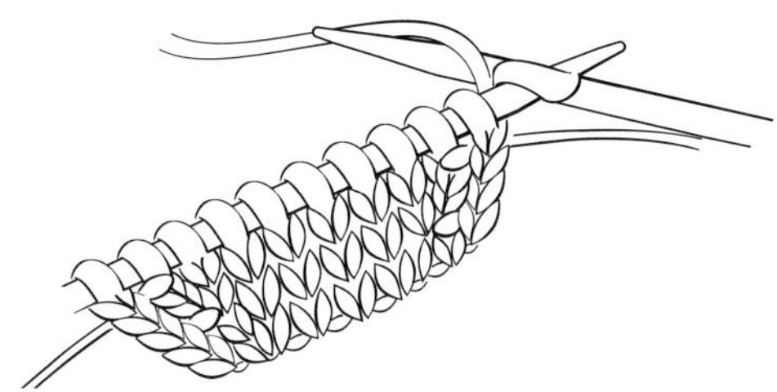

Türkisch anschlagen, Abb. 6

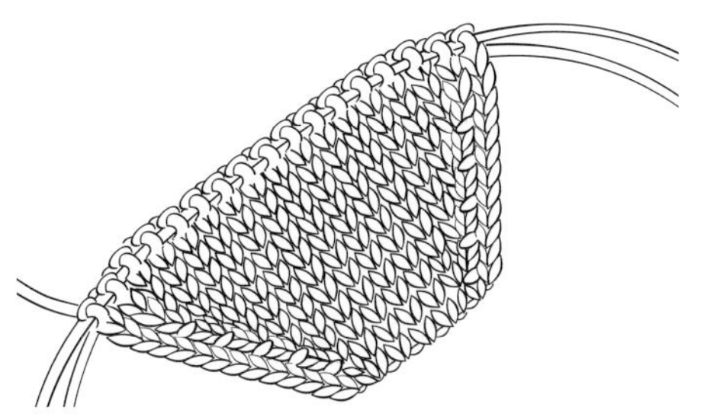

Türkisch anschlagen, Abb. 7

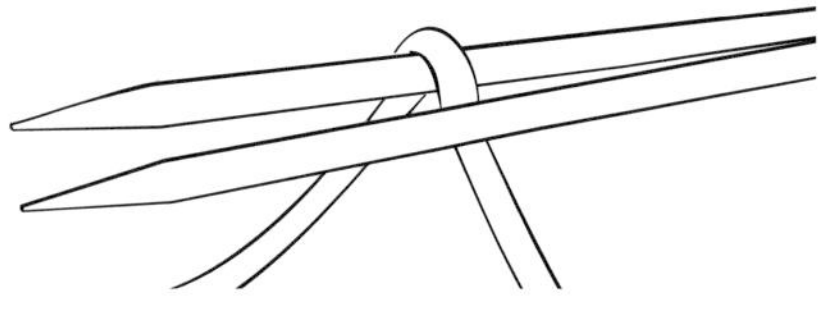

Zauberanschlag, Abb. 1

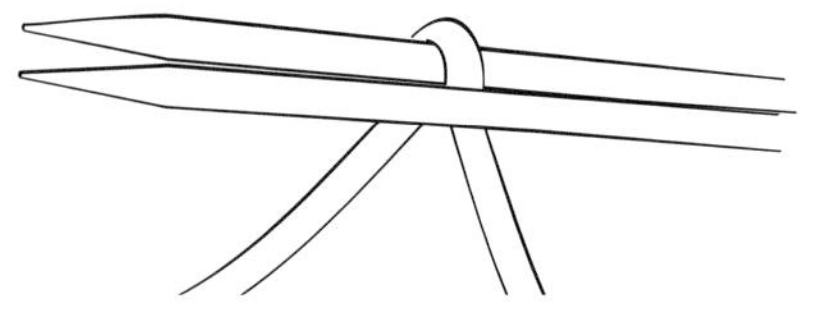

Zauberanschlag, Abb. 2

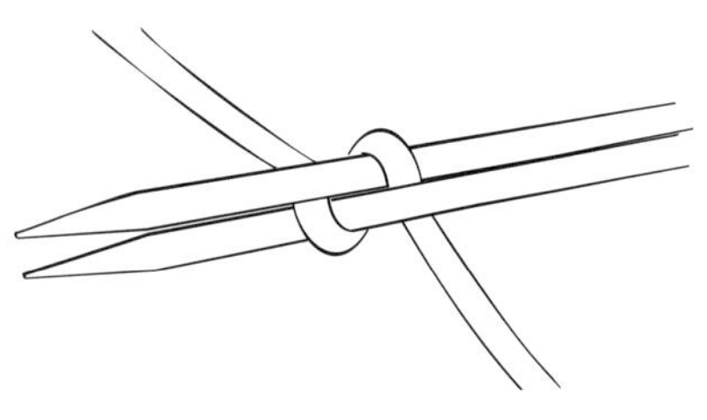

Zauberanschlag, Abb. 3

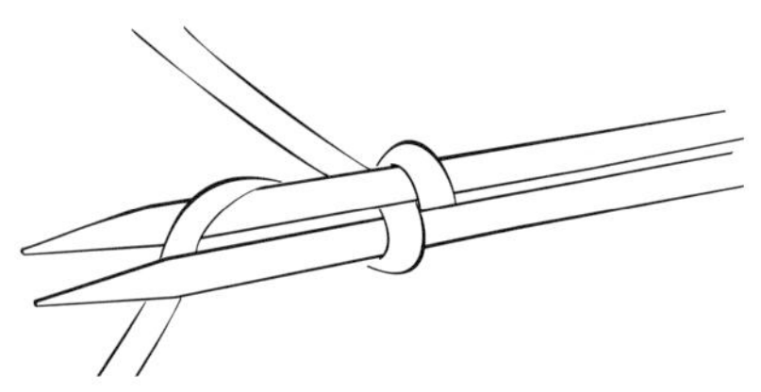

Zauberanschlag, Abb. 4

JUDYS ZAUBERANSCHLAG

Judys Zauberanschlag ist meine bevorzugte Anschlagsart für Socken. Sie sorgt für die perfektesten Sockenspitzen. Judy Becker erlaubte mir freundlicherweise, sie hier vorzustellen.

Während ich denke, dass man mit zwei Rundstricknadeln diesen Maschenanschlag am einfachsten ausführt, zeigt Judy Ihnen auf ihrer Website im Internet auch, wie man dazu ein Nadelspiel nehmen kann (Quellenangaben: Seite 125).

Sie brauchen zwei Rundstricknadeln gleicher Stärke, sie dürfen jedoch verschieden lang sein.

Halten Sie beide Nadeln zusammen in Ihrer rechten Hand, eine Nadel liegt über der anderen.

Ziehen Sie etwas Garn aus Ihrem Wollknäuel. Die Länge hängt von der anzuschlagenden Maschenanzahl ab. Für insgesamt 16 Maschen etwa – 8 auf der oberen und 8 auf der unteren Nadel – reicht ein 30 cm langes Endstück.

Schlingen Sie den Faden so über die obere Nadel, dass der Arbeitsfaden (er kommt vom Knäuel) vorn von unten nach oben führt, während das Ende hinten herunterläuft (Abb. 1).

Mit der linken Hand erfassen Sie das Garn so, dass das Ende des Fadens über dem Zeigefinger liegt und der Arbeitsfaden über dem Daumen. Mit den restlichen Fingern der linken Hand halten Sie das Garn fest zusammen, damit es auf den Nadeln liegen bleibt.

So haben Sie also eine Schlinge auf der oberen Nadel erzeugt, die schon als erste Masche zählt (Abb. 2).

Während Sie nun mit dem Daumen den Arbeitsfaden straff halten, winden Sie mit dem Zeigefinger das Ende von unten hinten um die untere Nadel herum. Nach dem Festziehen sitzt auf jeder Nadel eine Schlinge/Masche (Abb. 3).

Danach halten Sie mit dem Zeigefinger das Ende straff, während Sie nun mit dem Daumen den Arbeitsfaden von oben hinten um die oberen Nadel herumwinden und festziehen. Nun sitzen zwei Maschen auf der oberen Nadel (Abb. 4).

Fahren Sie auf diese Weise fort, solche Maschen abwechselnd mit Zeigefinger und Daumen anzuschlagen. Das Fadenende hat der Zeigefinger unter Kontrolle – er schlingt es um die untere Nadel; der Daumen hingegen schlingt den Arbeitsfaden um die obere Nadel.

Wiederholen Sie diesen Rhythmus, bis auf jeder Nadel 8 Maschen (oder die für Ihre Socken gewünschte Anzahl) angeschlagen sind (Abb. 5).

Danach stricken Sie sie ab:

Runde 1: Drehen Sie die Arbeit mit den Nadelspitzen in die andere Richtung, sodass die untere Nadel nun ihrerseits oben liegt. Die jetzt untere Nadel ziehen Sie vorsichtig weiter, bis die Schlingen auf dem Kunststoffseil liegen und die Enden herabbaumeln. Erfassen Sie den Arbeitsfaden. Das Fadenende sollte zwischen Arbeitsfaden und Nadel liegen, sonst löst sich die erste Masche auf.

Während Sie das Ende mit der linken Hand straffen, stricken Sie die Maschenreihe mit dem freien Ende derselben Nadel rechts ab. Lockert sich die erste Masche, ziehen Sie sie mit dem Fadenende fest (Abb. 6).

Wenden Sie die Arbeit wieder, bis der Arbeitsfaden rechts und die ungestrickten Maschen oben liegen. Schieben Sie die zuvor gestrickten Maschen aufs Kunststoffseil der Nadel, ihre Enden lassen Sie baumeln. Dafür kommen die anderen Maschen aufs Nadelteil, damit Sie sie mit dem anderen Ende rechts abstricken können. Beachten Sie aber, dass diese Maschen zu Beginn verdreht auf der Nadel sitzen. Stechen Sie deshalb beim Abstricken ins hintere Maschenglied ein, damit sie in der Folgerunde richtig liegen (Abb. 7).

Nun haben Sie eine Runde gestrickt (Abb. 8).

Die Maschen mögen zu Beginn ungleichmäßig wirken, denn Sie stricken ja in Ihrer gewohnten Festigkeit. Aber Übung macht den Meister – nach nur wenigen Versuchen wird auch bei Ihnen der Zauberanschlag perfekt und gleichmäßig ausfallen.

Starten Sie danach die erste Runde mit Zunahmen:

Nadel 1: 1 M re, 1 M zun, bis vor die letzte M re str, 1 M zun, 1 M re (Abkü: Seite 124).

Nadel 2: 1 M re, 1 M zun, bis vor die letzte M re str, 1 M zunehmen, 1 M re.

Danach stricken Sie eine Runde rechts ohne Zunahmen.

Wiederholen Sie diese 2 Runden so oft, bis Sie die für Ihr Sockenmodell benötigte Maschenanzahl erreicht haben: eine Hälfte auf Nadel 1, die andere auf Nadel 2 (Abb. 9).

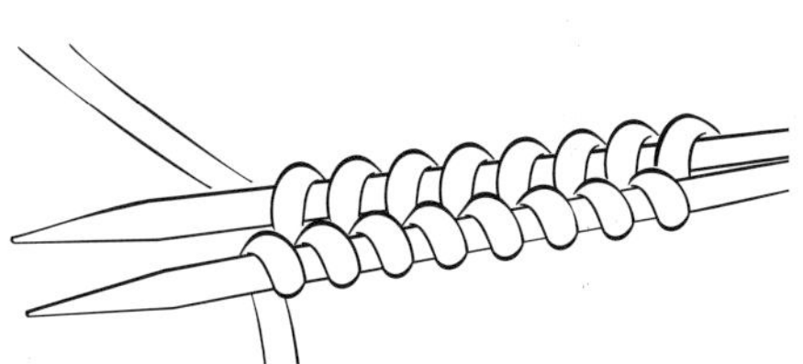
Zauberanschlag, Abb. 5

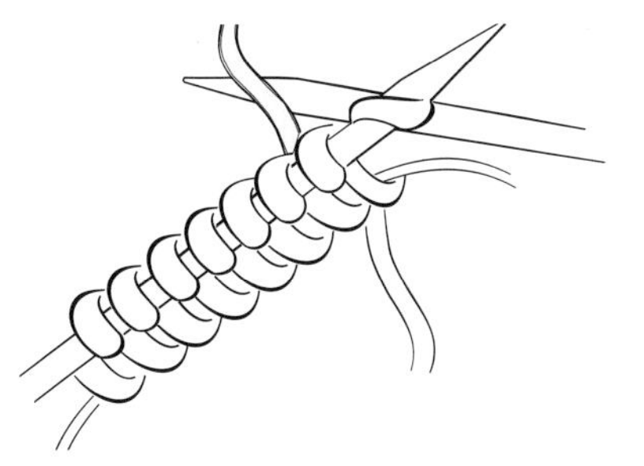
Zauberanschlag, Abb. 6

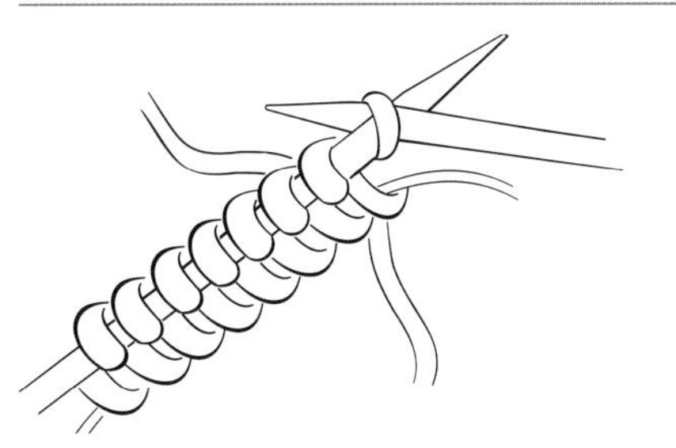
Zauberanschlag, Abb. 7

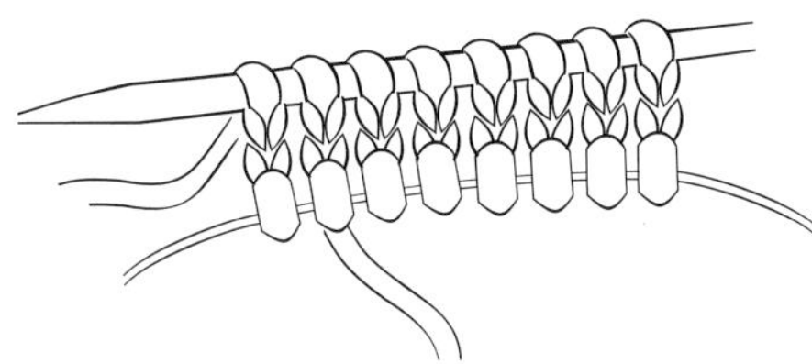
Zauberanschlag, Abb. 8

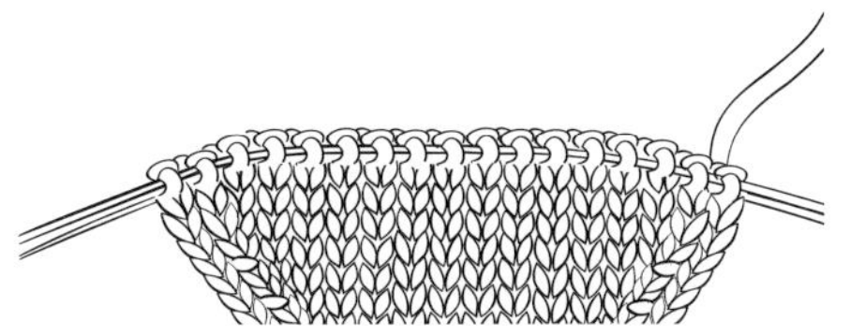
Zauberanschlag, Abb. 9

TECHNIKEN ZUM SOCKEN-STRICKEN MIT VERSCHIEDENEN NADELN

SOCKEN KANN MAN MIT UNTERSCHIEDLICHEN NADELTECHNIKEN ANFERTIGEN. EIN JEDE HAT IHRE BESONDEREN VORTEILE, UND SO MÖGEN SIE PERSÖNLICH DAS STRICKEN MIT DER EINEN METHODE PRAKTISCHER FINDEN ALS MIT EINER ANDEREN.

SOCKEN MIT EINEM FÜNFTEILIGEN NADELSPIEL STRICKEN

Wie bereits dargestellt, verteilt man beim Stricken mit einem fünfteiligen Nadelspiel – sie haben an beiden Ende eine Spitze – die Maschen auf vier Nadeln und strickt sie mit der jeweils freien fünften Nadel ab. Man kann zwar auch mit vier Nadeln arbeiten (die Maschen auf drei Nadeln verteilen, mit der vierten abstricken). Doch die Methode mit fünf Nadeln ist einfacher, die Maschenrunde lässt sich gleichmäßig in Oberfuß- und Sohlenmaschen aufteilen. Auch verringert diese Anordnung die Gefahr, dass eine »Leiter« (Gässchen) aus Maschenlöchern an den Übergängen zwischen den Nadeln entsteht. Denn je weniger Nadeln, desto höher ist an diesen Stellen die Fadenspannung.

Bevor Sie mit einem Nadelspiel in Runden stricken, starten Sie zunächst mit einer der Sockenspitzen, deren Techniken ich bereits erklärt habe. Beachten Sie, dass einige von ihnen leichter mit zwei Rundstricknadeln auszuführen sind. Bis Sie mit dem Nadelspiel sehr vertraut sind, können Sie Ihre Spitzen zunächst mit Rundstricknadeln stricken, um danach auf ein Nadelspiel zu wechseln.

Verteilen Sie Ihre Maschen auf die vier Nadeln eines Nadelspiels (Nadelspiel, Abb. 1).

Halten Sie das Gestrick so, dass die Runde mit der ersten Nadel Ihrer linken Hand beginnt; das Ende befindet sich auf der letzten Nadel der rechten Hand.

Mit der freien fünften Nadel (auf ihr liegen bisher keine Maschen) stricken Sie nun die erste Masche von der linken Nadel je nach Muster ab. Ziehen Sie das Garn straff, um ein Loch zu vermeiden (Abb. 2).

Stricken Sie fortlaufend alle Maschen dieser linken Nadel ab, sodass diese schließlich zur freien Nadel wird. Mit der neuen Arbeitsnadel stricken Sie nun die Maschen der nächsten Nadel ab und so fort.

Sind die Maschen aller vier Nadeln abgestrickt, ist diese Runde beendet.

TIPP: DIE LÜCKEN SCHLIESSEN!

Zeigen sich in Ihren Socken Leitern, Gässchen, Säulen aus lockeren Maschen, die sich an den Nadelübergängen bilden? Das ist typisch fürs Rundstricken mit dem Nadelspiel oder mit zwei Rundstricknadeln.

Um das zu verhindern, stricken Sie die erste Masche am Nadelanfang normal. Vor dem Stricken der zweiten Masche jedoch ziehen Sie das Garn fest an. So verstärken Sie die Fadenspannung der ersten Masche: Die unerwünschte Lücke schließt sich; Leitern können nicht entstehen.

SOCKEN MIT ZWEI RUNDSTRICK-NADELN STRICKEN

Verteilen Sie die Maschen auf zwei Rundstricknadeln: auf einer liegen die Oberfußmaschen, auf der anderen die Sohlen- und Fersenmaschen (Zwei Rundstricknadeln, Abb. 1).

Mit Blick auf die Arbeitsseite schieben Sie die jetzt zu stricken-den Maschen zur rechten Spitze der vorderen Rundstricknadel. Mit dem freien Ende derselben Nadel stricken Sie diese Maschen ab (Abb. 2).

Sind alle Maschen der vorderen Nadel gestrickt, schieben Sie sie aufs Kunststoffseil. Wenden Sie die Arbeit, damit Sie von vorn die Maschen der zweiten Nadel stricken können.

Schieben Sie dazu diese Maschen nach rechts, bis die erste an der Spitze des festen Nadelteils sitzt. Mit dem anderen Nadel-ende stricken Sie diese erste Masche sehr fest ab, um jegliche Lücken am Übergang zu vermeiden.

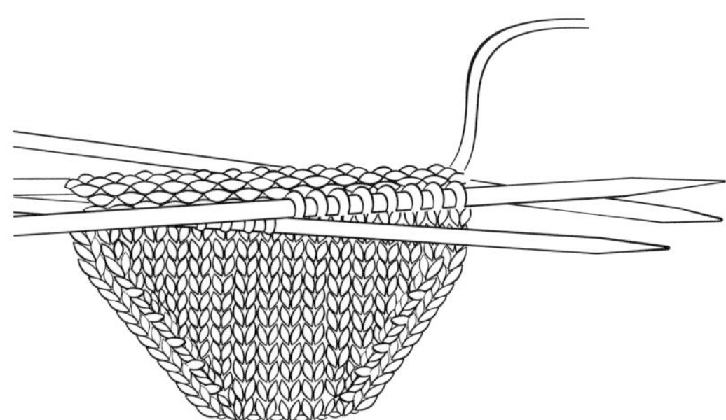

Nadelspiel, Abb. 1

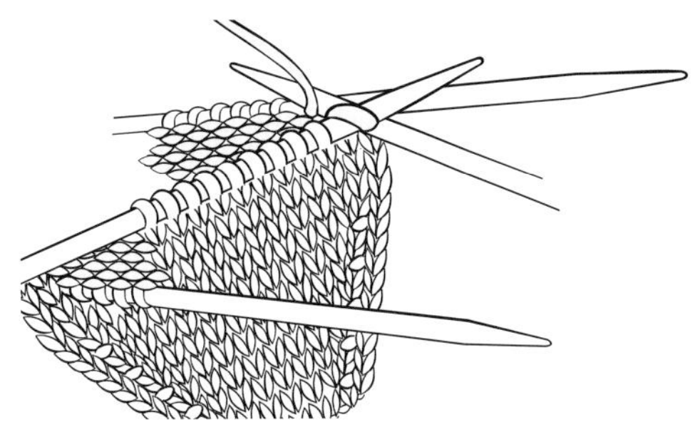

Nadelspiel, Abb. 2

SOCKEN MIT EINER LANGEN RUNDSTRICKNADEL STRICKEN (ZAUBERSCHLINGE)

Teilen Sie die Maschen der Runde so auf, dass sie jeweils zur Hälfte auf den starren Nadelteilen sitzen. Die nächsten zu stri-ckenden Maschen liegen vorn, das Kunststoffseil bildet dann links eine große Schlaufe (Zauberschlinge, Abb. 1).

Ziehen Sie die hintere Nadel weit genug nach rechts, sodass die Maschen aufs Seil gleiten, das nun auch rechts eine Schlaufe bildet. Mit diesen beidseitigen Schlaufen kann man dann mit der hinteren Nadel die vordere abstricken (Abb. 2).

Sind alle Maschen der vorderen Nadeln gestrickt (eine halbe Runde ist fertig), wenden Sie die Arbeit. Bringen Sie Maschen und Nadeln wieder so in Position, wie in Abb. 1 dargestellt. Die Arbeitsmaschen liegen wieder vorn (zeigen zu Ihnen), der rechts liegende Arbeitsfaden kommt von hinten.

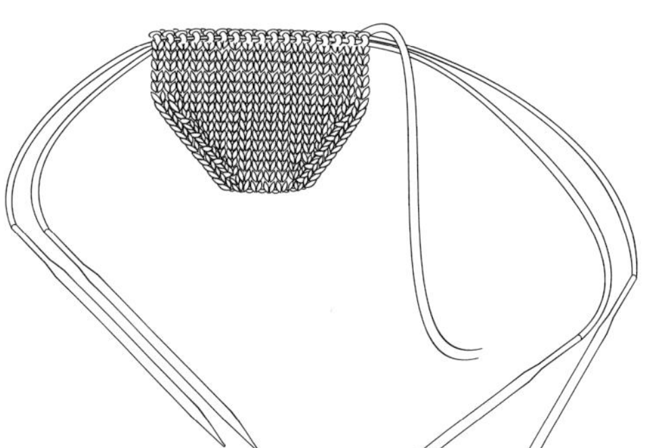

Zwei Rundstricknadeln, Abb. 1

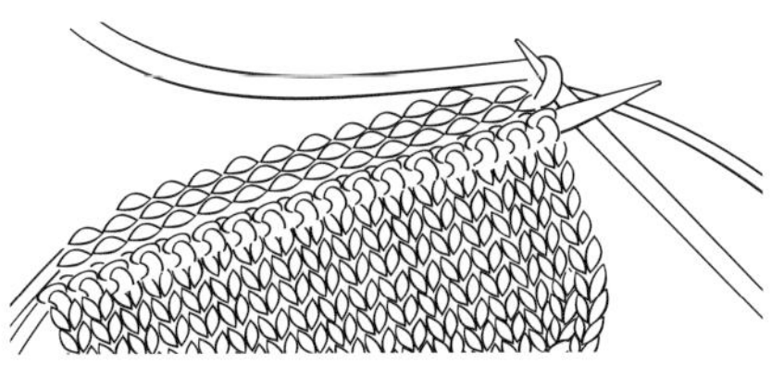

Zwei Rundstricknadeln, Abb. 2

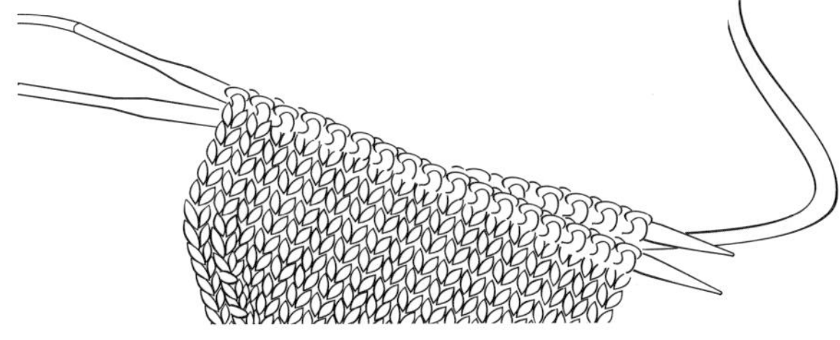

Zauberschlinge, Abb. 1

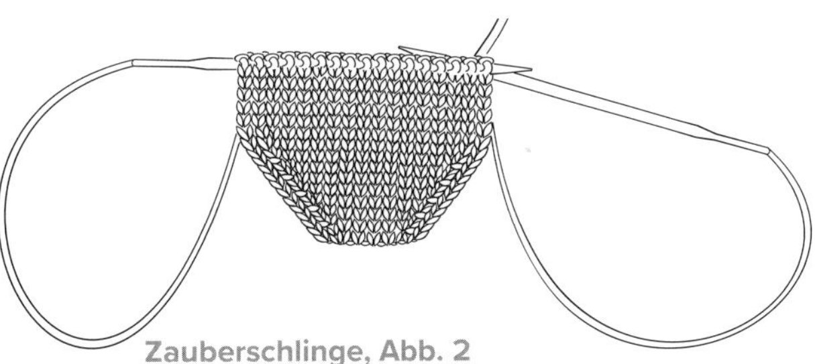

Zauberschlinge, Abb. 2

TECHNIKEN ZUM AUSARBEITEN DER FERSEN

Es gibt mehrere Methoden, um die Fersen von Socken zu stricken. Meine drei Lieblingsfersen für Toe-up-Socken zeige ich Ihnen hier.

FERSE MIT VERKÜRZTEN REIHEN

Die Ferse mit verkürzten Reihen (Abb. unten), auch als Wickelmaschenferse bekannt, erinnert am ehesten an kommerziell gefertigte Socken. Weil sie keinen Zwickel hat, ist sie aber nicht unbedingt die beste Wahl für Füße mit sehr hohem Spann – es fehlt in diesem Bereich die nötige Mehrweite.

Die Ferse mit verkürzten Reihen wird so gearbeitet wie die Spitze mit verkürzten Reihen – mit einer Ausnahme: Anstatt mit einer Luftmaschenkette für den offenen Maschenanschlag starten Sie bereits mit aktiven Maschen. Die Ferse erfordert die Hälfte der Rundenmaschen. Bringen Sie alle Fersenmaschen auf nur eine Nadel. In der ersten Reihe stricken Sie diese Maschen rechts ab, lassen nur die letzte Masche ungestrickt. Mit dem Arbeitsfaden nach vorn heben Sie diese letzte Masche ab und wenden das Gestrick. In der zweiten Reihe heben Sie die erste Masche erneut ab. Dabei hat sich der Faden unten um diese ungestrickte Masche herumgewickelt (Wickelmasche). Stricken Sie die Maschenreihe links ab, bis vor die letzte ungestrickte Masche. Mit dem Arbeitsfaden nach vorn heben Sie diese letzte Masche ab und wenden die Arbeit.

Stricken Sie nun fortlaufend in jeder Reihe eine Masche weniger als in der Vorreihe, bis sich in der Fersenmitte die gewünschte Anzahl aktiver Maschen ergibt. Für die zweite Fersenhälfte stricken Sie am Ende jeder Reihe die Wickelmasche und die Wicklung zusammen, bis wieder alle Maschen aktiv sind.

Ist die Ferse fertig, stricken Sie wie zuvor mit allen Maschen der gesamten Runde weiter.

Ein einfaches Sockenbeispiel mit Schritt-für-Schritt-Anleitungen für die Ferse mit verkürzten Reihen finden Sie im Modellteil auf Seite 34.

ZWICKELFERSE

Für diese Ferse (Abb. unten) stricken Sie zuerst einen Zwickel, indem Sie in jeder zweiten Runde Maschen zunehmen: ab einem bestimmten Punkt des Fußes, der knapp 5 bis 6,5 cm vor Erreichen der gewünschten Gesamtlänge liegt. Nach der Zunahme stricken Sie kurze Reihen, an deren Enden Sie eine Masche abneh-

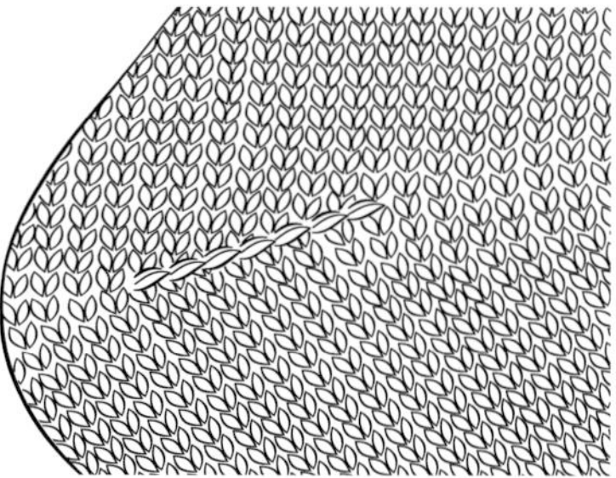

Ferse mit verkürzten Reihen

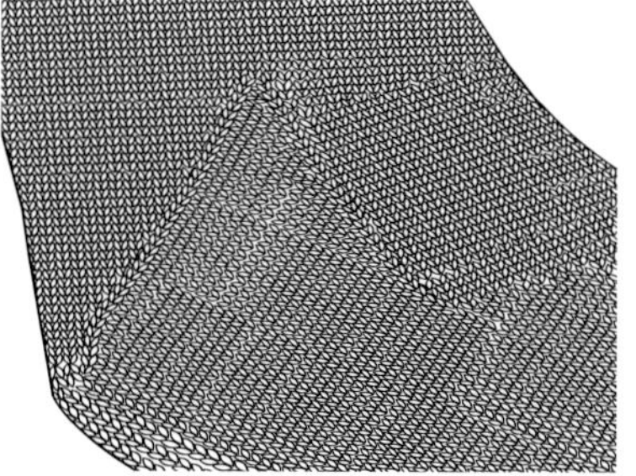

Zwickelferse

men – bis Sie wieder so viele abgenommen haben, dass erneut die gewünschte Maschenanzahl für die Runden am Bein erreicht ist.

Die so ausgearbeitete Ferse ist hübsch, glatt und leicht zu stricken. Ich mag diese Ferse besonders für etwas dickeres Sockengarn, weil sie nicht so kräftig ausfällt wie die Hebemaschen-Ferse. Deren Verstärkung kann dicke Socken sehr unbequem machen.

Ein einfaches Sockenbeispiel mit Schritt-für-Schritt-Anleitungen für die Zwickelferse finden Sie im Modellteil auf Seite 38.

HEBEMASCHEN-FERSE

Diese verstärkte Ferse (siehe Abb. unten) ist ähnlich aufgebaut wie die Zwickelferse. Sobald ein bestimmter Punkt des Fußes erreicht ist – ca. 7 cm vor Erreichen der gewünschten Gesamtlänge –, stricken Sie den Zwickel durch Zunahmen in jeder zweiten Runde. Nach den Zunahmen folgen einige verkürzte Reihen, sie formen die hintere Fersenrundung aus. Danach geht es mit verkürzten Reihen weiter: Jede zweite Masche der Vorderseite wird abgehoben, an den Enden nimmt man eine Masche ab, bis wieder so viele abgenommen sind, dass die gewünschte Maschenanzahl für die Runden am Bein erreicht ist. Diese Ferse sieht genauso aus wie verstärkte Käppchenfersen, die man bei traditionell von oben gestrickten Socken sieht.

Ein einfaches Sockenbeispiel mit Schritt-für-Schritt-Anleitung für die Hebemaschen-Ferse finden Sie im Modellteil auf Seite 40.

TIPP: GLEICHMÄSSIGE ZWICKELZUNAHMEN

Bei meinen Socken erzeuge ich Zwickel am liebsten mit Perlzunahmen (Glossar: Seite 124). Diese Methode ist attraktiv und erzeugt keine Löcher im Gestrick. Nehmen Sie beidseitig innerhalb der Zwickelkonturen zu. Zum Beispiel arbeiten Sie bei einem Zwickel mit 32 Ausgangsmaschen zu Beginn folgendermaßen:

1. Zunahmereihe: 1 re Perl-Zun, 29 re M, 1 re Perl-Zun, 1 re M (= 34 M).

2. Zunahmereihe: 1 re Perl-Zun, 31 re M, 1 re Perl-Zun, 1 re M (= 36 M).

TIPP: WIE MAN LÖCHER AN DER ZWICKELSPITZE VERMEIDET

Weil die Fersenwand in Hin- und Rückreihen über die halbe Maschenzahl gestrickt wird, vergrößert sich oft die Lücke zwischen Oberfuß- und Sohlenmaschen, da hier eine Zugspannung beim Ausarbeiten der Fersenform entsteht (Löcher vermeiden, Abb. 1).

Sobald die Ferse fertig ist und Sie die normalen Runden beginnen könnten, stricken Sie einfach in der ersten Runde an dieser kritischen Stelle eine oder zwei Extramaschen heraus und nehmen in der zweiten Runde die gleiche Anzahl ab, damit die Gesamtanzahl stimmt. Haben Sie das vergessen und dort ein Loch entdeckt, können Sie nachträglich die Maschen an dieser Stelle mit Garn und Stopfnadel leicht zusammenziehen. Wenn Sie den Faden sauber von links vernähen, wird niemand den Fehler bemerken! (Abb. 2)

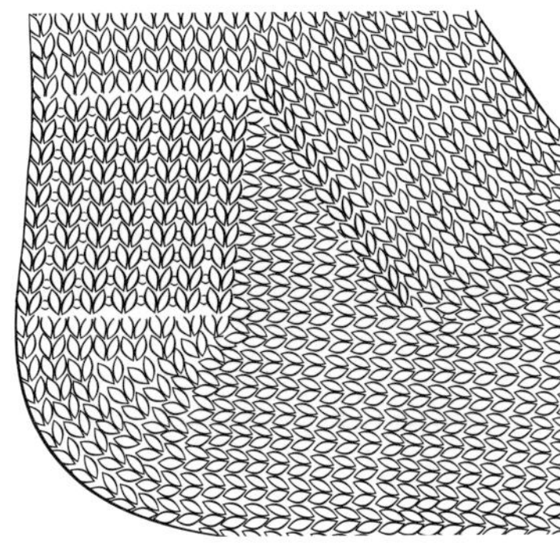

Hebemaschen-Ferse

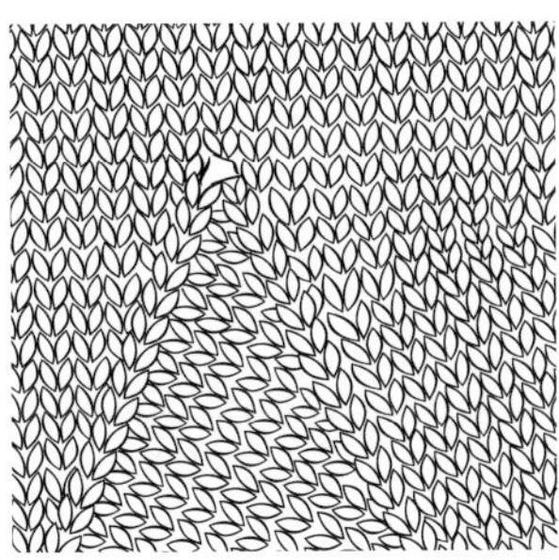

Löcher vermeiden, Abb. 1

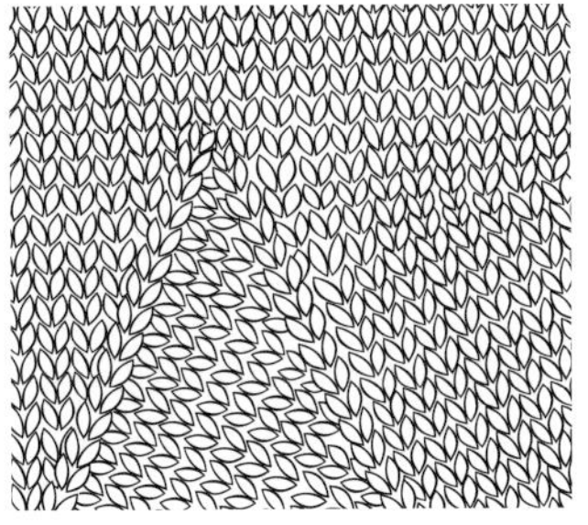

Löcher vermeiden, Abb. 2

ABSCHLÜSSE

WIE BEI DEM MASCHENANSCHLAG VON TOE-UP-SOCKEN GIBT ES NATÜRLICH AUCH FÜR DIE ABSCHLÜSSE MIT DEM BÜNDCHEN ZAHLREICHE VARIANTEN ODER METHODEN. EINIGE MEINER LIEBLINGSTECHNIKEN ZEIGE ICH IHNEN HIER.

ABNÄHEN

Das genähte Abketten funktioniert schnell und einfach und gehört zu meinen Lieblingstechniken. Ziehen Sie dabei aber das Garn nicht zu straff durch die Maschen, denn die Kante soll hübsch und elastisch bleiben. Nicht nur am Bein, sondern auch ausgezogen sollen die Socken attraktiv aussehen und sich nicht kräuseln.

Haben Sie das Bündchen fertig gestrickt, schneiden Sie das Garn mit einer Länge von mindestens 40 cm ab und fädeln das Ende in eine dicke Sticknadel.

Stechen Sie diese Nadel wie zum Linksstricken durch die ersten zwei Maschen, sie bleiben aber auf der Stricknadel. Ziehen Sie den Faden vorsichtig ganz hindurch (Abnähen, Abb. 1). Nun ziehen Sie Nadel und Faden wie zum Rechtsstricken durch die erste Masche zurück und schieben sie von der Stricknadel (Abb. 2).

Wiederholen Sie diese zwei Schritte, bis alle Maschen abgenäht sind. Die Enden vernähen Sie unsichtbar im Sockeninneren, den Rest schneiden Sie ab (Abb. 3).

TIPP: DIE ANSATZSTELLE VERSTECKEN

Die störende Ansatzstelle zwischen Anfang und Ende des Abnähens lässt sich leicht vermeiden: Nachdem Sie den Faden durch die erste Masche zurückgezogen haben, heben Sie sie von der linken auf die rechte Stricknadel, um sie erst als allerletzte Masche abzunähen.

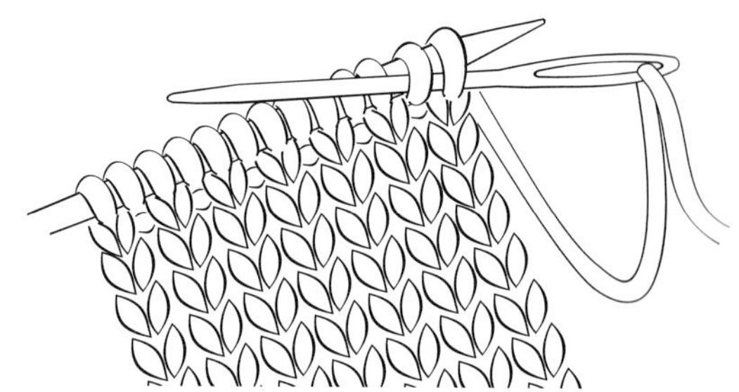

Abnähen, Abb. 1

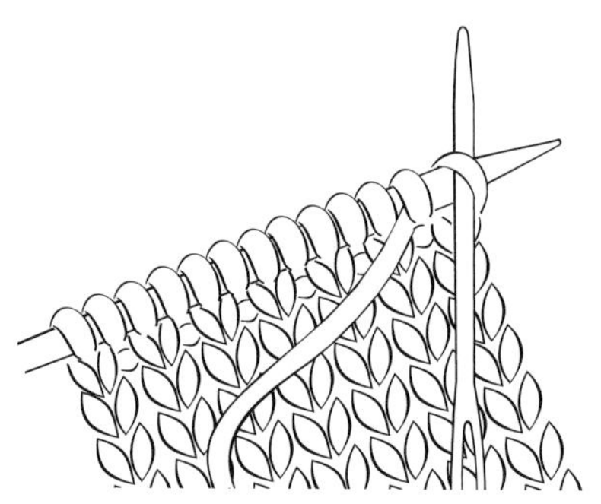

Abnähen, Abb. 2

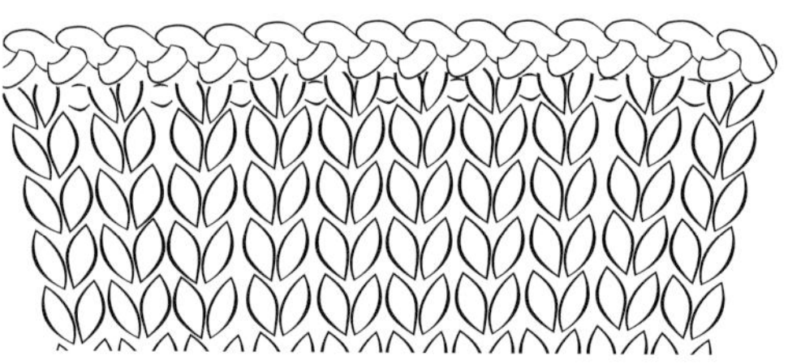

Abnähen, Abb. 3

RUSSISCHES ABKETTEN

Auch das russische Abketten gehört zu meinen Lieblingsmethoden, denn es ist kinderleicht. Der Vorteil: Man benötigt außer Stricknadeln kein Zusatzwerkzeug. Manche Anleitungen fürs russische Abketten empfehlen, dabei immer nur rechte oder immer nur linke Maschen zu arbeiten. Wenn meine Socken jedoch oben mit Rippenbündchen enden (rechte, linke Maschen im Wechsel), kette ich auch wechselweise ab. Bei 2/2-Bündchen oder 3/3-Bündchen stricke ich so, wie die Maschen der Vorrunde erscheinen (rechte Maschen rechts stricken, linke Maschen links). Beim Zusammenstricken zweier Maschen richte ich mich nach dem Aussehen der zweiten: Ist sie eine rechte Masche, stricke ich beide rechts verschränkt zusammen (ins hintere Maschenglied einstechen). Bei einer linken Masche stricke ich beide links zusammen. Das Prinzip:

2 Maschen stricken, beide zurückheben auf die linke Nadel und zusammenstricken (Russisches Abketten, Abb. 1).

* 1 Masche stricken, beide Maschen von der rechten Nadel zurück auf die linke heben und zusammenstricken (Abb. 2).

Den letzten Schritt ab * so oft wiederholen, bis nur eine Masche übrig bleibt. Das hindurchgezogene Fadenende nach dem Abschneiden vernähen (Abb. 3).

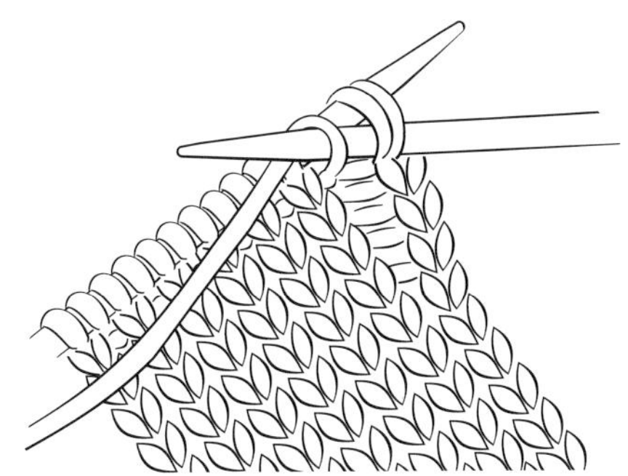

Russisches Abketten, Abb. 1

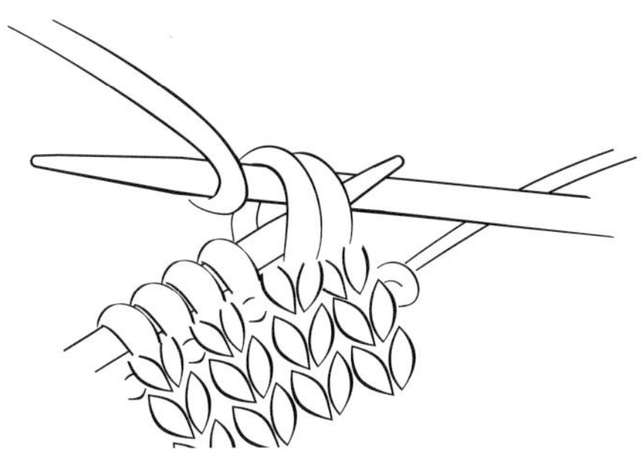

Russisches Abketten, Abb. 2

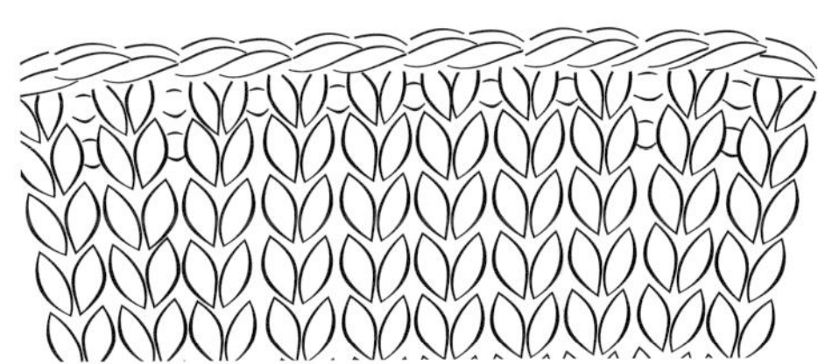

Russisches Abketten, Abb. 3

ITALIENISCHES ABKETTEN

Besonders für 1/1-Rippenbündchen eignet sich das italienische Abketten (Doppelstricken). Es erfordert zwar Mehrarbeit, da man hier zuerst rechte und linke Maschen auf zwei Nadeln verteilt und dann gemeinsam abnäht. Doch der wunderbar elastische Rand lohnt wirklich jeden Aufwand!

Stricken Sie das Bündchen Ihrer Socke im 1/1-Rippenmuster (1 M re, 1 M li im Wechsel) in der gewünschten Länge.

Anschließend arbeiten Sie folgende vier Runden:

Runde 1: * re M rechts stricken, li M abheben (Faden vor der Masche). Ab * fortl. wiederholen.

Runde 2: * li M links stricken, re M abheben (von rechts einstechen, Faden hinter der Masche). Ab * fortl. wiederholen.

Runde 3 und 4: Wie Runde 1 und 2 stricken.

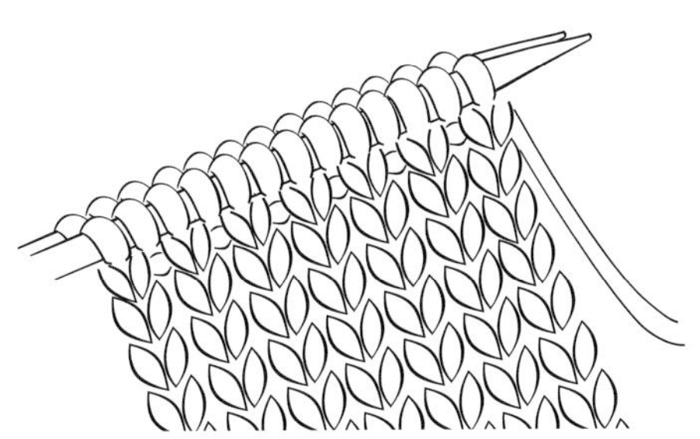

Italienisches Abketten, Abb. 1

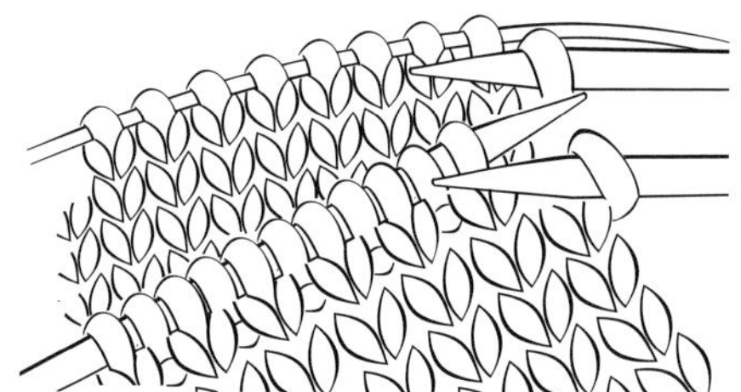

Italienisches Abketten, Abb. 2

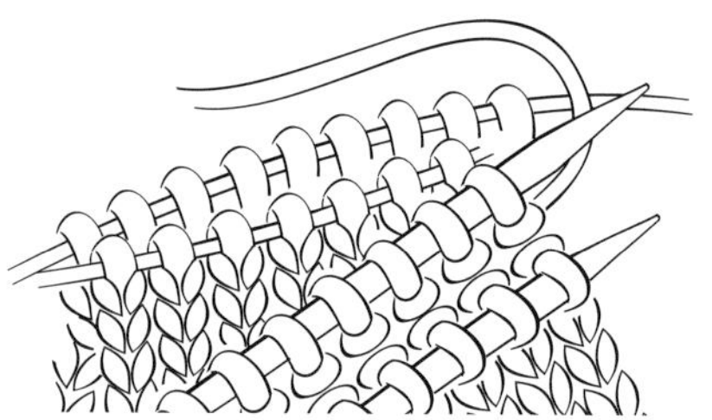

Italienisches Abketten, Abb. 3

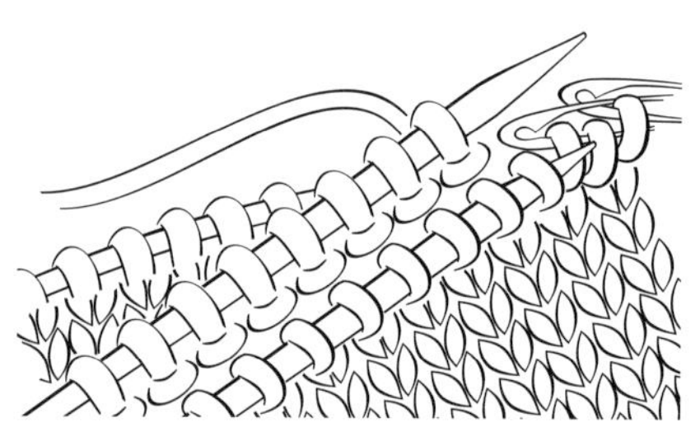

Italienisches Abketten, Abb. 4

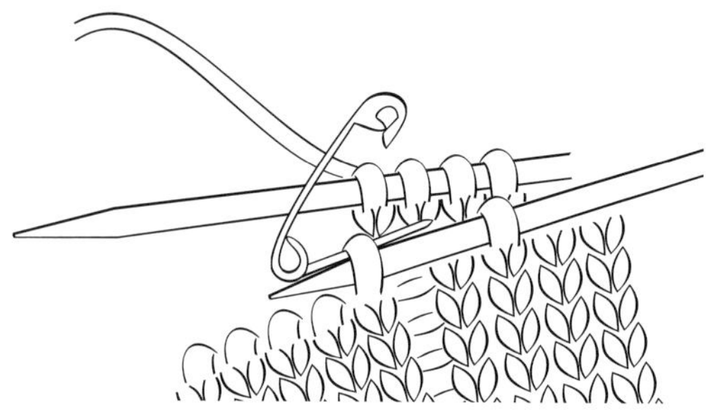

Italienisches Abketten, Abb. 5

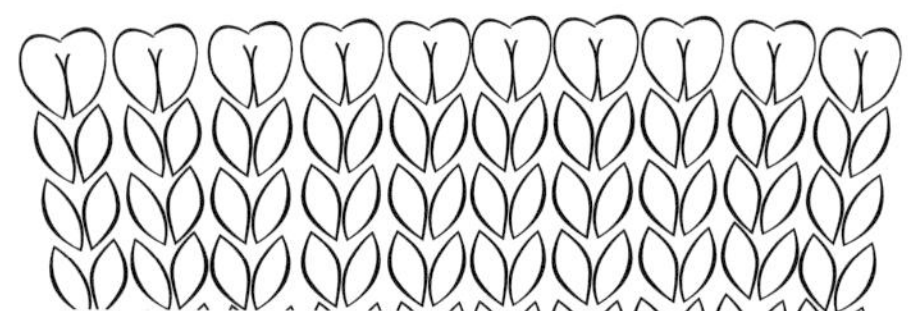

Italienisches Abketten, Abb. 6

Nun teilen Sie die Maschen auf. Dazu halten Sie zwei Rundstricknadeln in der rechten Hand. Heben Sie die erste rechte Masche auf die vordere Nadel (einfach herübersetzen, ohne sie zu verdrehen). Die erste linke Masche heben Sie (auch ohne Drehung) auf die hintere Nadel (Italienisches Abketten, Abb. 2). Wiederholen Sie das mit allen Maschen.

Nun sitzen alle rechten Maschen auf der vorderen, alle linken Maschen auf der hinteren Nadel (Abb. 3).

Nähen Sie jetzt die Maschen zusammen. Schneiden Sie dazu den Arbeitsfaden mindestens 46 cm lang ab und fädeln Sie ihn in eine stumpfe dicke Sticknadel ein.

Zu Beginn dieses Maschenstich-Abkettens (siehe unten) stechen Sie die Sticknadel in die erste rechte Masche, ziehen den Faden durch, heben sie auf einen Maschenraffer und lassen sie erst danach von der Stricknadel gleiten. Wiederholen Sie das mit der ersten linken Masche (Abb. 4).

Haben Sie zum Schluss alle Maschen abgekettet, heben Sie die stillgelegte rechte Masche vom Maschenraffer zurück auf die vordere Stricknadel und die linke Masche auf die hintere Stricknadel (Abb. 5). Führen Sie damit jetzt nur noch den 3. und 4. Schritt des Maschenstichs durch (Abb. 6).

TIPP: DER MASCHENSTICH IM DETAIL

Der Maschenstich, letzter Teil des italienischen Abkettens, wird in den meisten Strickanleitungsbüchern und Online-Kursen erklärt. Er kann mit einer oder, wie hier, mit zwei Stricknadeln ausgeführt werden. Man hält sie parallel in der linken Hand, während der Arbeitsfaden in eine dicke stumpfe Sticknadel eingefädelt ist.

Das Grundprinzip des Maschenstichs funktioniert beim italienischen Abketten folgendermaßen (die erste Masche der zwei Nadeln ist eine rechte und sitzt vorn):

Zu Beginn stechen Sie die Sticknadel wie zum Linksstricken in die erste Masche der vorderen Nadel ein, ziehen den Arbeitsfaden an und lassen die Masche von der Nadel gleiten.

Danach stechen Sie die Sticknadel wie zum Rechtsstricken in die erste Masche der hinteren Nadel ein, lassen die Masche auf der Nadel liegen und ziehen den Arbeitsfaden an.

Nun wiederholen Sie immer wieder folgende vier Schritte:

1. Den Faden wie zum Rechtsstricken durch die erste Masche der vorderen Nadel ziehen, Masche fallen lassen.

2. Den Faden wie zum Linksstricken durch die nächste Masche der vorderen Nadel ziehen, liegen lassen. Den Faden vorsichtig anziehen.

3. Den Faden wie zum Linksstricken durch die erste Masche der hinteren Nadel ziehen, Masche fallen lassen.

4. Den Faden wie zum Rechtsstricken durch die nächste Masche der hinteren Nadel ziehen, liegen lassen. Den Faden vorsichtig anziehen.

Man könnte ein rhythmisches Mantra dazu murmeln:

Vorn-rechts-fällt, vorn-links-bleibt.

Hinten-links-fällt, hinten-rechts-bleibt.

Mir jedenfalls hilft dieser Trick!

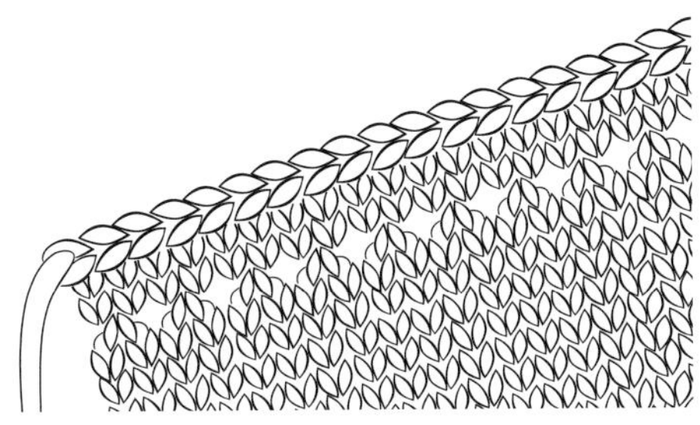

Mäusezähnchen, Abb. 1

MÄUSEZÄHNCHEN-KANTE

Man kann diesen klassischen Saum ganz verschieden erzeugen. Mein Favorit ist sehr einfach zu stricken:

Runde 1–6, Breite des Saums auf der Außenseite:

glatt rechts stricken (nur re M).

Runde 7, Bruchkante: * 2 M re zusstr, 1 Umschlag. Ab * fortl. wiederholen. Es entsteht eine Lochreihe.

Runde 8–13, innerer Saum: glatt rechts stricken (nur re M). Den Rand locker abketten (Mäusezähnchen, Abb. 1).

Fädeln Sie dann den ausreichend langen Arbeitsfaden in eine dicke, stumpfe Sticknadel ein. Klappen Sie den Saum zur Innenseite der Socke, die Zacken liegen genau an der Bruchkante. Nähen Sie die Saumkante locker an (Abb. 2).

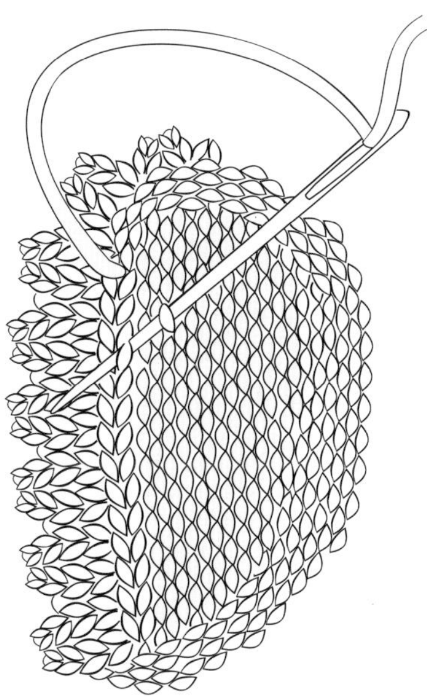

Mäusezähnchen, Abb. 2

Bügeln Sie den Saum vorsichtig mit einem Dampfbügeleisen oder spannen Sie die Socken, indem Sie sie unter einem feuchten Tuch langsam trocknen lassen (Abb. 3).

Eine Variante: Man kann die Maschen der letzten Runde offen auf der Stricknadel lassen. Zum Annähen zieht man dann den Arbeitsfaden abwechselnd durch diese und eine rückwärtige Masche der Sockeninnenseite.

Oder: Sie stricken den inneren Saum im 1/1-Rippenmuster (1 M re, 1 M li), dann schmiegt er sich besser ans Bein.

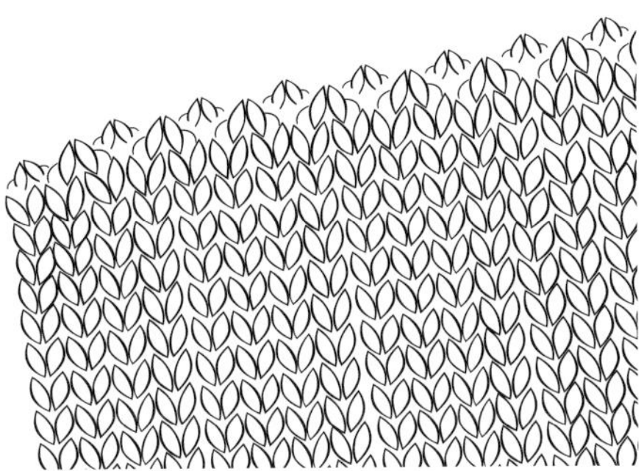

Mäusezähnchen, Abb. 3

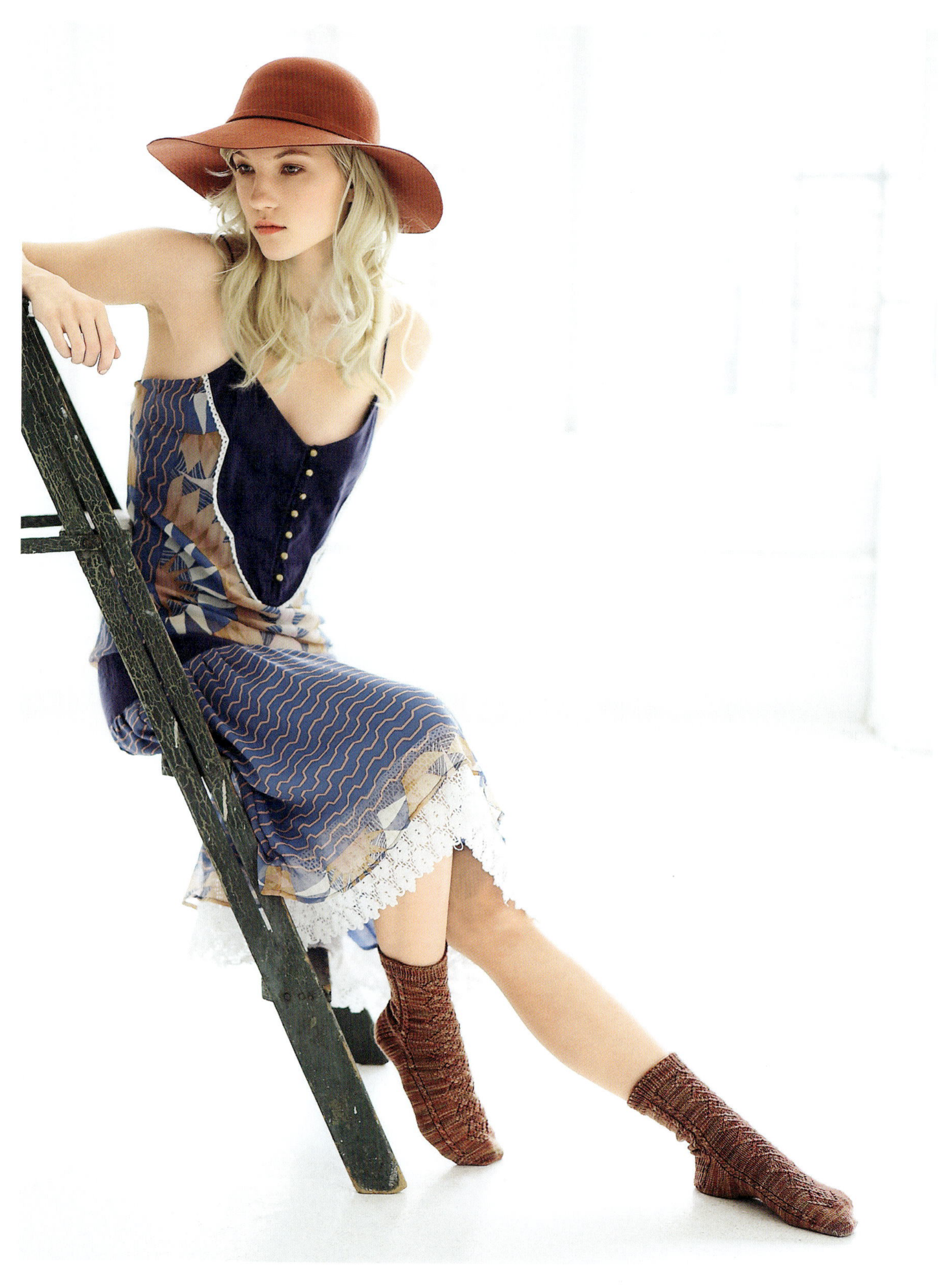

TEIL 2: SOCKENMODELLE

Die meisten der hier gezeigten Modelle sind für das Stricken mit zwei oder nur einer ganz langen Rundstricknadel gedacht. Für solche Socken werden die Maschen in zwei Gruppen aufgeteilt: in die Oberfuß- und die Sohlenmaschen. Natürlich lassen sich die meisten Modelle auch mit einem Nadelspiel stricken. Dafür teilen Sie die Oberfuß- und Sohlenmaschen nochmals je zur Hälfte auf zwei Nadeln auf. Bei manchen Modellen jedoch haben Oberfuß- oder Sohlenpartie nicht die gleiche Maschenanzahl, weil eine von ihnen einige Maschen mehr benötigt. Für Socken, die nur einen einzigen Musterrapport auf der Sohlen- oder Oberfußpartie besitzen, ist der Einsatz eines Nadelspiels schwieriger.

WIE GROSS STRICKEN SIE IHRE SOCKEN?

Bei den Toe-up-Modellen dieses Buchs können Sie die Socken so lang stricken, wie Sie es möchten. Die angegebenen Garnmengen basieren auf einer mittleren bis großen Damengröße (M bis L) und erlauben damit eine Länge von ungefähr 15 cm oberhalb der Ferse.

Beachten Sie: Die Größenhinweise S bis XL bei den Modellen sind nur ein grober Anhaltspunkt! Sicherer für die Passgenauigkeit ist es, vom gemessenen Fußballen-Umfang auszugehen (Seite 12/13).

In der Regel liegt bei den Modellen dieses Buches das Muster auf der Fußoberseite, während die Sohlenpartie glatt rechts gestrickt wird. Dennoch – nachdem die Ferse ausgearbeitet ist, werden Sie manchmal aufgefordert, auch hinten, oberhalb der Ferse, das Muster des Oberfußes zu stricken, damit es den gesamten Beinumfang ziert. Sie arbeiten es dann einfach auch dort so weiter, wie es für die Vorderseite erklärt ist.

Handelt es sich nur um einen kleinen Musterrapport (über zwei oder vier Reihen), können Sie warten, bis wieder Reihe 1 des Musters zu stricken ist, um dann erst dieses Muster über der Ferse zu starten. Bis dahin stricken Sie auf der Rückseite einfach glatt rechts, bis diese gemeinsame 1. Musterrunde für die Vorder- und Rückseite erreicht ist.

TIPP: WIE MAN ZWEI GLEICHE SOCKEN STRICKT

Eine sichere Möglichkeit zum Stricken zweier identischer Socken besteht darin, gleich zwei Socken auf langen Rundstricknadeln anzufertigen. Auch zwei Nadelspiele sind geeignet – stricken Sie abwechselnd eine Runde der einen und dann der anderen Socke. Ich stelle dennoch lieber jede Socke einzeln fertig. Dabei führe ich genau Buch über die Rundenanzahl der ersten Socke und halte mich auch bei der zweiten Socke exakt an diesen Strickplan. Bei Modellen mit wiederholten mehrreihigen Musterrapporten klappt das sehr gut.

Kommen Sie an den Punkt, wo Sie mit der Ferse beginnen, notieren Sie, wie viele Musterrapporte Sie schon komplett gestrickt haben und welche Runde eines begonnenen Rapports die letzte vor Beginn der Fersenzunahmen ist. Arbeiten Sie dann Zwickel und Fersenrundung aus und stricken Sie das Bein so hoch wie gewünscht. Auch hier notieren Sie, wie viele Musterrapporte Sie komplett wiederholt haben sowie die Rundennummer des letzten unvollständigen Rapports. Erst dann beginnen Sie mit dem Rippenbündchen oder einem anderen Abschluss. Wenn Sie sich an Ihre Notizen halten, fällt die zweite Socke exakt gleich aus.

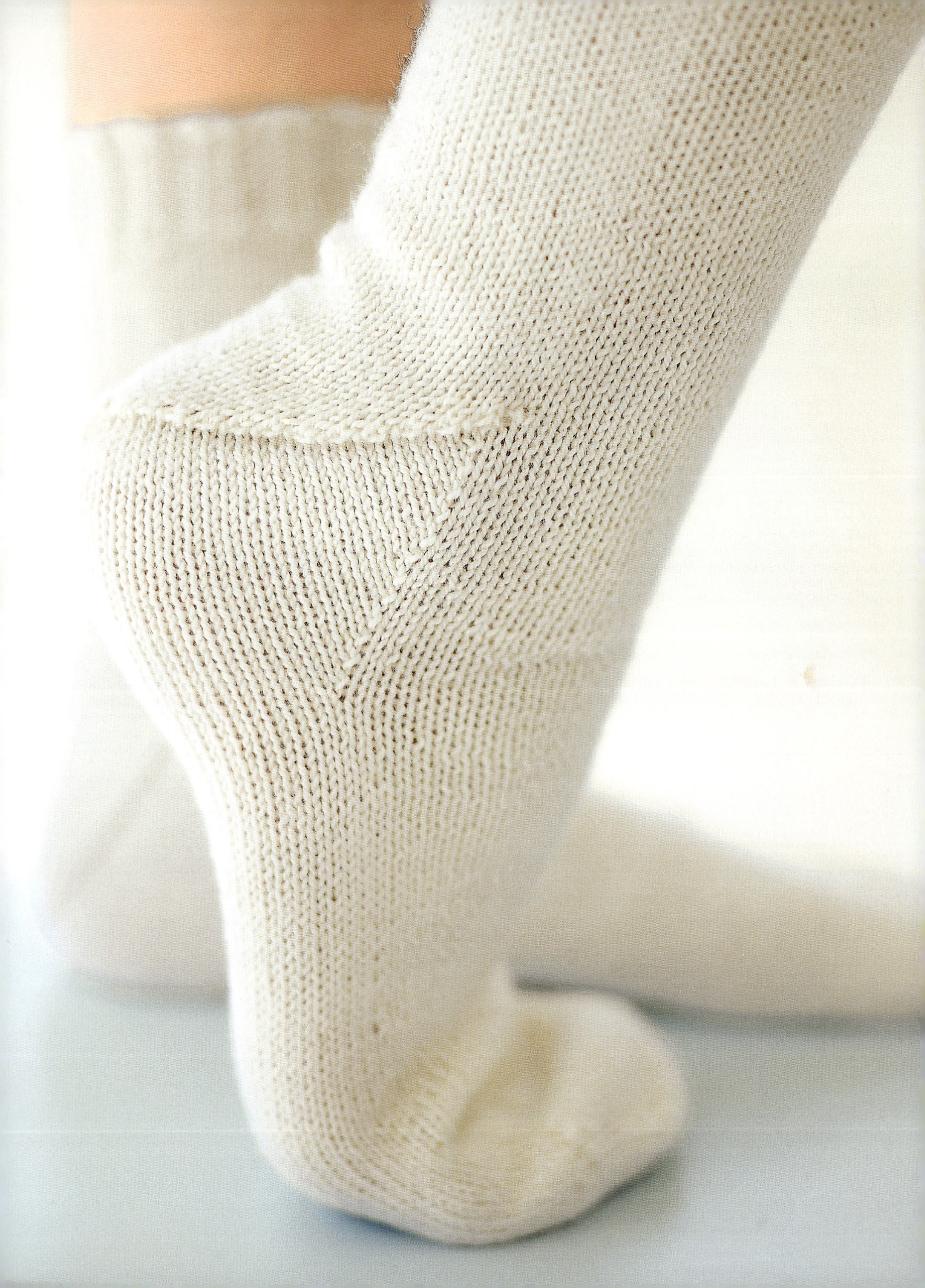

BASISMODELLE

DREI GANZ EINFACHE MODELLE STELLE ICH HIER VOR. Jedes zeigt eine andere der drei Fersenvarianten, die im Technikkapitel auf Seite 24/25 gezeigt werden. Sie können nun Spitzen und Fersen üben, bevor Sie sich an kompliziertere Modelle heranwagen. Solche Socken bieten zudem eine wunderbare Basis für eigene Strickmuster, wenn Sie Ihr individuelles Design entwerfen möchten. Wollen Sie ein buntes, wild gemustertes, handgefärbtes Sockengarn verarbeiten? Diese schlichten Modelle sind dafür die erste Wahl, denn aufwendig gestricktes Muster würde in solch einem Farbenspiel optisch erschlagen.

BASISMODELL: SPITZE UND FERSE MIT VERKÜRZTEN REIHEN

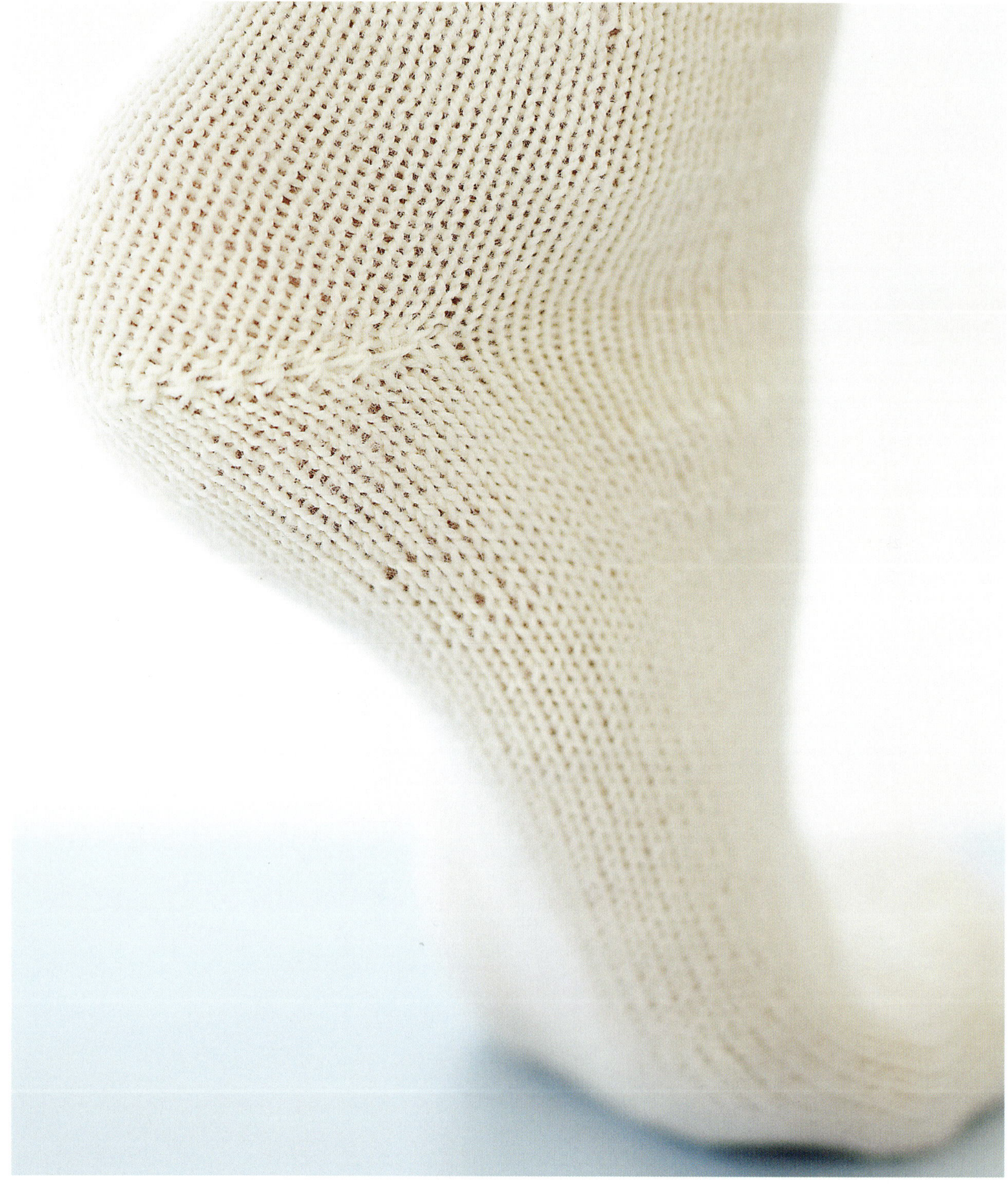

GRÖSSE: M (L),Fußballen-Umfang 20,5 cm (23 cm)

MASCHENPROBE: 32 Maschen und 48 Reihen = 10 x 10 cm, glatt rechts gestrickt

NADELN: Nadelspiel, 2 mm stark oder in der Stärke, die Sie für die oben genannte Maschenprobe benötigen

VERWENDETES GARN: 1 Strang (114 g) Supersock Solids (von Cherry Tree Hill), Farbe: Natural. 100 % Luxury Merino Fingering Weight, Lauflänge 384 m/114 g (= LL 168 m/50 g)

Hinweis: Dieses Modell gilt für Socken mit 64 Maschen pro Runde (oder mit 72 Maschen für die größere Größe, die Angaben dafür stehen jeweils in Klammern). Aber Sie können das Modell an beliebige Größen und Maschenproben anpassen: Messen Sie dazu den Fußballen-Umfang vorn am Fuß aus (Ballenmaß). Multiplizieren Sie diese Zentimeteranzahl mit der Maschenanzahl, die Sie bei Ihrer Maschenprobe pro Zentimeter gestrickt haben. Von diesem Ergebnis ziehen Sie 10 Prozent ab. Korrigieren Sie diese Zahl bei Bedarf leicht, damit die Maschenanzahl durch vier teilbar ist – so erhalten Sie eine bestens passende Socke.

SPITZE MIT VERKÜRZTEN REIHEN

Mit der Technik des offenen Maschenanschlags (Seite 14) 32 (36) M anschl (die Hälfte des Gesamtumfangs der Socke).

Reihe 1 (Hinreihe): 31 (35) Maschen rechts stricken. Mit dem Arbeitsfaden nach vorn – wie zum Linksstricken – die letzte Masche abheben. Die Arbeit wenden.

Reihe 2 (Rückreihe): Die erste, ungestrickte Masche von der linken auf die rechte Nadel heben. Dabei hat sich der Faden unten um die ungestrickte erste Masche herumgewickelt (Wickelmasche). Die Reihe links stricken, bis vor die letzte ungestrickte Masche. Den Faden nach vorn, die Masche abheben. Wenden.

Reihe 3 (Hinreihe): Die Wickelmasche abheben. Die Reihe rechts stricken bis vor die letzte ungestrickte Masche vor der Wickelmasche. Den Faden nach vorn, die Masche abheben. Wenden.

Reihe 4 (Rückreihe): Die Wickelmasche abheben und die nächsten Maschen links stricken, bis vor die letzte ungestrickte Masche vor der Wickelmasche. Den Faden nach vorn, die Masche abheben. Wenden.

Wiederholen Sie Reihe 3 und 4 so oft, bis 9 (11) stillgelegte Wickelmaschen links liegen, 14 (14) reguläre Maschen in der Mitte und 9 (11) stillgelegte Wickelmaschen rechts liegen. In dieser Phase sollte jetzt mit einer rechten Reihe fortgefahren werden können. Ihre Spitze ist nun zur Hälfte fertig.

Hinweis: Die Anzahl der regulären Maschen in der Mitte hängt davon ab, wie breit Ihre Sockenspitze vorn werden soll. Für eine breitere Spitze stricken Sie einfach einige verkürzte Reihen weniger. Soll sie schmaler werden, stricken Sie weitere verkürzte Reihen.

Die zweite Hälfte der Spitze arbeiten

Reihe 1 (Hinreihe): Die regulären 14 Mittelmaschen bis vor die erste ruhende Wickelmasche rechts stricken. Diese gemeinsam mit der Wicklung rechts zusammenstricken. Umwickeln Sie die nächste Masche (hat nun zwei Wicklungen), die Arbeit wenden.

Reihe 2 (Rückreihe): Die doppelt umwickelte Masche abheben. Links weiterstricken bis vor die Wickelmasche. Die Wicklung gemeinsam mit der Masche links zusammenstricken. Die nächste Masche umwickeln, die Arbeit wenden.

Ab jetzt die Doppelwicklungen mit ihren Maschen zusammenstricken. Fahren Sie fort, bis alle ruhenden Wickelmaschen abgestrickt sind und wieder 32 (36) reguläre Maschen auf der Nadel liegen. Verteilen Sie nun diese 32 (36) Maschen auf zwei Nadeln des Nadelspiels.

Lösen Sie die Luftmaschenkette, um die Anschlagsreihe zu öffnen, und verteilen Sie diese 32 (36) Maschen auf zwei weitere Nadeln. In der ersten Runde nach Ausformung der Spitze können Sie am Übergang zwischen regulären und soeben aufgenommenen Maschen eine oder zwei Extramaschen stricken, um Löcher zu vermeiden. Doch nehmen Sie sie in der nächsten Runde wieder ab, um erneut 16 (18) M pro Nadel zu erhalten: zusammen 64 (72) M.

FUSSTEIL

Stricken Sie in gleichgroßen Runden, bis der Fuß etwa 6,5 cm kürzer ist als die gewünschte Gesamtlänge des Fußes. Lassen Sie die 32 (36) Maschen des Oberfußes auf zwei Nadeln ruhen (sie werden nicht gebraucht, während Sie die Ferse ausarbeiten). Die 32 (36) Fersenmaschen führen Sie auf einer Nadel zusammen und formen die Ferse, wiederum mit verkürzten Reihen (wie bei der Spitze) nach folgender Anleitung.

FERSE MIT VERKÜRZTEN REIHEN

Reihe 1 (Hinreihe): 31 (35) Maschen rechts stricken. Mit dem Arbeitsfaden nach vorn – wie zum Linksstricken – die letzte Masche abheben. Die Arbeit wenden.

Reihe 2 (Rückreihe): Die erste, ungestrickte Masche von der linken auf die rechte Nadel heben. Dabei hat sich der Faden unten um die ungestrickte erste Masche herumgewickelt (Wickelmasche). Die Reihe links stricken, bis vor die letzte ungestrickte Masche. Den Faden nach vorn, die Masche abheben. Wenden.

Reihe 3 (Hinreihe): Die Wickelmasche abheben. Die Reihe rechts stricken bis vor die letzte ungestrickte Masche vor der Wickelmasche. Den Faden nach vorn, die Masche abheben. Wenden.

Reihe 4 (Rückreihe): Die Wickelmasche abheben und die nächsten Maschen links stricken, bis vor die letzte ungestrickte Masche vor der Wickelmasche. Den Faden nach vorn, die Masche abheben. Wenden.

Wiederholen Sie Reihe 3 und 4 so oft, bis 9 (11) stillgelegte Wickelmaschen links liegen, 14 (14) reguläre Maschen in der Mitte und 9 (11) stillgelegte Wickelmaschen rechts liegen. In dieser Phase sollte jetzt mit einer rechten Reihe fortgefahren werden. Ihre Ferse ist nun zur Hälfte fertig.

Hinweis: Die Anzahl der regulären Maschen in der Mitte hängt davon ab, wie breit Ihre Ferse werden soll. Für eine breitere Ferse stricken Sie einfach einige verkürzte Reihen weniger. Soll sie schmaler werden, stricken Sie weitere verkürzte Reihen.

Die zweite Hälfte der Ferse arbeiten

Reihe 1 (Hinreihe): Die regulären 14 Mittelmaschen bis vor die erste ruhende Wickelmasche rechts stricken. Diese gemeinsam mit der Wicklung rechts zusammenstricken. Umwickeln Sie die nächste Masche (hat nun zwei Wicklungen), die Arbeit wenden.

Reihe 2 (Rückreihe): Die doppelt umwickelte Masche abheben. Links weiterstricken bis vor die Wickelmasche. Die Wicklung gemeinsam mit der Masche links zusammenstricken. Die nächste Masche umwickeln, die Arbeit wenden.

Ab jetzt die Doppelwicklungen mit ihren Maschen zusammenstricken. Fahren Sie fort, bis alle ruhenden Wickelmaschen abgestrickt sind und wieder 32 (36) reguläre Maschen auf der Nadel liegen. Verteilen Sie diese 32 (36) Maschen auf zwei Nadeln des Nadelspiels, damit Sie wieder in kompletten Runden stricken können.

In der ersten Runde nach Ausformung der Ferse können Sie am Übergang zwischen regulären Fersenmaschen und bisher ruhenden Oberfußmaschen eine oder zwei Extramaschen stricken, um Löcher zu vermeiden. Doch nehmen Sie sie in der nächsten Runde wieder ab, um erneut 16 (18) M pro Nadel zu erhalten: zusammen 64 (72) M.

BÜNDCHEN

Ist ihre fast fertige Socke ungefähr 2,5 cm kürzer als gewünscht, stricken Sie in dieser Breite als oberen Abschluss ein 1/1-Rippenbündchen (1 M re, 1 M li im Wechsel). Die letzte Runde ketten Sie mit einer für Rippenmuster geeigneten Methode locker ab (Seite 26 bis 29).

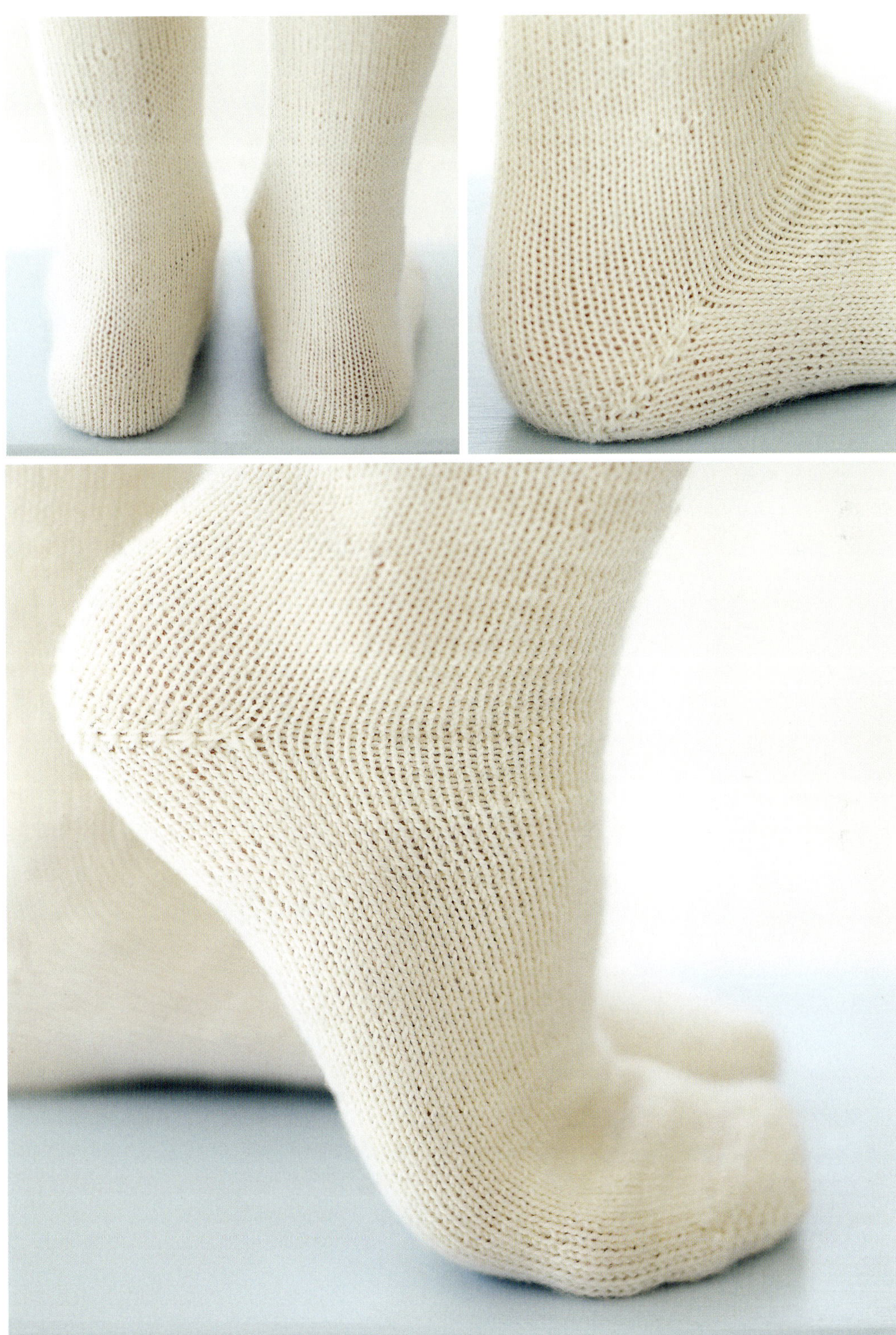

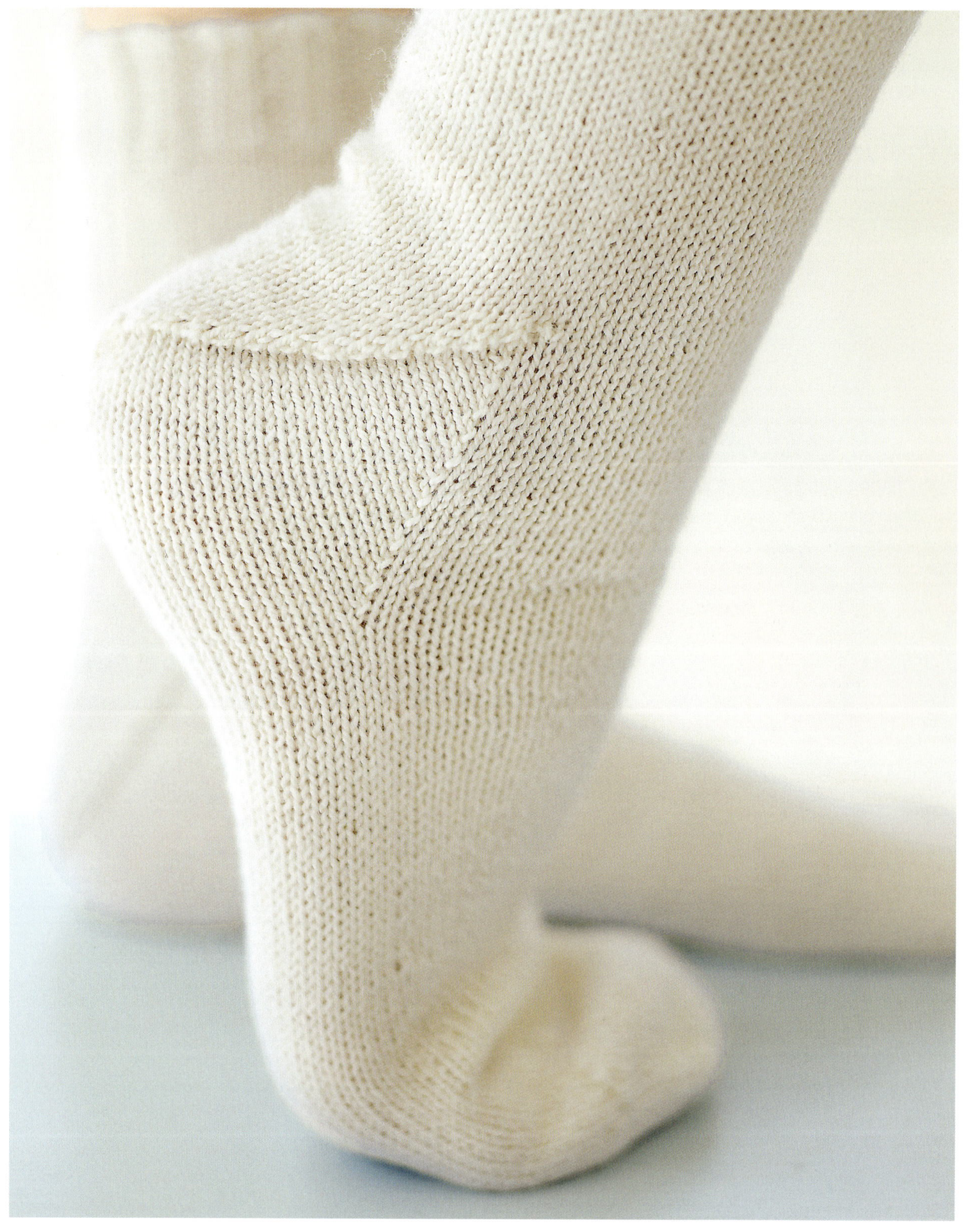

BASISMODELL: MIT ZWICKEL-FERSE

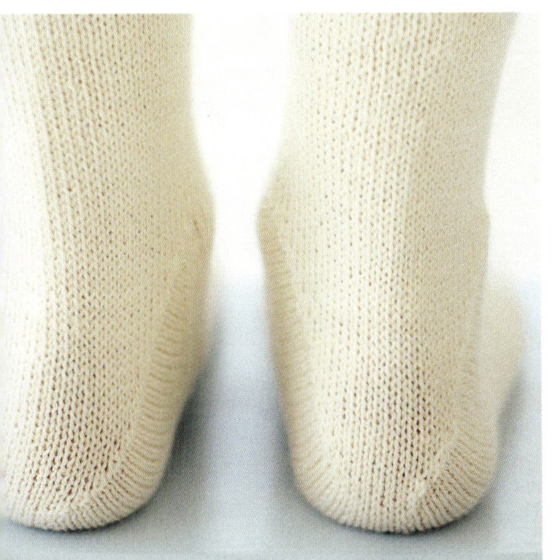
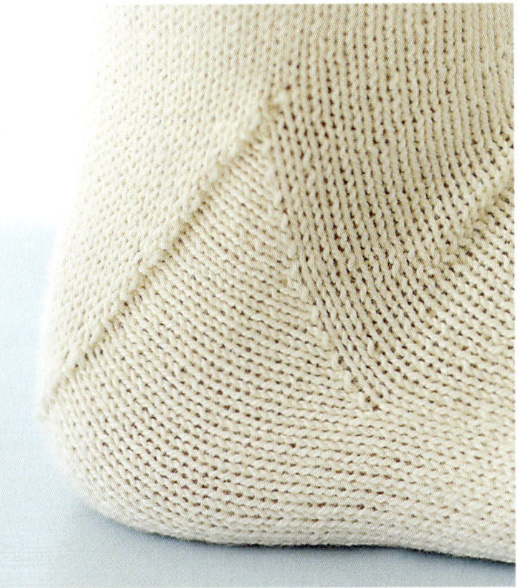
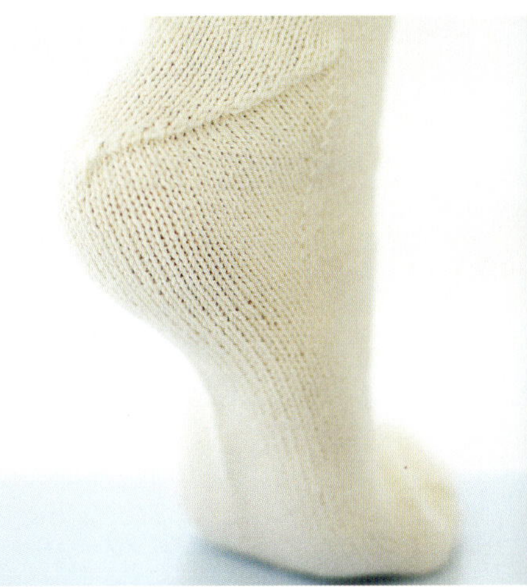

GRÖSSE: M (L),Fußballen-Umfang 20,5 cm (23 cm)

MASCHENPROBE: 32 Maschen und 48 Reihen = 10 x 10 cm, glatt rechts gestrickt

NADELN: Nadelspiel, 2 mm stark oder in der Stärke, die Sie für die oben genannte Maschenprobe benötigen

VERWENDETES GARN: 1 Strang (114 g) Supersock Solids (von Cherry Tree Hill), Farbe: Natural. 100 % Luxury Merino Fingering Weight, Lauflänge 384 m/114 g (= LL 168 m/50 g)

SPITZE

Mit dem Türkischen, dem Achteranschlag oder mit Judys Zauberanschlag 32 (36) M anschl: pro Rundstricknadel 16 (18) M (Seite 16–21). Die M jeder Nadel einmal re str. In der nächsten Rd 4 M zun (Abkü: Seite 124):

Nadel 1: 1 M re, 1 M zun, bis vor die letzte M re str, 1 M zun, 1 M re.

Nadel 2: 1 M re, 1 M zun, bis vor die letzte M re str, 1 M zun, 1 M re.

Dann 1 Rd ohne Zunahme re str. Diese zwei Runden so oft wiederholen, bis sich 64 (72) Maschen ergeben, also 32 (36) auf jeder der beiden Nadeln. Diese Maschen aufs Nadelspiel aufteilen:

Nadel 1 (Oberfuß): 16 (18) M.

Nadel 2 (Oberfuß): 16 (18) M.

Nadel 3 (Sohle): 16 (18) M.

Nadel 4 (Sohle): 16 (18) M

Nun das Fußteil bis unterhalb des Knöchels stricken.

ZWICKEL

Runde 1 (Oberfußmaschen): Alle M über Nadel 1 und Nadel 2 re str.

Nadel 3 (Sohlenmaschen): 1 M re, 1 M zun, restliche M re.

Nadel 4 (Sohlenmaschen): Alle M bis auf die letzte re str, 1 M zun, 1 M re.

Runde 2: Alle M re str.

Nun Runde 1 und 2 so oft wiederholen, bis sich auf Nadel 3 und 4 je 28 (32) M befinden. Die M von Nadel 1 und 2 re str.

HINTERE FERSENWAND

Alle Sohlenmaschen von Nadel 3 und 4 auf eine Nadel heben. Diese folgendermaßen in Hin- und Rückreihen stricken (dabei ruhen die M von Nadel 1 und 2):

Reihe 1: 31 (33) M re, 1 M abn (linksg), 1 M re, wenden.

Reihe 2: 1 M abh, 7 M li, 2 M li zusstr, 1 M li, wenden.

Reihe 3: 1 M abh, 8 M re, 1 M abn (linksg), 1 M re, wenden.

Reihe 4: 1 M abh, 9 M li, 2 M li zusstr, 1 M li, wenden.

Reihe 5: 1 M abh, 10 M re, 1 M abn (linksg), 1 M re, wenden.

Reihe 6: 1 M abh, 11 M li, 2 M li zusstr, 1 M li, wenden.

Nach diesem Schema fortfahren, bis 32 (36) aktive Maschen auf der Nadel liegen. Diese Maschen hälftig auf zwei Nadeln aufteilen. Nun glatt rechts in ganzen Runden weiterstricken, bis die Socke etwa 2,5 cm kürzer ist als gewünscht.

BÜNDCHEN

Als Abschluss (2,5 cm breit) ein 1/1-Rippenbündchen stricken.

BASISMODELL: MIT HEBEMASCHEN-FERSE

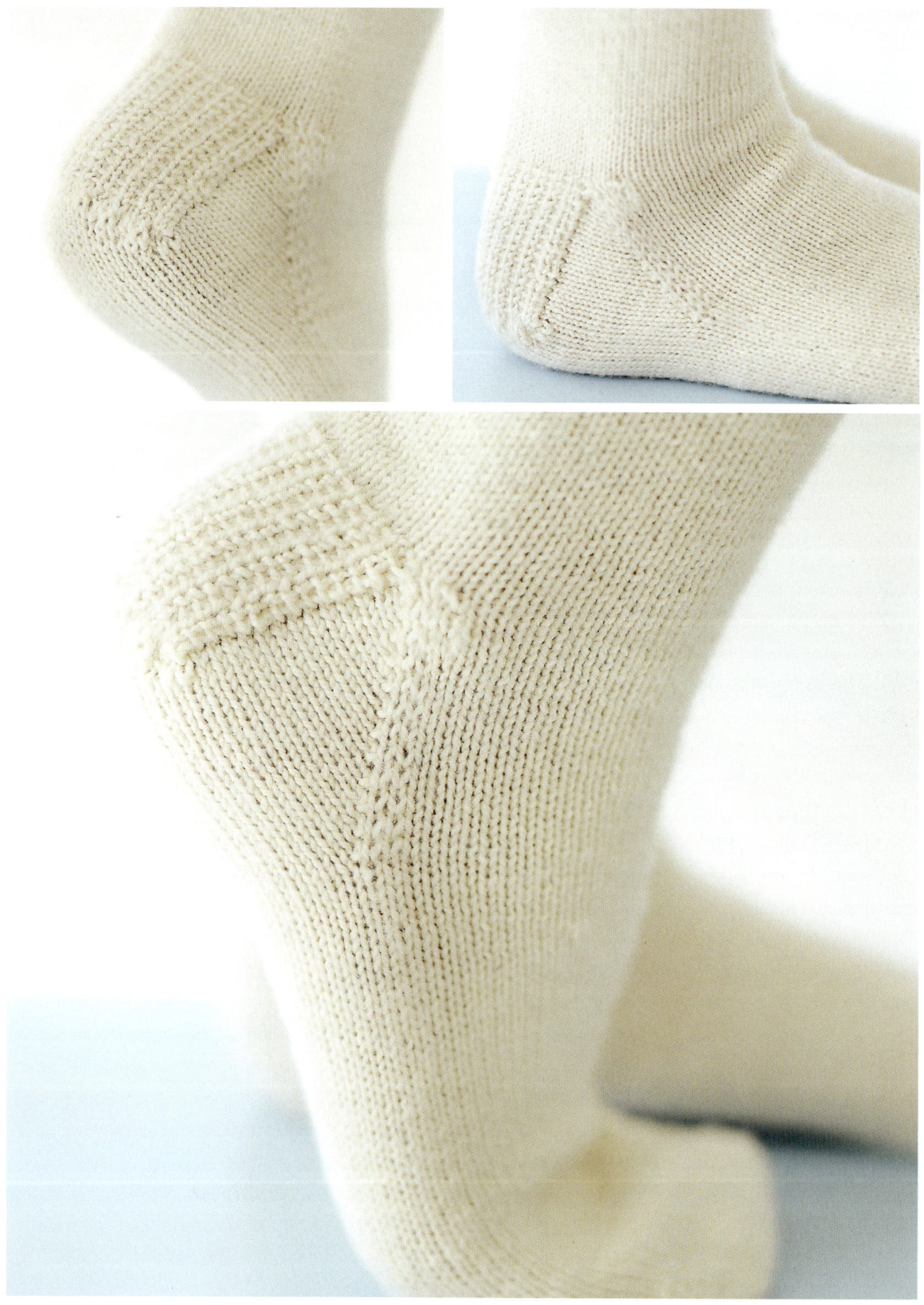

GRÖSSE: M (L), Fußballen-Umfang 21 cm (23,5 cm)

MASCHENPROBE: 32 Maschen und 48 Reihen = 10 x 10 cm, glatt rechts gestrickt

NADELN: 2 Rundstricknadeln (oder 1 sehr lange Rundstricknadel), 2 mm stark oder in der Stärke, die Sie für die oben genannte Maschenprobe benötigen

VERWENDETES GARN: 1 Strang (50 g) Socks (von ShibuiKnits), Farbe: Ivory

100 % Superwash Merino Wool, Lauflänge (LL) 175 m/50 g

SPITZE

Mit dem Türkischen, dem Achteranschlag oder mit Judys Zauberanschlag 30 (34) M anschl: pro Rundstricknadel 15 (17) M (Seite 16–21). Die M jeder Nadel einmal re str. In der nächsten Rd 4 M zun (Abkü: Seite 124):

Nadel 1: 1 M re, 1 M zun, bis vor die letzte M re str, 1 M zun, 1 M re.

Nadel 2: 1 M re, 1 M zun, bis vor die letzte M re str, 1 M zun, 1 M re.

Dann 1 Rd re ohne Zun str.

Diese zwei Runden so oft wiederholen, bis sich 66 (74) M ergeben: also 33 (37) M pro Nadel.

Hinweis: Für schmalere Spitzen weniger M anschlagen, dafür aber mehr Zunahmereihen stricken, bis sich 33 (37) M pro Nadel ergeben.

Das Fußteil glatt rechts stricken, bis ca. 7 cm vor Erreichen der gesamten Fußlänge.

ZWICKEL

Runde 1: Über Nadel 1 (Oberfußmaschen) nur re M str.

Nadel 2 (Sohlenmaschen): 1 M re, 1 M zun, folgende M re str bis vor die letzte M, 1 M zun, 1 M re.

Runde 2: Über Nadel 1 (Oberfußmaschen) und Nadel 2 (Sohlenmaschen) jeweils nur re M str.

Runde 1 und 2 so oft wiederholen, bis 55 (61) M auf Nadel 2 liegen.

FERSENRUNDUNG

Über Nadel 1 nur re M str, dann diese Nadel ruhen lassen.

Über Nadel 2 in Hin- und Rückreihen arbeiten. Zuerst für die Rundung 8 verkürzte Reihen str:

Reihe 1 (Hinr): 37 (41) M re, 1 re Perl-Zun, 1 M re, 1 Wickelm.

Reihe 2 (Rückr): 22 (24) M li, 1 li Perl-Zun, 1 M li, 1 Wickelm.

Reihe 3: 20 (22) M re, 1 re Perl-Zun, 1 M re, 1 Wickelm.

Reihe 4: 18 (20) M li, 1 li Perl-Zun, 1 M li, 1 Wickelm.

Reihe 5: 16 (18) M re, 1 re Perl-Zun, 1 M re, 1 Wickelm.

Reihe 6: 14 (16) M li, 1 li Perl-Zun, 1 M li, 1 Wickelm.

Reihe 7: 12 (14) M re, 1 re Perl-Zun, 1 M re, 1 Wickelm.

Reihe 8 (Rückr): 10 (12) M li, 1 li Perl-Zun, 1 M li, 1 Wickelm.

Nadel 2 hat mit dieser letzten Rückreihe nun 63 (69) M. Jetzt auf der Vorderseite re M bis zum Ende von Nadel 2 str, dazu bei den Wickelmaschen jeweils M und Wicklung zusstr. Alle Oberfußmaschen auf Nadel 1 re str.

HEBEMASCHEN-FERSENWAND

Die durch Hebemaschen verstärkte Fersenwand über Nadel 2 in Hin- und Rückreihen arbeiten:

Reihe 1 (Hinr): 47 (52) M re (dazu bei den Wickelmaschen jeweils M und Wicklung zusstr), 1 M abn (linksg), wenden.

Reihe 2 (Rückr): 1 M abh, 31 (35) M li, 2 M li zusstr, wenden.

Reihe 3 (Hinr): * 1 M abh, 1 M re, ab * 16 (18) mal wiederh, 1 M abn (linksg), wenden.

Nun Reihe 2 und 3 so oft wiederholen, bis alle Seitenmaschen aufgebraucht sind, die letzte Reihe ist eine linksgestrickte. Auf Nadel 2 liegen nun 33 (37) M.

Dann glatt rechts in Runden weiterstricken, bis die Socke etwa 2,5 cm kürzer ist als gewünscht.

BÜNDCHEN

Als 2,5 cm breiten Abschluss ein 1/1-Rippenbündchen stricken.

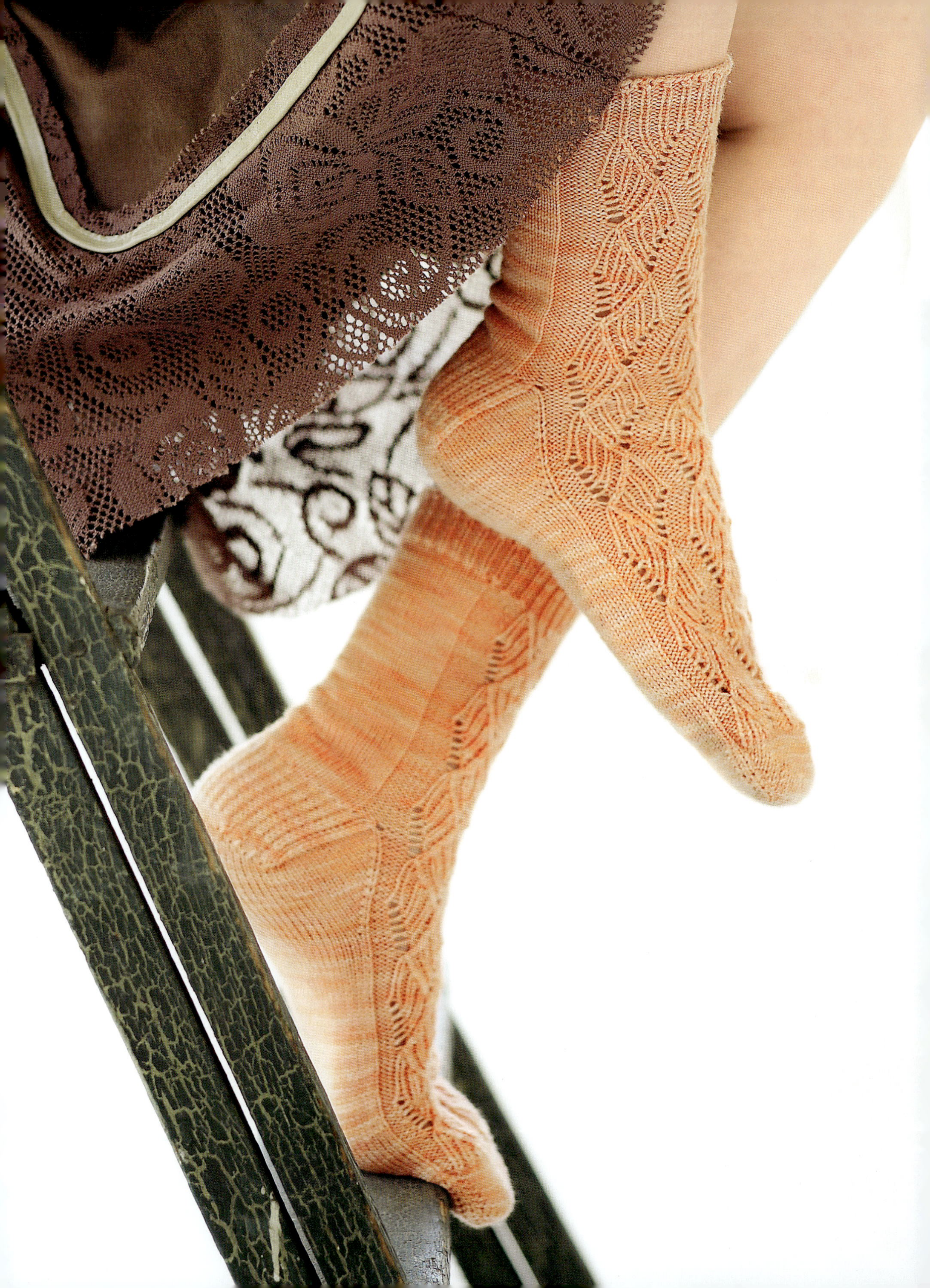

LOCHMUSTER

AN SOCKEN LASSEN SICH LOCHMUSTER wunderbar präsentieren, zumal diese Socken meist elastisch sind und sich so verschiedenen Fußformen anpassen. Auch als Lochmuster-Neuling können Sie sich daran wagen: Gemustert wird nur mit Umschlägen und Abnahmen. Die einfachen Modelle mit Streifen (Seite 44), Rippen (Seite 48), mit schrägem Lochmuster (Seite 51) und die Tic-Tac-Toe-up-Socken (Seite 54) zeigen kleine Motive über nur wenige Maschen und Reihen sowie mit folgerichtigen Wiederholungen. Sie sind ideal für Ungeübte und alle, die nicht viel Aufmerksamkeit aufbringen möchten.

Die mittleren Modelle – mit Schmetterlingen (Seite 57), die Warteschleifen-Socken (Seite 60), die geriffelten Rippen (Seite 64) und die Trilobite-Socken (Seite 68) – sind anspruchsvoller, sollen Sie aber nicht abschrecken. Die größeren Motive über mehr Reihen bestehen ebenfalls nur aus Umschlägen und Abnahmen. Wenn Sie beachten, an welcher Stelle des Musterschemas Sie sind, klappt's bestimmt!

Die fortgeschrittenen Lochmuster-Modelle – Herzen und Blumen (Seite 72), Loch- und Zopfmuster (Seite 76), U-Bahn-Socken (Seite 80) und Sheris Sträußchen (Seite 84) – sind zwar anspruchsvoll, doch mit ausreichend Aufmerksamkeit gestrickt, wird es ebenfalls keine Probleme geben. Die großen Motive umfassen 16 bis 32 Reihen. Das Ergebnis – so finde ich – rechtfertigt jeden Aufwand!

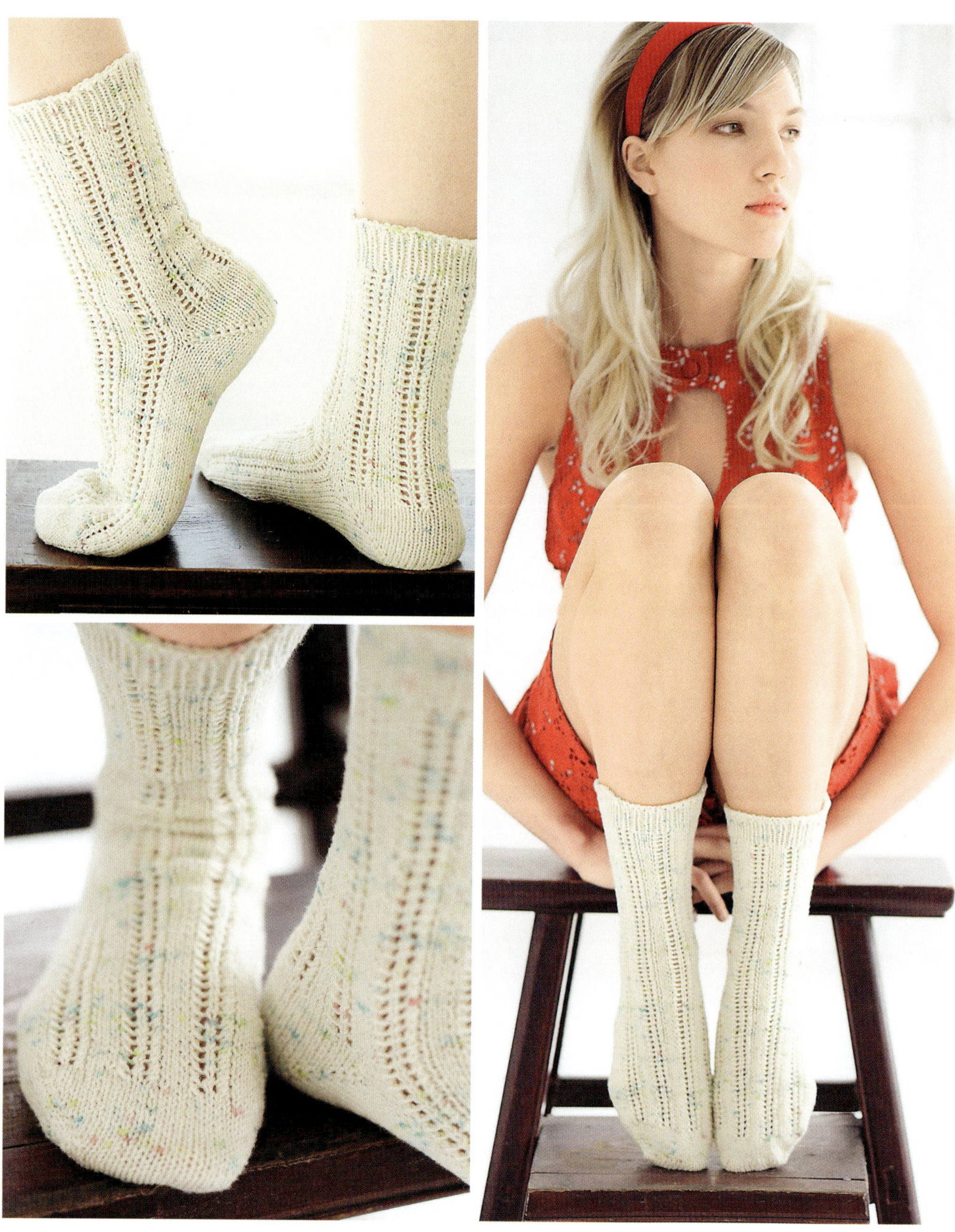

STREIFEN-LOCHMUSTER

DIESES EINSTEIGER-MODELL IST HERVORRAGEND FÜR ALL DIEJENIGEN GEEIGNET, DIE SICH ERSTMALS AN LOCHMUSTER HERANWAGEN. NUR MIT UMSCHLÄGEN UND BETONTEN ABNAHMEN AUF GLATT RECHTS GESTRICKTEM GRUNDMUSTER ENTSTEHEN HÜBSCHE SOCKEN, DIE SIE MIT STOLZ TRAGEN ODER GUT VERSCHENKEN KÖNNEN. SOGAR LEBHAFTE GARNE KOMMEN BEI DIESEM SCHLICHTEN MUSTER GUT ZUR GELTUNG.

GRÖSSE: M (L), Fußballen-Umfang 21,5 cm (24 cm)

MASCHENPROBE: 32 Maschen und 48 Reihen = 10 x 10 cm, glatt rechts gestrickt

NADELN: Nadelspiel, 2 mm stark oder in der Stärke, die Sie für die oben genannte Maschenprobe benötigen

VERWENDETES GARN: 1 Strang (114 g) Sock! Merino (von Lisa Souza), Farbe: Printemps. 100 % Superfine Merino Superwash, Lauflänge 512 m/114 g (= LL 225 m/50 g)

Hinweis: Dieses Muster ist für Socken beschrieben, deren Spitze und Ferse zwar mit verkürzten Reihen gearbeitet sind, das aber dennoch leicht an andere Methoden anzupassen ist.

SPITZE MIT VERKÜRZTEN REIHEN

Mit der Technik des offenen Maschenanschlags (Seite 14) 32 (36) M anschl (die Hälfte des Gesamtumfangs der Socke).

Reihe 1 (Hinr): 31 (35) M re str. Mit dem Arbeitsfaden nach vorn – wie zum Linksstricken – die letzte M abheben. Die Arbeit wenden.

Reihe 2 (Rückr): Die erste, ungestrickte M von der linken auf die rechte Nadel heben. Dabei hat sich der Faden unten um die ungestrickte erste M herumgewickelt (Wickelmasche). Die Reihe li str, bis vor die letzte ungestrickte M. Den Faden nach vorn, die M abheben. Wenden.

Reihe 3 (Hinr): Die Wickelmasche abheben. Die Reihe re str bis vor die letzte ungestrickte M vor der Wickelmasche. Den Faden nach vorn, die M abheben. Wenden.

Reihe 4 (Rückr): Die Wickelmasche abheben und die nächsten M li str, bis vor die letzte ungestrickte M vor der Wickelmasche. Den Faden nach vorn, die M abheben. Wenden.

Reihe 3 und 4 so oft wiederholen, bis 9 (11) stillgelegte Wickelmaschen links liegen, 14 (14) reguläre Maschen in der Mitte und 9 (11) stillgelegte Wickelmaschen rechts liegen. In dieser Phase sollte jetzt mit einer rechten Reihe fortgefahren werden können. Ihre Spitze ist nun zur Hälfte fertig.

Hinweis: Die Anzahl der regulären Maschen in der Mitte hängt davon ab, wie breit Ihre Sockenspitze vorn werden soll. Für eine breitere Spitze stricken Sie einfach einige verkürzte Reihen weniger. Soll sie schmaler werden, stricken Sie weitere verkürzte Reihen.

Die zweite Hälfte der Spitze arbeiten

Reihe 1 (Hinr): Die regulären 14 Mittelmaschen bis vor die erste ruhende Wickelmasche re str. Diese gemeinsam mit der Wicklung re zusstr. Die nächste Masche umwickeln (hat nun zwei Wicklungen), die Arbeit wenden.

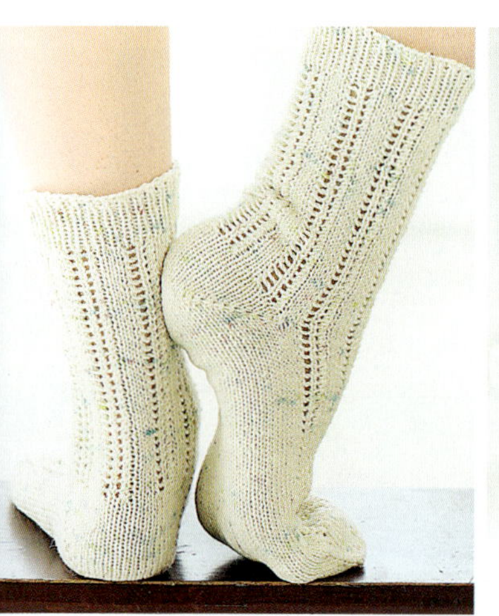

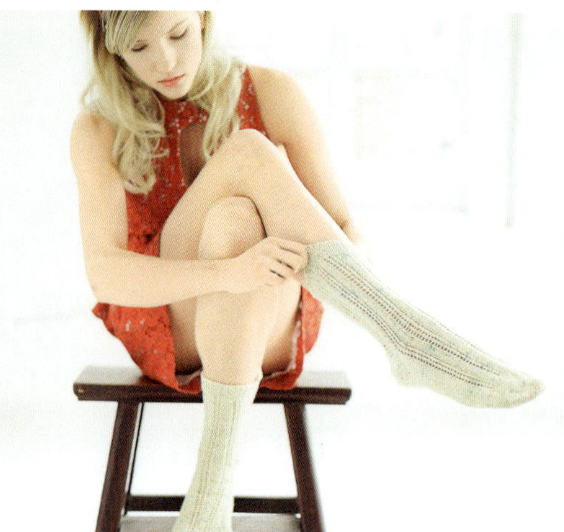

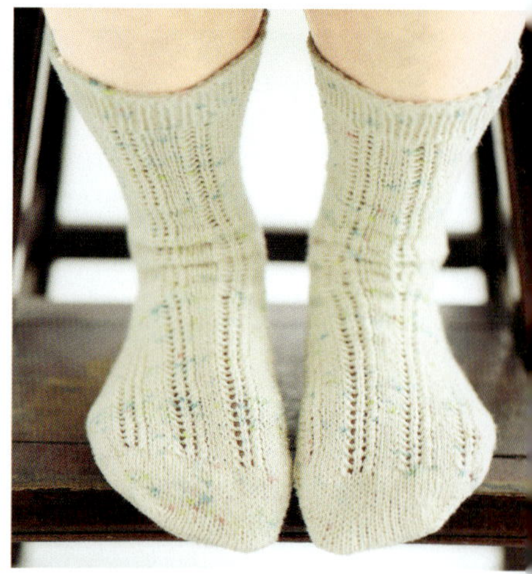

STREIFEN-LOCHMUSTER (FORTSETZUNG))

Reihe 2 (Rückr): Die doppelt umwickelte M abheben. Li weiterstricken bis vor die Wickelmasche. Die Wicklung gemeinsam mit der M li zusstr. Die nächste M umwickeln, die Arbeit wenden.

Ab jetzt die Doppelwicklungen mit ihren M zusstr. Fahren Sie fort, bis alle ruhenden Wickelmaschen abgestrickt sind und wieder 32 (36) reguläre M auf der Nadel liegen. Verteilen Sie nun diese 32 (36) M auf zwei Nadeln des Nadelspiels. Lösen Sie die Luftmaschenkette, um die Anschlagsreihe zu öffnen, und verteilen Sie diese 32 (36) M auf zwei weitere Nadeln.

In der ersten Runde nach Ausformung der Spitze können Sie am Übergang zwischen regulären und soeben aufgenommenen M eine oder zwei Extramaschen stricken, um Löcher zu vermeiden. Doch nehmen Sie sie in der nächsten Runde wieder ab, um erneut 16 (18) M pro Nadel zu erhalten: zusammen 64 (72) M.

DAS LOCHMUSTER BEGINNEN

Auf Nadel 1 und 2 liegen die Oberfußmaschen, auf Nadel 3 und 4 die Sohlenmaschen. Arbeiten Sie das Lochmuster über Nadel 1 und 2, während Sie auf Nadel 3 und 4 nur rechte Maschen stricken. Stricken Sie in gleichgroßen Runden, bis der Fuß etwa 6,5 cm kürzer ist als die gewünschte Gesamtlänge des Fußes. Lassen Sie die 32 (36) M des Oberfußes auf zwei Nadeln ruhen (sie werden nicht gebraucht, während Sie die Ferse ausarbeiten). Die 32 (36) Fersenmaschen führen Sie auf einer Nadel zusammen und formen die Ferse, wiederum mit verkürzten Reihen (wie bei der Spitze) nach folgender Anleitung.

FERSE MIT VERKÜRZTEN REIHEN

Reihe 1 (Hinr): 31 (35) M re str. Mit dem Arbeitsfaden nach vorn – wie zum Linksstricken – die letzte M abheben. Die Arbeit wenden.

Reihe 2 (Rückr): Die erste, ungestrickte M von der linken auf die rechte Nadel heben. Dabei hat sich der Faden unten um die ungestrickte erste M herumgewickelt (Wickelmasche). Die Reihe li str, bis vor die letzte ungestrickte M. Den Faden nach vorn, die Masche abheben. Wenden.

Reihe 3 (Hinr): Die Wickelmasche abheben. Die Reihe re str bis vor die letzte ungestrickte M vor der Wickelmasche. Den Faden nach vorn, die M abheben. Wenden.

Reihe 4 (Rückr): Die Wickelmasche abheben und die nächsten M li stri, bis vor die letzte ungestrickte M vor der Wickelmasche. Den Faden nach vorn, die M abheben. Wenden.

Wiederholen Sie Reihe 3 und 4 so oft, bis 9 (11) stillgelegte Wickelmaschen links liegen, 14 (14) reguläre Maschen in der Mitte und 9 (11) stillgelegte Wickelmaschen rechts liegen. In dieser Phase sollte jetzt mit einer rechten Reihe fortgefahren werden können. Ihre Ferse ist nun zur Hälfte fertig.

Hinweis: Die Anzahl der regulären Maschen in der Mitte hängt davon ab, wie breit Ihre Ferse werden soll. Für eine breitere Ferse stricken Sie einfach einige verkürzte Reihen weniger. Soll sie schmaler werden, stricken Sie weitere verkürzte Reihen.

Die zweite Hälfte der Ferse arbeiten

Reihe 1 (Hinr): Die regulären 14 Mittelmaschen bis vor die erste ruhende Wickelmasche re str. Diese gemeinsam mit der Wicklung re zusstr. Umwickeln Sie die nächste M (hat nun zwei Wicklungen), die Arbeit wenden.
Reihe 2 (Rückr): Die doppelt umwickelte M abheben. Links weiterstricken bis vor die Wickelmasche. Die Wicklung gemeinsam mit der M li zusstri. Die nächste M umwickeln, die Arbeit wenden.
Ab jetzt die Doppelwicklungen mit ihren M zusstr. Fahren Sie fort, bis alle ruhenden Wickelmaschen abgestrickt sind und erneut 32 (36) reguläre M auf der Nadel liegen.
Verteilen Sie diese 32 (36) M auf zwei Nadeln des Nadelspiels, damit Sie wieder in kompletten Runden stricken können.
In der ersten Runde nach Ausformung der Ferse können Sie am Übergang zwischen regulären Fersenmaschen und bisher ruhenden Oberfußmaschen eine oder zwei Extramaschen stricken, um Löcher zu vermeiden. Doch nehmen Sie sie in der nächsten Runde wieder ab, um erneut 16 (18) M pro Nadel zu erhalten: zusammen 64 (72) M.
Nun beginnen Sie damit, das Lochmuster auch über Nadel 3 und 4 zu stricken. Damit die Muster vorn und hinten gleich sind, warten Sie gegebenenfalls mit dem Musterstart, bis eine gemeinsame 1. Musterreihe auf allen Nadeln möglich ist. Bis dahin stricken Sie Zwischenrunden mit re M über Nadel 1 und 2.

BÜNDCHEN

Ist Ihre fast fertige Socke ungefähr 2,5 cm kürzer als gewünscht, stricken Sie in dieser Breite als oberen Abschluss ein 1/1-Rippenbündchen (1 M re, 1 M li im Wechsel). Die letzte Runde ketten Sie mit einer für Rippenmuster geeigneten Methode locker ab (Seite 26 bis 29).

STREIFEN-LOCHMUSTER

Zeichenerklärung

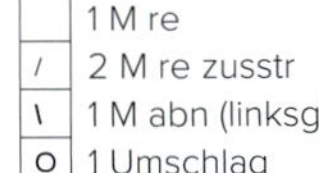

Lochmuster-Schema, Größe L

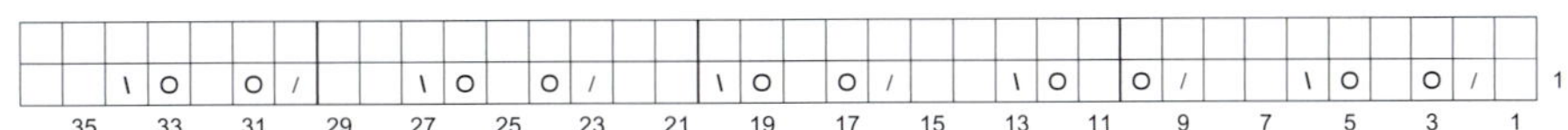

Lochmuster-Schema, Größe M

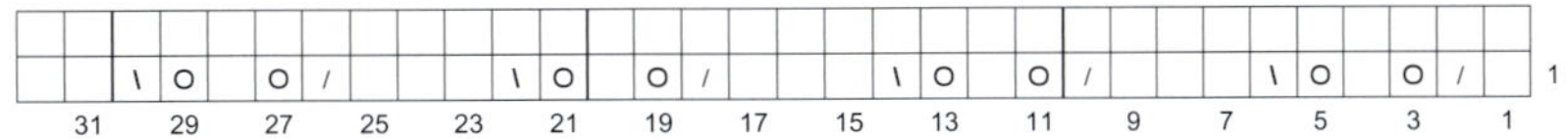

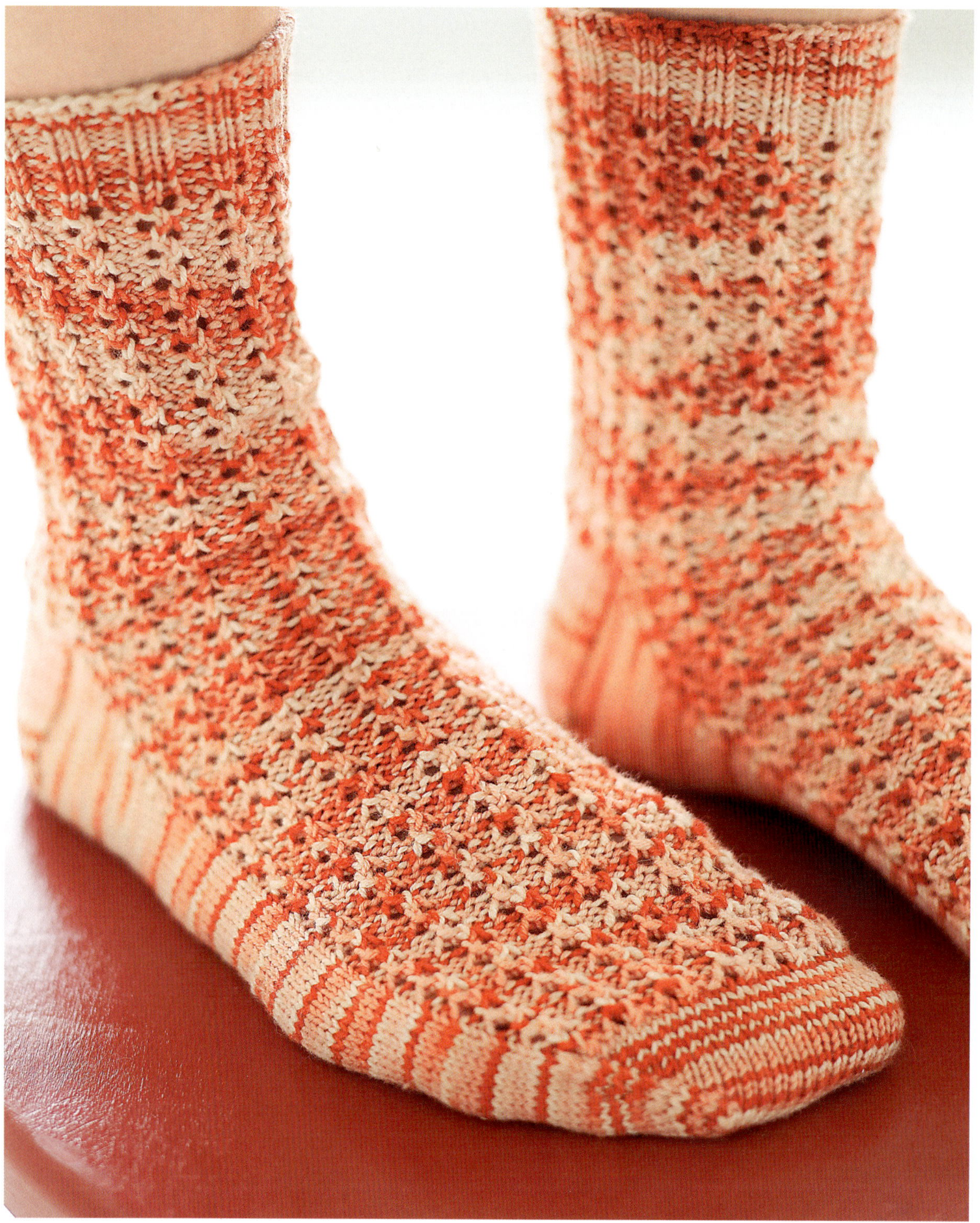

RIPPEN-LOCHMUSTER

DIESES MUSTER EIGNET SICH WUNDERBAR FÜR ALL DIE HANDGEFÄRBTEN SOCKENGARNE AUS IHRER WOLLSAMMLUNG. ES WIRKT EINFARBIG UND GEMUSTERT, GESTREIFT ODER GESCHECKT. DIE MASCHENABFOLGE DES KLEINEN MOTIVS KANN MAN SICH LEICHT MERKEN. AUSSERDEM IST DAS GESTRICK SEHR ELASTISCH.

GRÖSSE: S (M/L), Fußballen-Umfang 18,5 cm (21/23,5 cm)

MASCHENPROBE: 32 Maschen und 48 Reihen = 10 x 10 cm, glatt rechts gestrickt

NADELN: 2 Rundstricknadeln (oder 1 sehr lange Rundstricknadel), 2 mm stark oder in der Stärke, die Sie für die angegebene Maschenprobe benötigen

VERWENDETES GARN: 2 Stränge (à 57 g) Baby Boomerang (von Fiesta), Farbe: Dreamsicle. Extra Fine Superwash Merino, Lauflänge 201 m/57 g (= LL 176 m/50 g)

SPITZE

Mit dem Türkischen, dem Achteranschlag oder mit Judys Zauberanschlag 28 (32/36) M anschl: 14 (16/18) M pro Rundstricknadel (Seite 16 bis 21). Die M jeder Nadel einmal re str. In der nächsten Rd 4 M zun (Abkü: Seite 124):

Nadel 1: 1 M re, 1 M zun, bis vor die letzte M re str, 1 M zun, 1 M re.

Nadel 2: 1 M re, 1 M zun, bis vor die letzte M re str, 1 M zun, 1 M re.

Dann 1 Rd ohne Zunahme re str.

Diese zwei Runden so oft wiederholen, bis sich 56 (64/72) M ergeben, also 28 (32/36) M pro Nadel.

DAS LOCHMUSTER BEGINNEN

Das Muster nur über Nadel 1 arbeiten (Oberfußmaschen), die Maschen von Nadel 2 immer nur re str.

Arbeiten Sie 7-(8-/9-)mal das Lochmusterschema (Seite 50) über die M von Nadel 1; Nadel 2 nur re M str.

Stricken Sie weiter mit genügend Wiederholungen dieses 4-zeiligen Schemas, bis das Gestrick ca. 7 cm kürzer ist als die gewünschte Fußlänge.

ZWICKEL

Runde 1: Über Nadel 1 (Oberfußmaschen) im Lochmuster str.

Nadel 2 (Sohlenmaschen): 1 M re, 1 M zun, folgende M re str bis vor die letzte M, 1 M zun, 1 M re.

Runde 2: Über Nadel 1 im Lochmuster str. Nadel 2: nur re M str.

Runde 1 und 2 so oft wiederholen, bis schließlich 48 (54/60) M auf Nadel 2 liegen.

Bei der letzten Runde in der Sohlenmitte 1 M zun, damit 49 (55/61) M auf Nadel 2 liegen.

Nadel 1: weiter im Lochmuster str.

FERSENRUNDUNG

Nun über Nadel 2 in Hin- und Rückreihen arbeiten, während die M von Nadel 1 ruhen. Für die Rundung 8 verkürzte Reihen str:

Reihe 1 (Hinr): 33 (37/41) M re, 1 re Perl-Zun, 1 M re, 1 Wickelm.

Reihe 2 (Rückr): 20 (22/24) M li, 1 li Perl-Zun, 1 M li, 1 Wickelm.

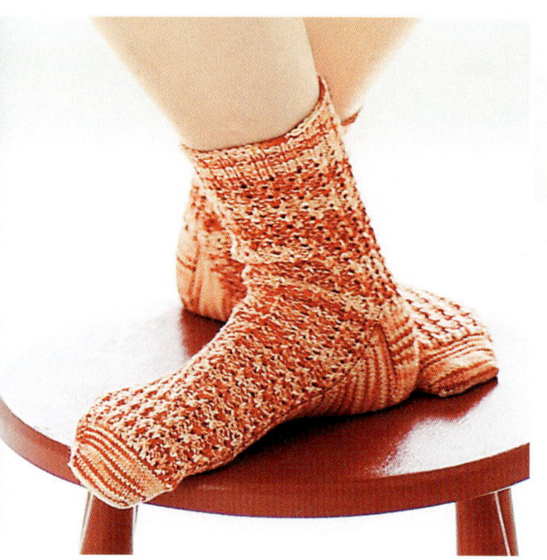

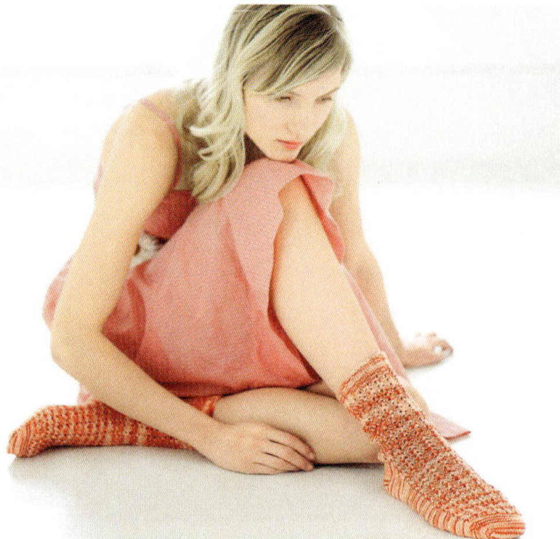

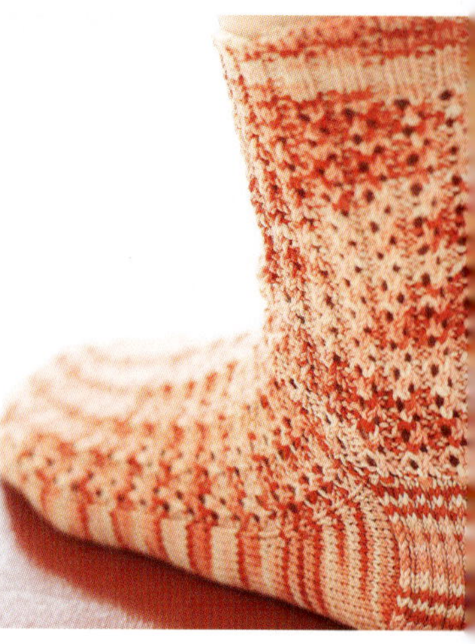

RIPPEN-LOCHMUSTER (FORTSETZUNG)

Reihe 3: 18 (20/22) M re, 1 re Perl-Zun, 1 M re, 1 Wickelm.
Reihe 4: 16 (18/20) M li, 1 li Perl-Zun, 1 M li, 1 Wickelm.
Reihe 5: 14 (16/18) M re, 1 re Perl-Zun, 1 M re, 1 Wickelm.
Reihe 6: 12 (14/16) M li, 1 li Perl-Zun, 1 M li, 1 Wickelm.
Reihe 7: 10 (12/14) M re, 1 re Perl-Zun, 1 M re, 1 Wickelm.
Reihe 8: (Rückr): 8 (10/12) M li, 1 li Perl-Zun, 1 M li, 1 Wickelm.
Nadel 2 hat mit dieser letzten Rückreihe nun 57 (63/69) M. Jetzt auf der Vorderseite re M bis zum Ende von Nadel 2 stricken, dazu bei den Wickelmaschen jeweils M und Wicklung zusstr. Die Oberfußmaschen auf Nadel 1 im Lochmuster stricken.

HEBEMASCHEN-FERSENWAND

Die durch Hebemaschen verstärkte Fersenwand über Nadel 2 in Hin- und Rückreihen arbeiten:
Reihe 1 (Hinr): 42 (47/52) M re (dazu bei den Wickelmaschen jeweils M und Wicklung zusstr),
1 M abn (linksg), wenden.
Reihe 2 (Rückr): 1 M abh, 27 (31/35) M li, 2 M li zusstr, wenden.
Reihe 3 (Hinr): * 1 M abh, 1 M re; ab * 14-(16-/18-)mal wiederh, 1 M abn (linksg), wenden.
Reihe 2 und 3 so oft wiederholen, bis alle Seitenmaschen aufgebraucht sind, die letzte Reihe ist eine linksgestrickte. Auf Nadel 2 liegen nun 29 (33/37) M. Bei der letzten Runde in der Sohlenmitte 1 M abn, damit 28 (32/36) M auf Nadel 2 liegen.
Nun in Runden weiterstricken. Dazu auf Nadel 1 mit dem Lochmuster fortfahren. Auf Nadel 2 jetzt ebenfalls dieses Muster stricken – jedoch erst dann beginnen, wenn auch auf Nadel 1 wieder eine erste Reihe dieses Musterschemas gestrickt wurde.

BÜNDCHEN

Ist Ihre Socke 2,5 cm kürzer als gewünscht, als Abschluss ein 2/2-Rippenbündchen stricken: 1 M li, * 2 M re, 2 M li; ab * fortl wiederh bis vor die letzte M, 1 M li.
Nach 2,5 cm die letzte Runde des Bündchens mit einer für Rippenmuster geeigneten Methode locker abketten (Seite 26 bis 29).

RIPPEN-LOCHMUSTER

Zeichenerklärung

(leer)	1 M re
•	1 M li
/	2 M re zusstr
\	1 M abn (linksg)
O	1 Umschlag

Lochmuster-Schema

•			•	
•	\	O	•	3
•			•	
•	O	/	•	1
	3		1	

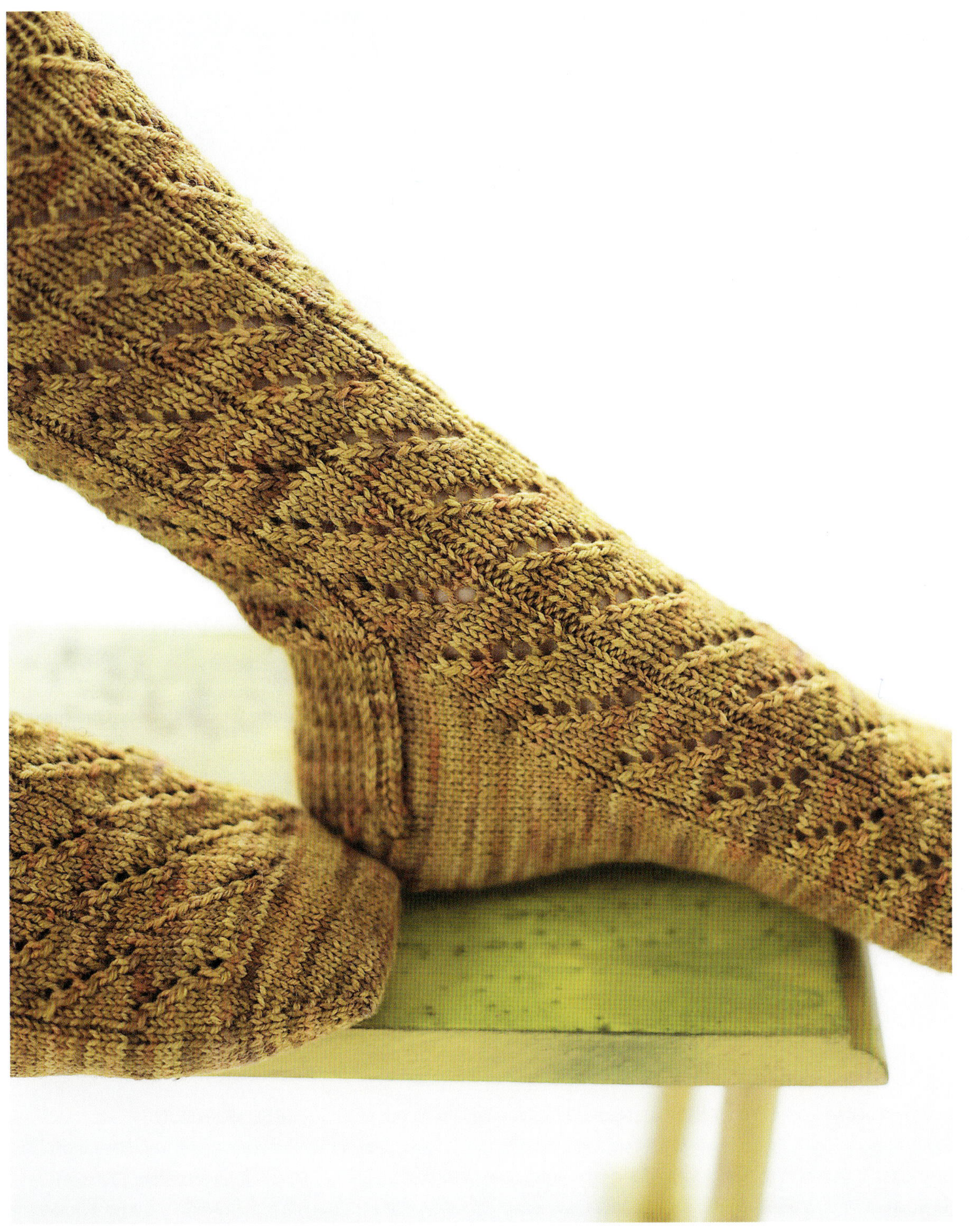

SCHRÄGSTREIFEN-LOCHMUSTER

SCHRÄGSTREIFEN-LOCHMUSTER (FORTSETZUNG)

DIE KOMBINATION EINES SIMPLEN SCHRÄGSTREIFEN-LOCHMUSTERS MIT EINIGEN STRUKTURIERENDEN LINKEN MASCHEN ERGIBT EIN PRÄCHTIGES SOCKENMODELL. DAS GEZEIGTE MUSTER KOMMT AM BESTEN BEI EINEM EINFARBIGEN, EINEM LEICHT GESPRENKELTEN ODER BEI NUR SANFT NUANCIERTEM GARN ZUR GELTUNG.

GRÖSSE: M (L), Fußballen-Umfang 20,5 cm (23 cm)

MASCHENPROBE: 32 Maschen und 48 Reihen = 10 x 10 cm, glatt rechts gestrickt

NADELN: 2 Rundstricknadeln (oder 1 sehr lange Rundstricknadel), 2 mm stark oder in der Stärke, die Sie für die angegebene Maschenprobe benötigen

VERWENDETES GARN: 1 Strang (114 g) Dream in Color (von Smooshy Sock Yarn), Farbe: Strange Harvest. 100 % Superfine Australian Superwash Merino, Lauflänge 412 m/114 g (= LL 181 m/50 g)

Hinweis: Das Musterschema umfasst hier 10 (12) Reihen. Achtung, es sind nur die ungeraden Reihen dargestellt. In jeder zweiten, geraden Reihe die rechten Maschen rechts und die linken Maschen links stricken.

SPITZE

Mit dem Türkischen, dem Achteranschlag oder mit Judys Zauberanschlag 30 (34) M anschl: 15 (17) M pro Rundstricknadel (Seite 16 bis 21). Die M jeder Nadel einmal re str. In der nächsten Rd 4 M zun (Abkü: Seite 124):

Nadel 1: 1 M re, 1 M zun, bis vor die letzte M re str, 1 M zun, 1 M re.

Nadel 2: 1 M re, 1 M zun, bis vor die letzte M re str, 1 M zun, 1 M re.

Dann 1 Rd re ohne Zunahme str.

Diese zwei Runden so oft wiederholen, bis sich 66 (74) M ergeben, also 33 (37) M pro Nadel.

Hinweis: Für eine schmalere Spitze einfach weniger M anschlagen, dafür aber mehr Zunahmereihen stricken, bis 33 (37) M auf jeder der zwei Nadeln liegen.

DAS LOCHMUSTER BEGINNEN

Das Lochmuster-Schema passend zur Sockengröße wählen.

Nadel 1 (Oberfußmaschen): 4-mal im Musterschema str, dann 1 M li.

Nadel 2 (Sohlenmaschen): nur re M str.

In diesem Rhythmus fortfahren und dabei das Schrägstreifen-Motiv mit seinen 5 (6) Löchern so oft wiederholen, bis das Gestrick ca. 7 cm kürzer ist als die gewünschte Fußlänge.

ZWICKEL

Runde 1: Über Nadel 1 (Oberfußmaschen) im Lochmuster str. Nadel 2 (Sohlenmaschen): 1 M re, 1 M zun, folgende M re str bis vor die letzte M, 1 M zun, 1 M re.

Runde 2: Über Nadel 1 im Lochmuster str. Nadel 2 (Sohlenmaschen): nur re M str.

Runde 1 und 2 so oft wiederholen, bis 55 (61) M auf Nadel 2 liegen. Danach noch einmal über Nadel 1 im Lochmuster str.

FERSENRUNDUNG

Nun über Nadel 2 in Hin- und Rückreihen arbeiten, während die M von Nadel 1 ruhen. Für die Rundung 8 verkürzte Reihen str:

Reihe 1 (Hinr): 37 (41) M re, 1 re Perl-Zun, 1 M re, 1 Wickelm.

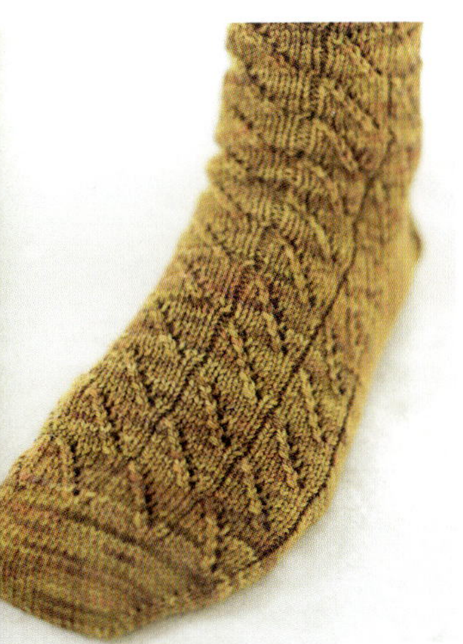

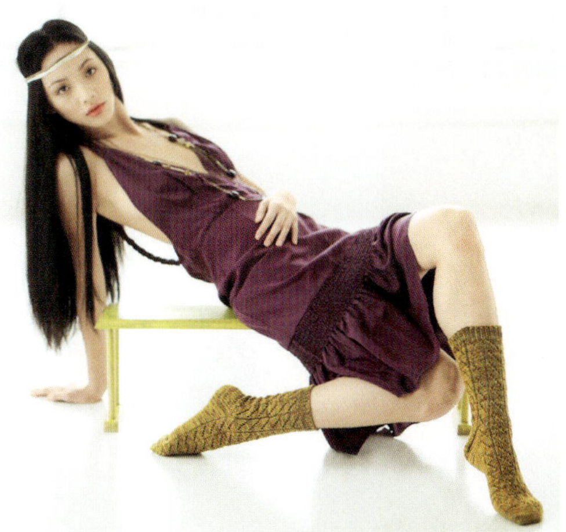

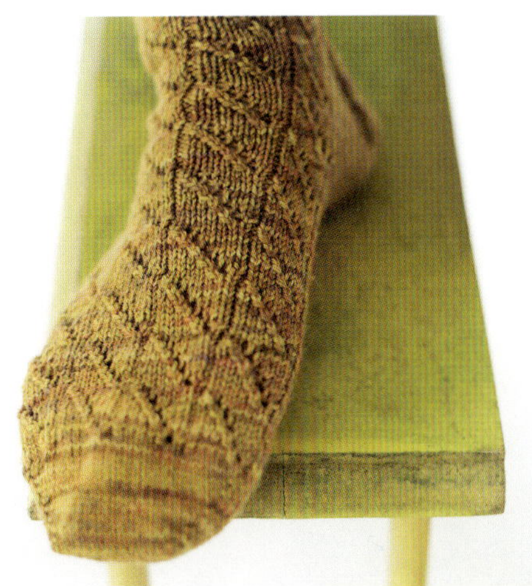

Reihe 2 (Rückr): 22 (24) M li, 1 li Perl-Zun, 1 M li, 1 Wickelm.
Reihe 3: 20 (22) M re, 1 re Perl-Zun, 1 M re, 1 Wickelm.
Reihe 4: 18 (20) M li, 1 li Perl-Zun, 1 M li, 1 Wickelm.
Reihe 5: 16 (18) M re, 1 re Perl-Zun, 1 M re, 1 Wickelm.
Reihe 6: 14 (16) M li, 1 li Perl-Zun, 1 M li, 1 Wickelm.
Reihe 7: 12 (14) M re, 1 re Perl-Zun, 1 M re, 1 Wickelm.
Reihe 8 (Rückr): 10 (12) M li, 1 li **Perl-Zun, 1 M li, 1 Wickelm.**
Nadel 2 hat mit dieser letzten Rückreihe nun 63 (69) M. Jetzt auf der Vorderseite re M bis zum Ende von Nadel 2 stricken, dazu bei den Wickelmaschen jeweils M und Wicklung zusstr. Die Oberfußmaschen (Nadel 1) sowie Nadel 2 im jeweiligen Muster stricken.

HEBEMASCHEN-FERSENWAND

Die durch Hebemaschen verstärkte Fersenwand über Nadel 2 in Hin- und Rückreihen arbeiten:
Reihe 1 (Hinr): 47 (52) M re (dazu bei den Wickelmaschen jeweils M und Wicklung zusstr), 1 M abn (linksg), wenden.
Reihe 2 (Rückr): 1 M abh, 31 (35) M li, 2 M li zusstr, wenden.
Reihe 3 (Hinr): * 1 M abh, 1 M re; ab * 16-(18-)mal wiederh, 1 M abn (linksg), wenden.
Reihe 2 und 3 so oft wiederholen, bis alle Seitenmaschen aufgebraucht sind, die letzte Reihe ist eine linksgestrickte. Auf Nadel 2 liegen jetzt 33 (37) M.
Nun in Runden weiterstricken. Dazu auf Nadel 1 mit dem Lochmuster fortfahren. Auf Nadel 2 jetzt ebenfalls dieses Muster stricken. Beim Beginn jedoch beachten, dass rundherum die gleiche Musterschema-Reihe gearbeitet wird, damit Vorder- und Rückseite der Socke übereinstimmen.

BÜNDCHEN

Ist Ihre Socke 2,5 cm kürzer als gewünscht, als Abschluss ein 1/1-Rippenbündchen stricken (1 M re, 1 M li fortl im Wechsel).
Nach 2,5 cm die letzte Runde locker abketten (Seite 26 bis 29).

SCHRÄGSTREIFEN-LOCHMUSTER

Zeichenerklärung

(leer)	1 M re
•	1 M li
\	1 M abn (linksg)
O	1 Umschlag

Lochmuster-Schema, Größe M

	7		5		3		1	
\	O						•	9
	\	O					•	7
		\	O				•	5
			\	O			•	3
				\	O		•	1

Lochmuster-Schema, Größe L

9		7		5		3		1	
\	O							•	11
	\	O						•	9
		\	O					•	7
			\	O				•	5
				\	O			•	3
					\	O		•	1

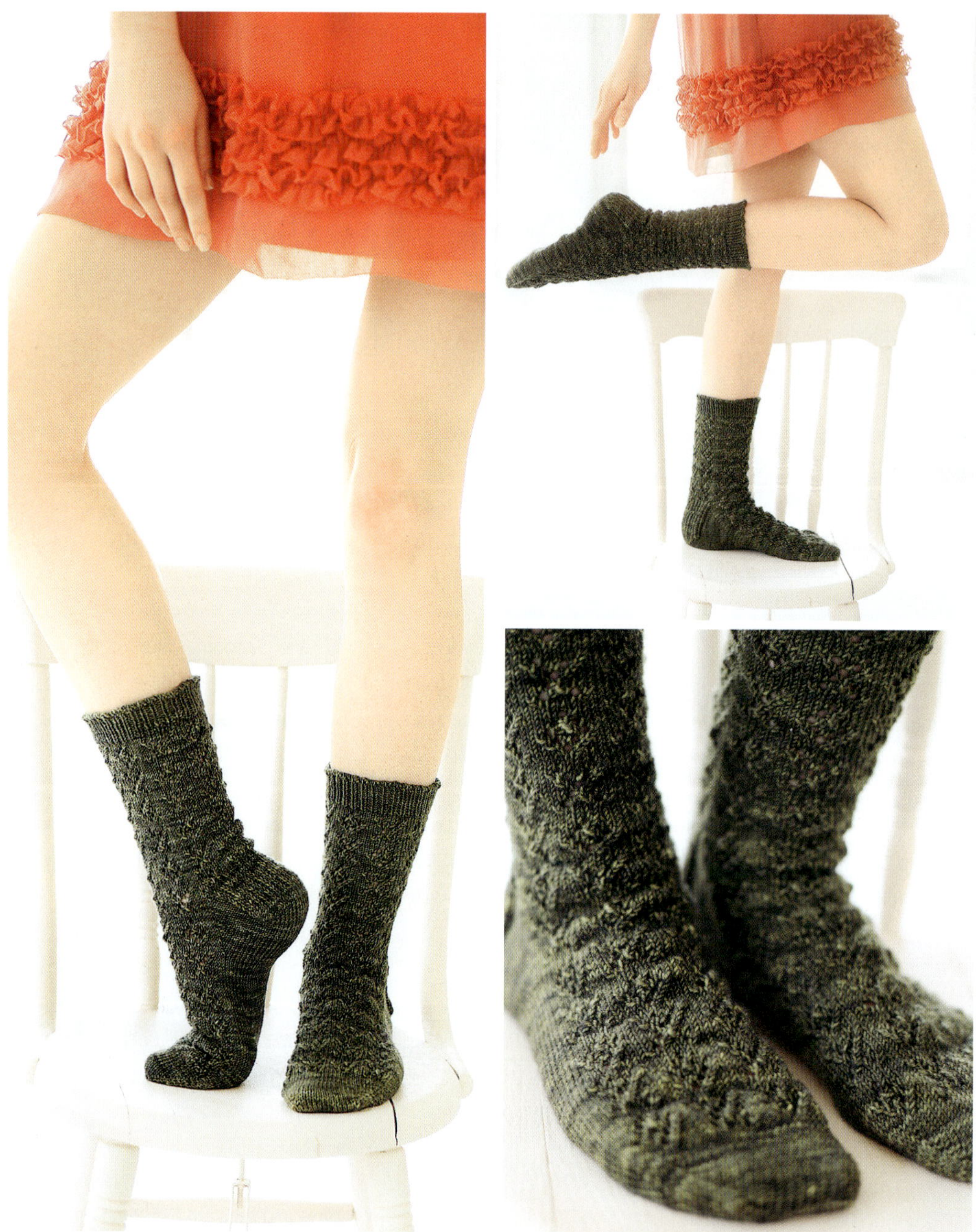

TIC-TAC-TOE-UP SOCKEN

Dieses Modell ist zwar etwas schwieriger zu stricken als die vorigen drei, doch es ist immer noch recht einfach. Nach wenigen Musterrunden haben Sie den Dreh heraus. Erfreuen Sie doch mit diesem Sockenpaar einen lieben Tic-Tac-Toe-Fan (Drei gewinnt) oder einen Xbox-Spieler!

GRÖSSE: (L), Fußballen-Umfang 21 cm (23,5 cm)

MASCHENPROBE: 32 Maschen und 48 Reihen = 10 x 10 cm, glatt rechts gestrickt

NADELN: 2 Rundstricknadeln (oder 1 sehr lange Rundstricknadel), 2 mm stark oder in der Stärke, die Sie für die angegebene Maschenprobe benötigen

VERWENDETES GARN: 1 ½ Stränge (à 110 g) Jitterbug (von Colinette), Farbe: Velvet Leaf. 100 % Merino Wool, Lauflänge 290 m/110 g (= LL 132 m/50 g)

HINWEIS: Für unterdurchschnittlich kleine Socken könnte bereits 1 Garnstrang ausreichen.

Hinweis: Das Musterschema umfasst hier 24 Reihen. Achtung, es sind nur die ungeraden Reihen dargestellt. In jeder zweiten, geraden Reihe nur glatt rechts str.

SPITZE

Mit dem Türkischen, dem Achteranschlag oder mit Judys Zauberanschlag 30 (34) M anschl: 15 (17) M pro Rundstricknadel (Seite 16 bis 21). Die M jeder Nadel einmal re str. In der nächsten Rd 4 M zun (Abkü: Seite 124):

Nadel 1: 1 M re, 1 M zun, bis vor die letzte M re str, 1 M zun, 1 M re.
Nadel 2: 1 M re, 1 M zun, bis vor die letzte M re str, 1 M zun, 1 M re.
Dann 1 Rd ohne Zunahme re str.
Diese zwei Runden so oft wiederholen, bis sich 66 (74) M ergeben, also 33 (37) M pro Nadel.

Hinweis: Für eine schmalere Spitze einfach weniger M anschlagen, dafür aber mehr Zunahmereihen stricken, bis 33 (37) M auf jeder der zwei Nadeln liegen.

DAS LOCHMUSTER BEGINNEN

Das Lochmuster nur über Nadel 1 arbeiten (Oberfußmaschen), über Nadel 2 nur re M str.
Runde 1: Über Nadel 1 die 1. Reihe des Musterschemas str, über Nadel 2 nur re M.
Runde 2 und alle anderen geraden Runden: über Nadel 1 und 2 alle M re str.
Auf diese Weise fortfahren und dabei das 24-reihige Motiv so oft wiederholen, bis das Gestrick ca. 7 cm kürzer ist als die gewünschte Fußlänge.

ZWICKEL

Runde 1: Über Nadel 1 (Oberfußmaschen) im Lochmuster str. Nadel 2 (Sohlenmaschen): 1 M re, 1 M zun, folgende M re str bis vor die letzte M, 1 M zun, 1 M re.
Runde 2: Über Nadel 1 im Lochmuster str. Nadel 2 (Sohlenmaschen): nur re M str.
Runde 1 und 2 so oft wiederholen, bis 55 (61) M auf Nadel 2 liegen. Danach noch einmal über Nadel 1 im Lochmuster str.

FERSENRUNDUNG

Nun über Nadel 2 in Hin- und Rückreihen arbeiten, während die M von Nadel 1 ruhen.
Für die Rundung 8 verkürzte Reihen str:
Reihe 1 (Hinr): 37 (41) M re, 1 re Perl-Zun, 1 M re, 1 Wickelm.
Reihe 2 (Rückr): 22 (24) M li, 1 li Perl-Zun, 1 M li, 1 Wickelm.
Reihe 3: 20 (22) M re, 1 re Perl-Zun, 1 M re, 1 Wickelm.
Reihe 4: 18 (20) M li, 1 li Perl-Zun, 1 M li, 1 Wickelm.
Reihe 5: 16 (18) M re, 1 re Perl-Zun, 1 M re, 1 Wickelm.

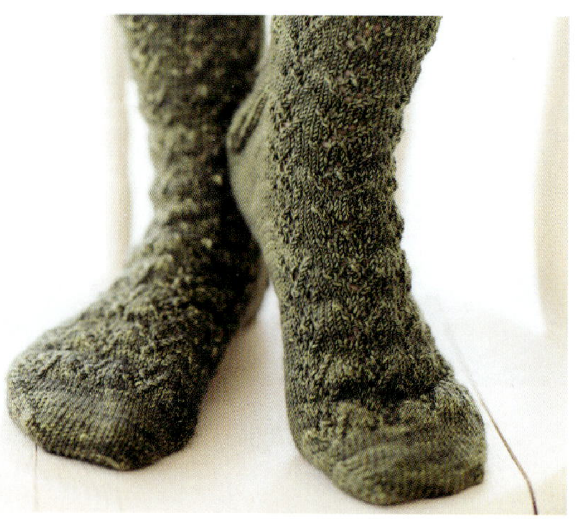

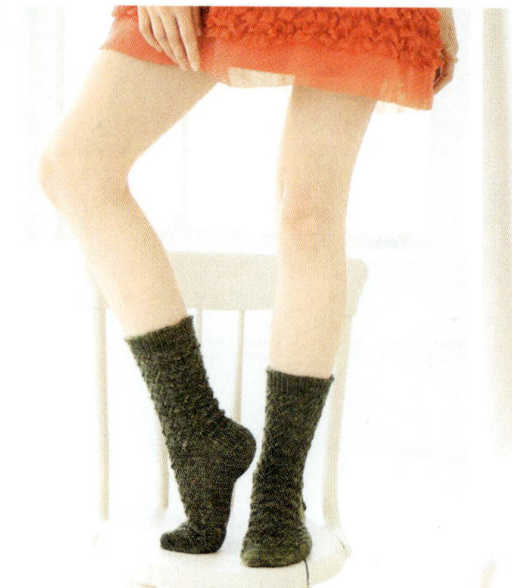

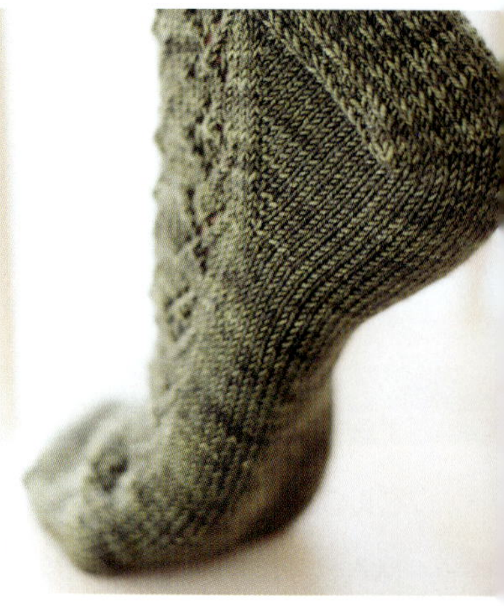

TIC-TAC-TOE-UP SOCKEN (FORTSETZUNG)

Reihe 6: 14 (16) M li, 1 li Perl-Zun, 1 M li, 1 Wickelm.

Reihe 7: 12 (14) M re, 1 re Perl-Zun, 1 M re, 1 Wickelm.

Reihe 8 (Rückr): 10 (12) M li, 1 li Perl-Zun, 1 M li, 1 Wickelm.

Auf Nadel 2 liegen nun 63 (69) M.

Auf der Vorderseite re M bis zum Ende von Nadel 2 stricken, dazu bei den Wickelmaschen jeweils M und Wicklung zusstr. Die Oberfußmaschen (Nadel 1) im Lochmuster stricken.

HEBEMASCHEN-FERSENWAND

Die Fersenwand über Nadel 2 in Hin- und Rückreihen arbeiten:

Reihe 1 (Hinr): 47 (52) M re (dazu bei den Wickelmaschen jeweils M und Wicklung zusstr), 1 M abn (linksg), wenden.

Reihe 2 (Rückr): 1 M abh, 31 (35) M li, 2 M li zusstr, wenden.

Reihe 3 (Hinr): * 1 M abh, 1 M re; ab * 16-(18-)mal wiederh, 1 M abn (linksg), wenden.

Reihe 2 und 3 so oft wiederholen, bis alle Seitenmaschen aufgebraucht sind, die letzte Reihe ist eine linksgestrickte. Auf Nadel 2 liegen jetzt 33 (37) M.

Nun in Runden weiterstricken: über Nadel 1 und jetzt auch über Nadel 2 im Lochmuster. Beim Beginn jedoch beachten, dass rundherum die gleiche Musterschema-Reihe gearbeitet wird.

BÜNDCHEN

Zum Schluss ein 2,5 cm breites 1/1-Rippenbündchen stricken und locker abketten (Seite 26 bis 29).

TIC-TAC-TOE-UP SOCKEN

Zeichenerklärung

(leer)	1 M re
/	2 M re zusstr
\	1 M abn (linksg)
⅄	1 doppelter Überzug
O	1 Umschlag

Lochmuster-Schema, Größe M

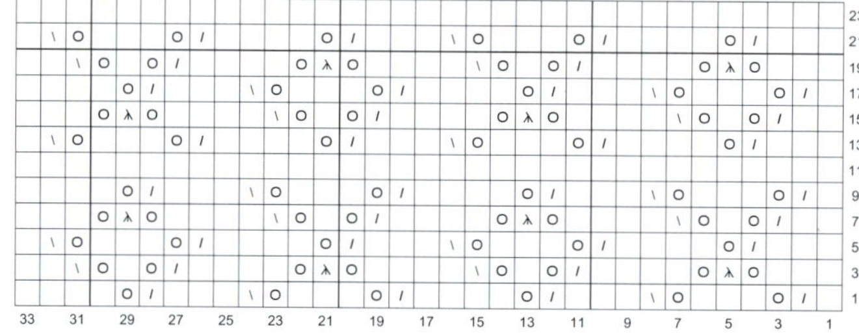

Lochmuster-Schema, Größe L

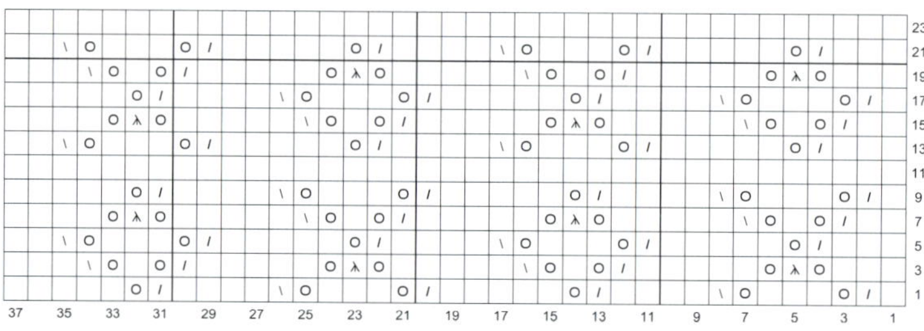

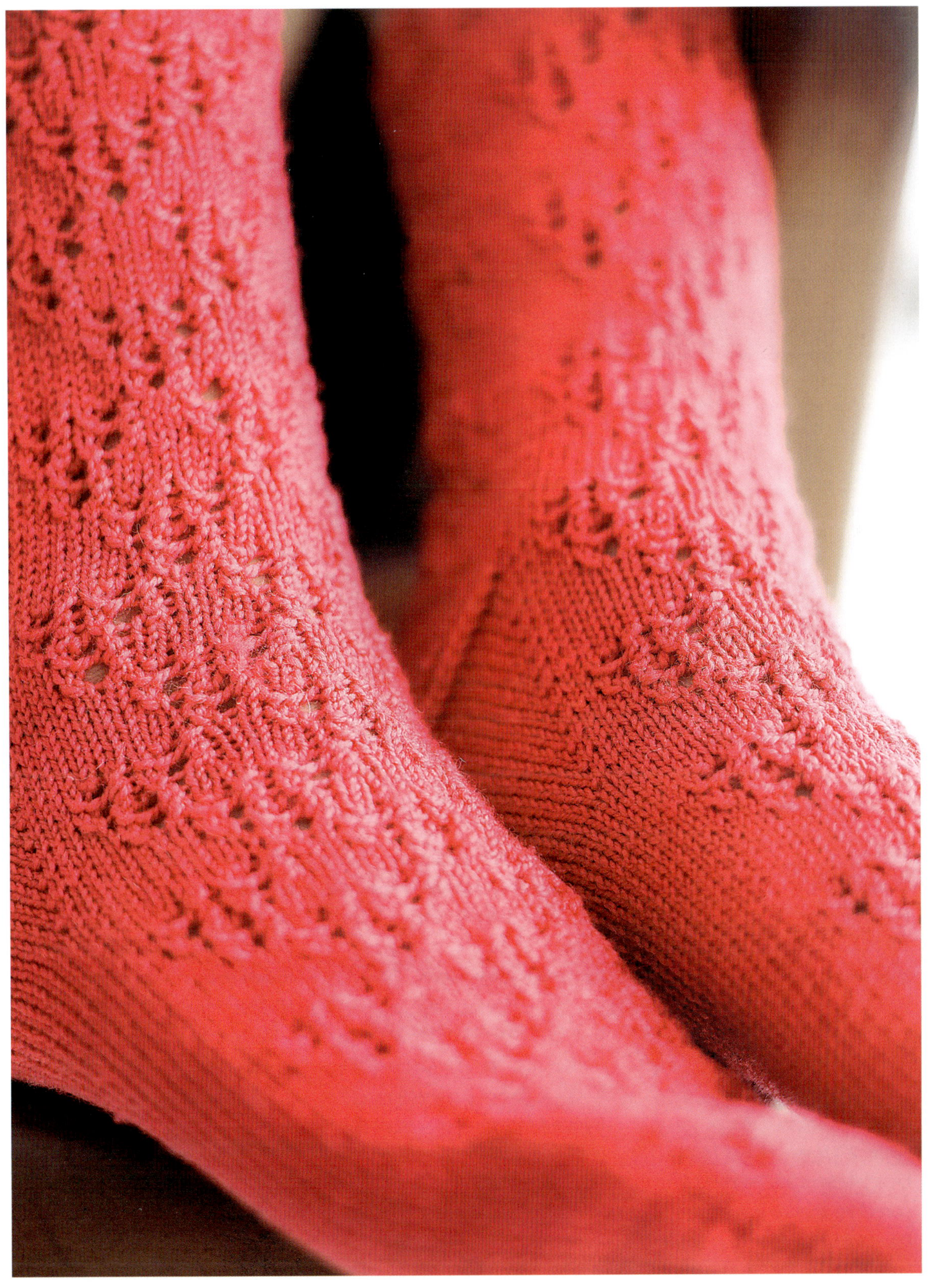

SCHMETTERLINGS-SOCKEN

SCHMETTERLINGS-SOCKEN (FORTSETZUNG)

DIESES NIEDLICHE LOCHMUSTER ERINNERTE MICH AN DAS FLATTERN VON SCHMETTERLINGEN - DAHER DIESER NAME. DER QUIRLIGE EFFEKT ENTSTEHT BEIM STRICKEN DURCH DOPPELTE UMSCHLÄGE. DOCH DIESE TECHNIK IST ZIEMLICH EINFACH UND ERZEUGT DIE OFFENE, SPITZENARTIGE WIRKUNG.

GRÖSSE: M (L), Fußballen-Umfang 20,5 cm (23 cm)

MASCHENPROBE: 32 Maschen und 48 Reihen = 10 x 10 cm, glatt rechts gestrickt

NADELN: 2 Rundstricknadeln (oder 1 sehr lange Rundstricknadel), 2 mm stark oder in der Stärke, die Sie für die angegebene Maschenprobe benötigen

VERWENDETES GARN: 1 Strang (114 g) Supersock Solids (von Cherry Tree Hill), Farbe: Pink. 100 % Luxury Merino Fingering Weight, Lauflänge 384 m/114 g (= LL 168 m/50 g)

TIPP: DEN ABLAUF DES LOCHMUSTERS VERFOLGEN

Stricke ich ein kompliziertes Muster, hilft es mir, das Lochmuster-Schema zu kopieren und an einer kleinen Magnettafel aufzuhängen (zum Beispiel in Geschäften für Bürobedarf erhältlich). Die aktuelle Reihe markiere ich mit einem kleinen Magnetstreifen und schiebe ihn nach jeder gestrickten Musterrunde eine Reihe nach oben.

SPITZE

Mit dem Türkischen, dem Achteranschlag oder mit Judys Zauberanschlag 32 (36) M anschl: 16 (18) M pro Rundstricknadel (Seite 16 bis 21). Die M jeder Nadel einmal re str. In der nächsten Rd 4 M zun (Abkü: Seite 124):

Nadel 1: 1 M re, 1 M zun, bis vor die letzte M re str, 1 M zun, 1 M re.

Nadel 2: 1 M re, 1 M zun, bis vor die letzte M re str, 1 M zun, 1 M re.

Dann 1 Rd ohne Zunahme re str. Diese zwei Runden so oft wiederholen, bis sich 64 (72) M ergeben, also 32 (36) M pro Nadel.

Hinweis: Für eine schmalere Spitze einfach weniger M anschlagen, dafür aber mehr Zunahmereihen stricken, bis 32 (36) M auf jeder der zwei Nadeln liegen.

DAS LOCHMUSTER BEGINNEN

Nadel 1 hält die Oberfußmaschen, Nadel 2 die Sohlenmaschen.

Runde 1: Über Nadel 1 zuerst 1 (3) M re str, 3-mal die 10 M der 1. Musterschema-Reihe, 1 (3) M re. Über Nadel 2 nur re M.

Runde 2: Über Nadel 1 zuerst 1 (3) M re str, 3-mal die 10 M der 2. Musterschema-Reihe, 1 (3) M re. Über Nadel 2 nur re M.

Auf diese Weise die 8 Runden des Musterschemas weiterstricken, bis die Motivbordüre einmal komplett ist. Nun versetzt weiterarbeiten:

Runde 9: Über Nadel 1 nun 6 (8) M re str, 2-mal die 10 M der 1. Musterschema-Reihe, 6 (8) M re. Über Nadel 2 nur re M.

Runde 10: Über Nadel 1 nun 6 (8) M re str, 2-mal die 10 M der 2. Musterschema-Reihe, 6 (8) M re. Über Nadel 2 nur re M.

Auf diese Weise fortfahren, bis insgesamt 16 Musterreihen gestrickt sind. Dann wieder mit dem Schema von Runde 1 beginnen.

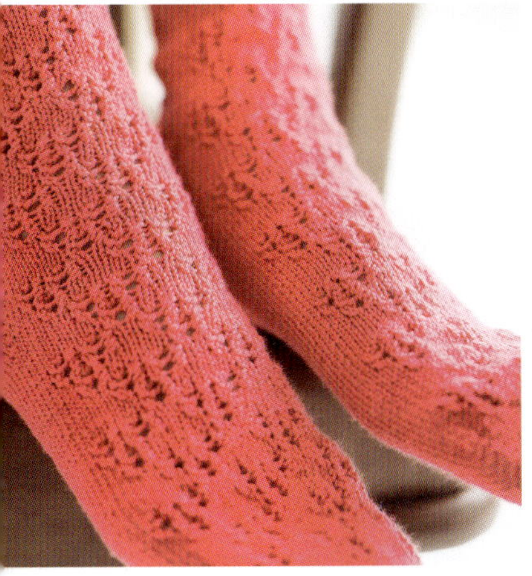

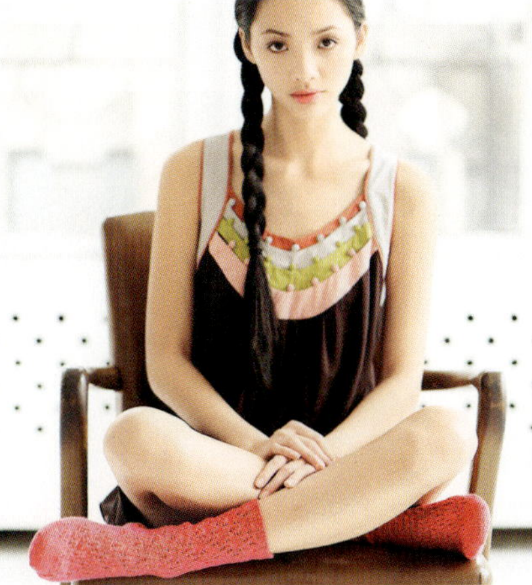

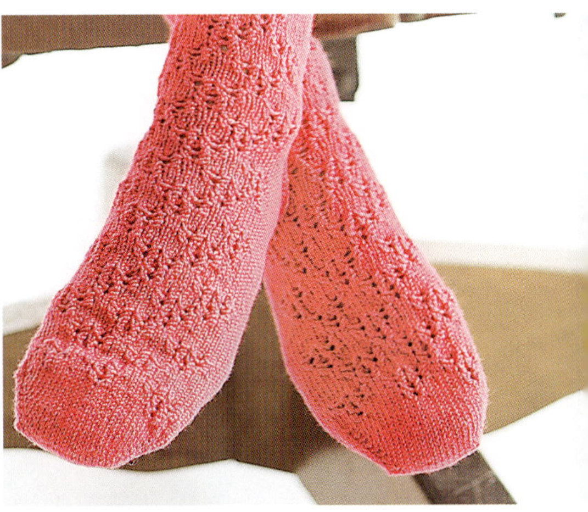

Diese gesamte Abfolge so oft wiederholen, bis das Gestrick ca. 7 cm kürzer ist als die gewünschte Fußlänge.

ZWICKEL

Runde 1: Über Nadel 1 (Oberfußmaschen) im Lochmuster str. Nadel 2 (Sohlenmaschen): 1 M re, 1 M zun, folgende M re str bis vor die letzte M, 1 M zun, 1 M re.

Runde 2: Über Nadel 1 im Lochmuster str. Nadel 2 (Sohlenmaschen): nur re M str.

Runde 1 und 2 so oft wiederholen, bis 54 (60) M auf Nadel 2 liegen. Bei der letzten Runde in der Sohlenmitte 1 M zun, damit 55 (61) M auf Nadel 2 liegen.

Nadel 1: weiter im Lochmuster str.

FERSENRUNDUNG

Nun über Nadel 2 in Hin- und Rückreihen arbeiten, während die M von Nadel 1 ruhen. Für die Rundung 8 verkürzte Reihen str:

Reihe 1 (Hinr): 37 (41) M re, 1 re Perl-Zun, 1 M re, 1 Wickelm.

Reihe 2 (Rückr): 22 (24) M li, 1 li Perl-Zun, 1 M li, 1 Wickelm.

Reihe 3: 20 (22) M re, 1 re Perl-Zun, 1 M re, 1 Wickelm.

Reihe 4: 18 (20) M li, 1 li Perl-Zun, 1 M li, 1 Wickelm.

Reihe 5: 16 (18) M re, 1 re Perl-Zun, 1 M re, 1 Wickelm.

Reihe 6: 14 (16) M li, 1 li Perl-Zun, 1 M li, 1 Wickelm.

Reihe 7: 12 (14) M re, 1 re Perl-Zun, 1 M re, 1 Wickelm.

Reihe 8 (Rückr): 10 (12) M li, 1 li Perl-Zun, 1 M li, 1 Wickelm.

Auf Nadel 2 liegen nun 63 (69) M. Auf der Vorderseite re M bis zum Ende von Nadel 2 stricken, dazu bei den Wickelmaschen jeweils M und Wicklung zusstr. Die Oberfußmaschen (Nadel 1) im Lochmuster str.

HEBEMASCHEN-FERSENWAND

Die Fersenwand über Nadel 2 in Hin- und Rückreihen arbeiten:

Reihe 1 (Hinr): 47 (52) M re (dazu bei den Wickelmaschen jeweils M und Wicklung zusstr), 1 M abn (linksg), wenden.

Reihe 2 (Rückr): 1 M abh, 31 (35) M li, 2 M li zusstr, wenden.

Reihe 3 (Hinr): * 1 M abh, 1 M re; ab * 16-(18-)mal wiederh, 1 M abn (linksg), wenden.

Reihe 2 und 3 so oft wiederholen, bis alle Seitenmaschen aufgebraucht sind, die letzte Reihe ist eine linksgestrickte. Auf Nadel 2 liegen nun 33 (37) M. Bei der letzten Runde in der Sohlenmitte 1 M abn, damit 32 (36) M auf Nadel 2 liegen.

Nun in Runden weiterstricken: über Nadel 1 und jetzt auch über Nadel 2 im Lochmuster. Beim Beginn jedoch beachten, dass rundherum die gleiche Musterschema-Reihe gearbeitet wird.

BÜNDCHEN

Zum Schluss ein 2,5 cm breites 2/2-Rippenbündchen stricken und locker abketten (Seite 26 bis 29).

SCHMETTERLINGS-SOCKEN

Zeichenerklärung

(leer)	1 M re
•	1 M li
/	2 M re zusstr
\	1 M abn (linksg)
O	1 Umschlag

Lochmuster-Schema

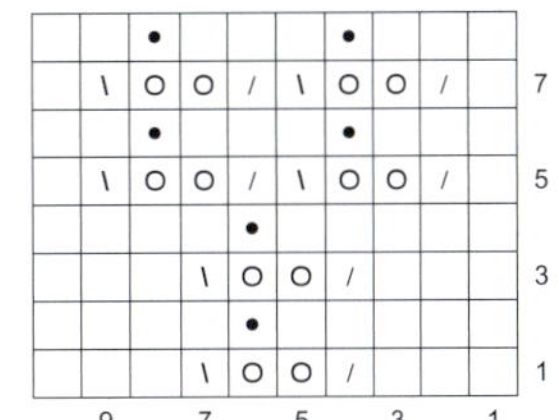

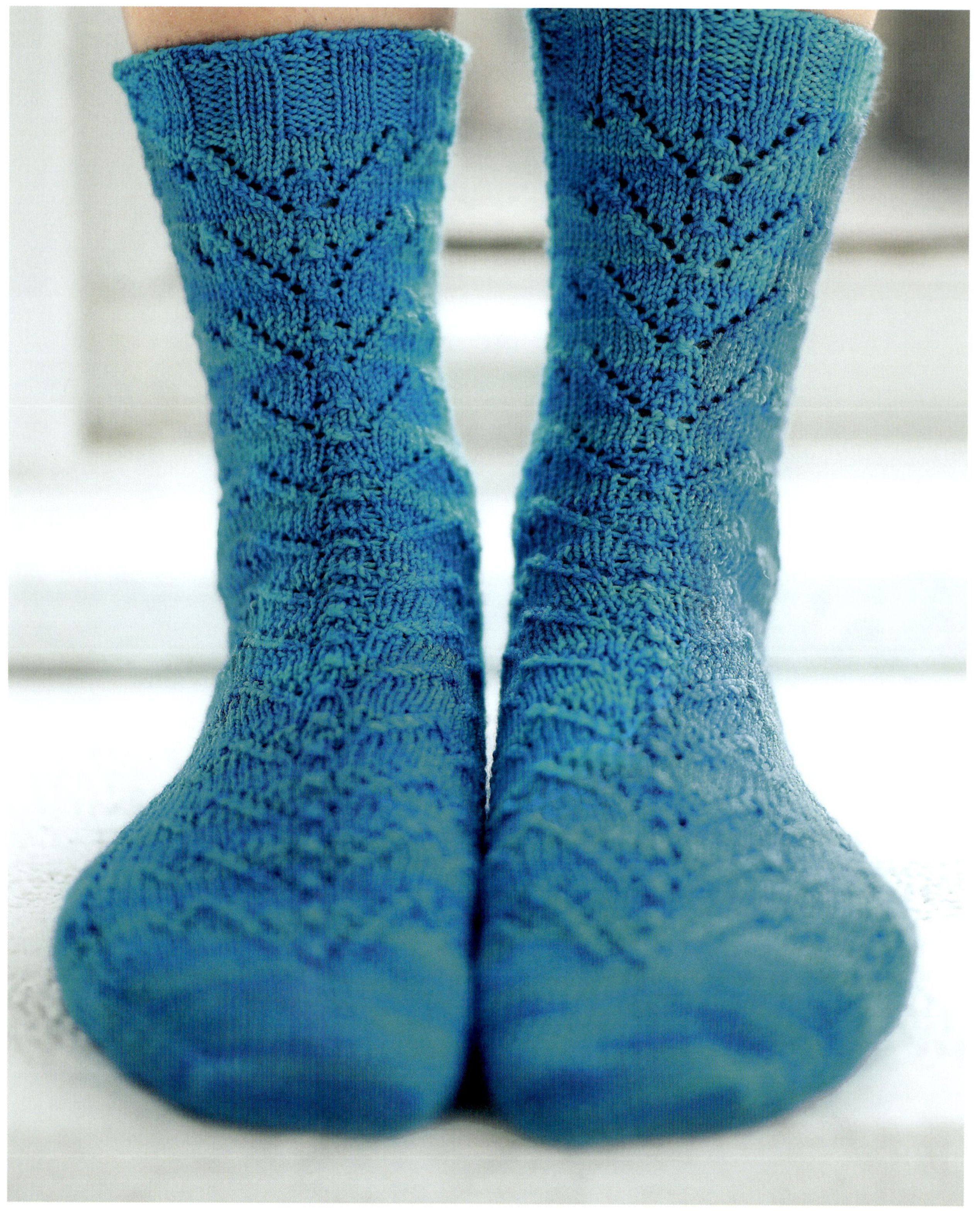

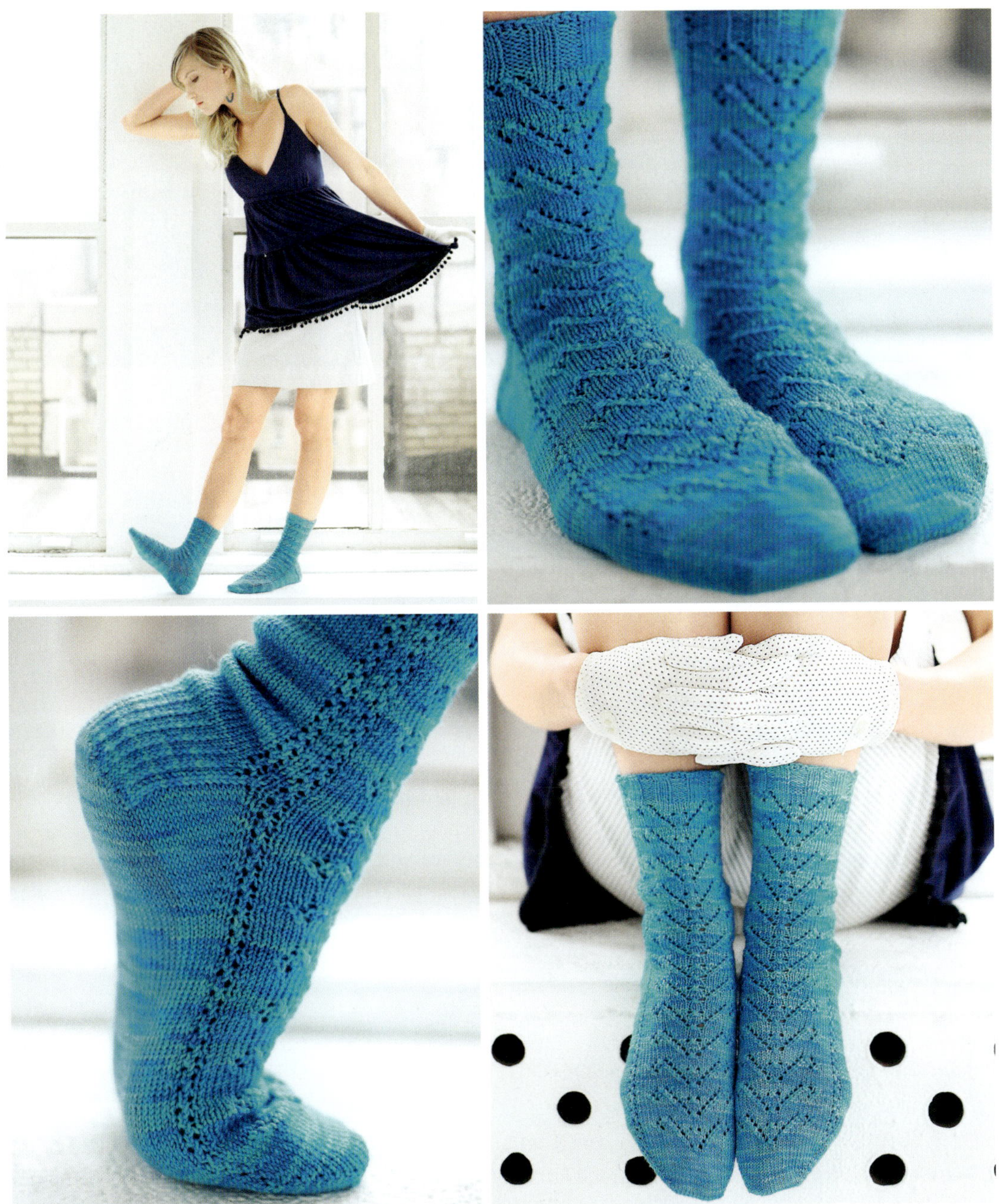

WARTESCHLEIFEN-SOCKEN

WARTESCHLEIFEN-SOCKEN (FORTSETZUNG)

DEN NAMEN FÜR DIESE SOCKEN ERFAND ICH EINMAL, ALS ICH AM TELEFON IN EINER WARTESCHLEIFE HING UND MICH LANGWEILTE. ABER ES LAGEN EIN STIFT UND MILLIMETERPAPIER IN DER NÄHE - UND SO ENTWARF ICH DIESES HÜBSCHE SCHNÖRKELMUSTER, WÄHREND ICH DER MUSIKBERIESELUNG LAUSCHTE.

GRÖSSE: M (L), Fußballen-Umfang 21 cm (23,5 cm)

MASCHENPROBE: 32 Maschen und 48 Reihen = 10 x 10 cm, glatt rechts gestrickt

NADELN: 2 Rundstricknadeln (oder 1 sehr lange Rundstricknadel), 2 mm stark oder in der Stärke, die Sie für die angegebene Maschenprobe benötigen

VERWENDETES GARN: 1 Strang (50 g) Socks (von ShibuiKnits), Farbe: Sky (Nr. 3115). 100 % Superwash Merino Wool, Lauflänge (LL) 175 m/50 g

---

Hinweis: Das Musterschema umfasst hier 12 Reihen. Achtung, es sind nur die ungeraden Reihen dargestellt. In jeder zweiten, geraden Reihe nur glatt rechts stricken.

SPITZE

Mit dem Türkischen, dem Achteranschlag oder mit Judys Zauberanschlag 30 (34) M anschl: 15 (17) M pro Rundstricknadel (Seite 16 bis 21). Die M jeder Nadel einmal re str. In der nächsten Rd 4 M zun (Abkü: Seite 124):

Nadel 1: 1 M re, 1 M zun, bis vor die letzte M re str, 1 M zun, 1 M re.

Nadel 2: 1 M re, 1 M zun, bis vor die letzte M re str, 1 M zun, 1 M re.

Dann 1 Rd ohne Zunahme re str. Diese zwei Runden so oft wiederholen, bis sich 66 (74) M ergeben, also 33 (37) M pro Nadel.

Hinweis: Für eine schmalere Spitze einfach weniger M anschlagen, dafür aber mehr Zunahmereihen stricken, bis 33 (37) M auf jeder der zwei Nadeln liegen.

DAS LOCHMUSTER BEGINNEN

Das Lochmuster nur über Nadel 1 arbeiten (Oberfußmaschen), über Nadel 2 nur re M str.

Runde 1: Über Nadel 1 nun 0 (2) M re str, dann über 33 M die 1. Reihe des Musterschemas, 0 (2) M re. Über Nadel 2 nur re M.

Runde 2 und alle anderen geraden Runden: Über Nadel 1 und 2 alle M re str.

Auf diese Weise fortfahren und dabei das 12-reihige Motiv so oft wiederholen, bis das Gestrick ca. 7 cm kürzer ist als die gewünschte Fußlänge.

ZWICKEL

Runde 1: Über Nadel 1 (Oberfußmaschen) im Lochmuster str. Nadel 2 (Sohlenmaschen): 1 M re, 1 M zun, folgende M re str bis vor die letzte M, 1 M zun, 1 M re.

Runde 2: Über Nadel 1 im Lochmuster str. Nadel 2 (Sohlenmaschen): nur re M str.

Runde 1 und 2 so oft wiederholen, bis 55 (61) M auf Nadel 2 liegen. Danach noch einmal über Nadel 1 im Lochmuster str.

FERSENRUNDUNG

Nun über Nadel 2 in Hin- und Rückreihen arbeiten, während

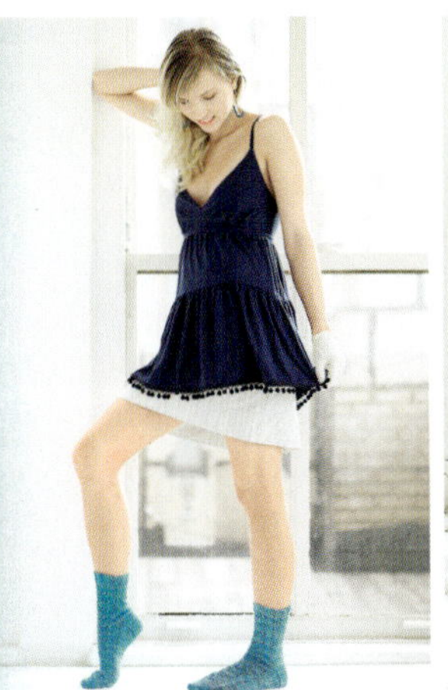

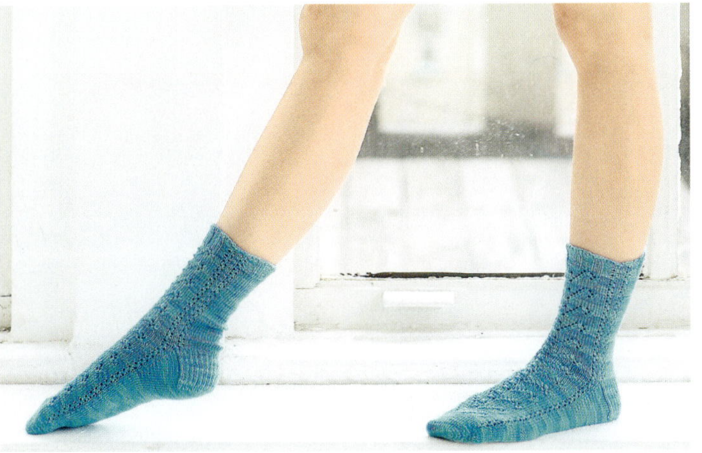

die M von Nadel 1 ruhen. Für die Rundung 8 verkürzte Reihen str:
Reihe 1 (Hinr): 37 (41) M re, 1 re Perl-Zun, 1 M re, 1 Wickelm.
Reihe 2 (Rückr): 22 (24) M li, 1 li Perl-Zun, 1 M li, 1 Wickelm.
Reihe 3: 20 (22) M re, 1 re Perl-Zun, 1 M re, 1 Wickelm.
Reihe 4: 18 (20) M li, 1 li Perl-Zun, 1 M li, 1 Wickelm.
Reihe 5: 16 (18) M re, 1 re Perl-Zun, 1 M re, 1 Wickelm.
Reihe 6: 14 (16) M li, 1 li Perl-Zun, 1 M li, 1 Wickelm.
Reihe 7: 12 (14) M re, 1 re Perl-Zun, 1 M re, 1 Wickelm.
Reihe 8 (Rückr): 10 (12) M li, 1 li Perl-Zun, 1 M li, 1 Wickelm.
Auf Nadel 2 liegen nun 63 (69) M. Auf der Vorderseite re M bis zum Ende von Nadel 2 stricken, dazu bei den Wickelmaschen jeweils M und Wicklung zusstr. Die Oberfußmaschen (Nadel 1) im Lochmuster stricken.

HEBEMASCHEN-FERSENWAND

Die Fersenwand über Nadel 2 in Hin- und Rückreihen arbeiten:
Reihe 1 (Hinr): 47 (52) M re (dazu bei den Wickelmaschen jeweils M und Wicklung zusstr), 1 M abn (linksg), wenden.
Reihe 2 (Rückr): 1 M abh, 31 (35) M li, 2 M li zusstr, wenden.
Reihe 3 (Hinr): * 1 M abh, 1 M re; ab * 16-(18-)mal wiederh, 1 M abn (linksg), wenden.
Reihe 2 und 3 so oft wiederholen, bis alle Seitenmaschen aufgebraucht sind, die letzte Reihe ist eine linksgestrickte. Auf Nadel 2 liegen jetzt 33 (37) M.

Nun in Runden weiterstricken: über Nadel 1 im Lochmuster. Für die Randbordüre auf Nadel 2 stets die gleiche Musterschema-Reihe wie auf Nadel 1 arbeiten!
Auf Nadel 2 folgendermaßen stricken: 0 (2) M re, die ersten 3 M des Schemas, 27 M re, die letzten 3 M des Schemas, 0 (2) M re.

BÜNDCHEN

Zum Schluss ein Bündchen mit durchlaufender Bordüre stricken:
Nadel 1: 0 (2) M li, die ersten 3 M des Schemas, * 3 M li, 3 M re; ab * 4-mal wiederh, 3 M li, die letzten 3 M des Schemas, 0 (2) M li.
Nadel 2: wie Nadel 1 str. Ist das Bündchen 2,5 cm breit, die letzte Runde locker abketten (Seite 26 bis 29).

WARTESCHLEIFEN-SOCKEN

Zeichenerklärung

	1 M re
/	2 M re zusstr
\	1 M abn (linksg)
λ	1 doppelter Überzug (S. 124)
O	1 Umschlag

Lochmuster-Schema

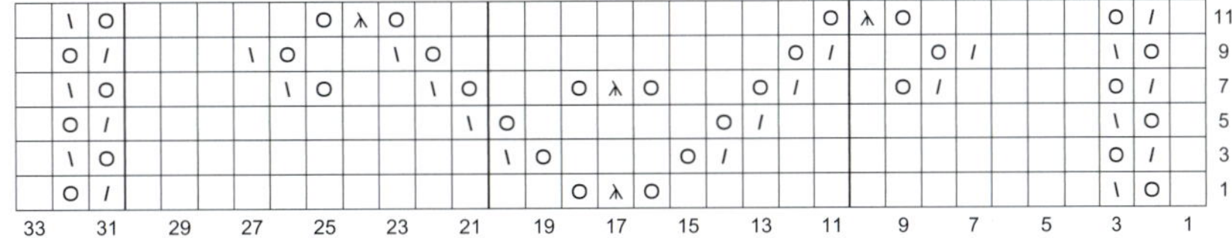

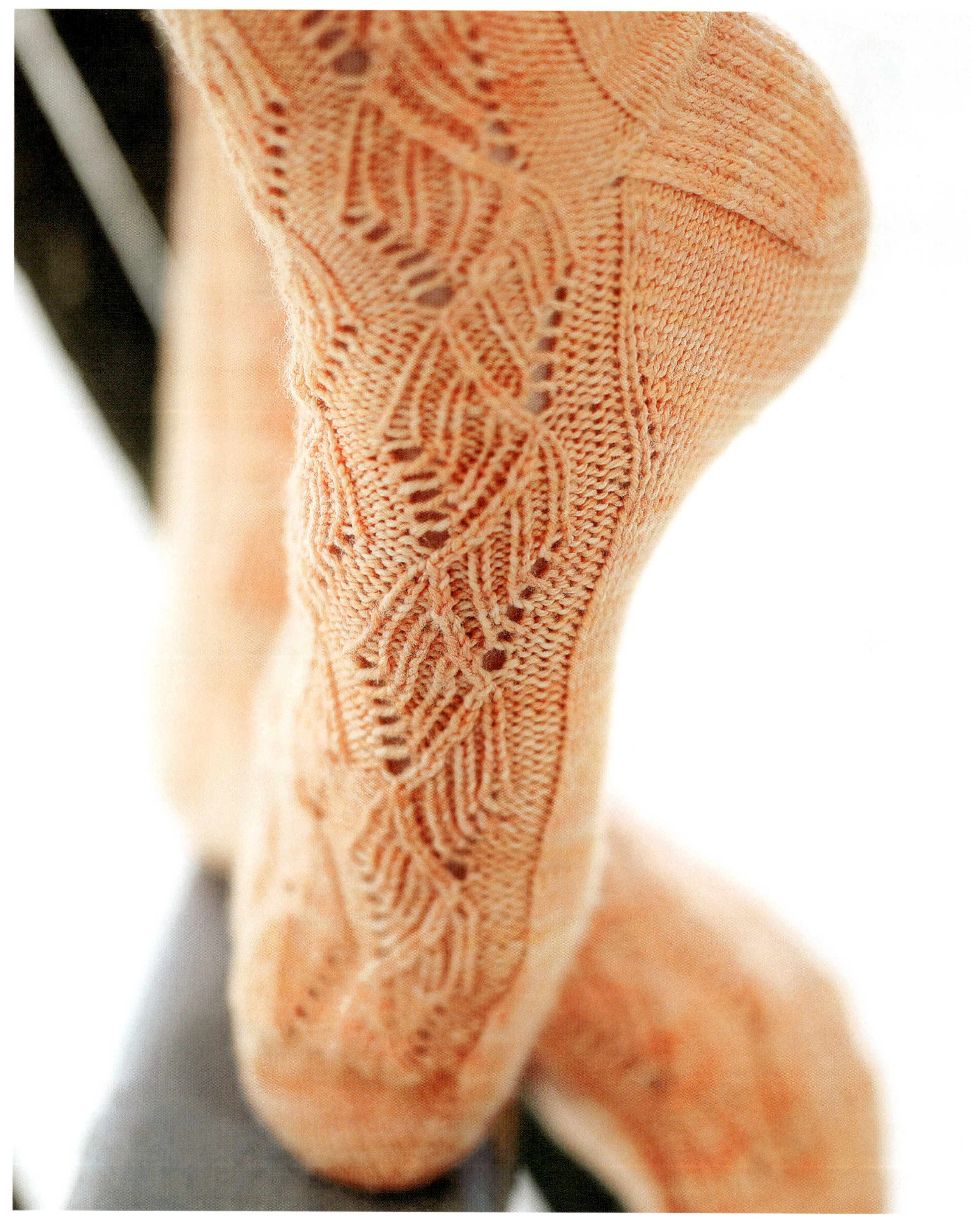

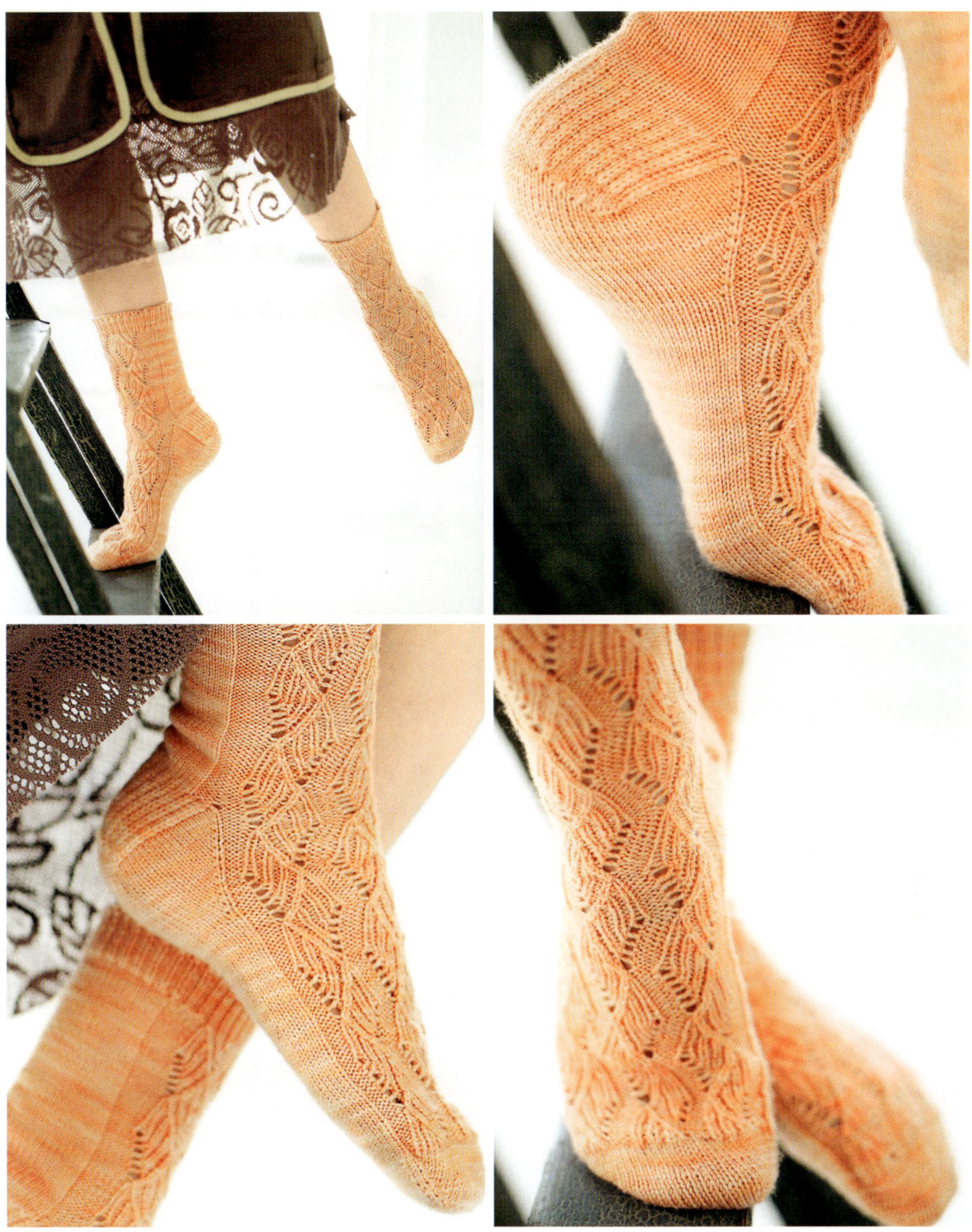

GERIFFELTE RIPPEN

GERIFFELTE RIPPEN (FORTSETZUNG)

In diesem Modell vereinen sich Struktur- und Lochmuster. Die breiten Rippen sind in sich geriffelt und winden sich sanft über die Sockenvorderseite. Das Rippenmuster macht sie elastisch, wodurch sie sich gut an verschiedene Fussgrössen anpassen - der perfekte Sitz ist garantiert.

GRÖSSE: M (L), Fußballen-Umfang 21 cm (23,5 cm)

MASCHENPROBE: 32 Maschen und 48 Reihen = 10 x 10 cm, glatt rechts gestrickt

NADELN: 2 Rundstricknadeln (oder 1 sehr lange Rundstricknadel), 2 mm stark oder in der Stärke, die Sie für die angegebene Maschenprobe benötigen

VERWENDETES GARN: 1 Strang (114 g) Dream in Color (von Smooshy Sock Yarn), Farbe: Giant Peach. 100 % Superfine Australian Superwash Merino, Lauflänge 412 m/114 g (= LL 181 m/50 g)

SPITZE

Mit dem Türkischen, dem Achteranschlag oder mit Judys Zauberanschlag 30 (34) M anschl: 15 (17) M pro Rundstricknadel (Seite 16 bis 21). Die M jeder Nadel einmal re str. In der nächsten Rd 4M zun (Abkü: Seite 124):
Nadel 1: 1 M re, 1 M zun, bis vor die letzte M re str, 1 M zun, 1 M re.
Nadel 2: 1 M re, 1 M zun, bis vor die letzte M re str, 1 M zun, 1 M re.
Dann 1 Rd ohne Zunahme re str.
Diese zwei Runden so oft wiederholen, bis sich 66 (74) M ergeben, also 33 (37) M pro Nadel.

Hinweis: Für eine schmalere Spitze einfach weniger M anschlagen, dafür aber mehr Zunahmereihen stricken, bis 33 (37) M auf jeder der zwei Nadeln liegen.

DAS LOCHMUSTER BEGINNEN

Das Lochmuster nur über Nadel 1 arbeiten (Oberfußmaschen), über Nadel 2 nur re M str.
Über Nadel 1 zuerst 0 (2) M li str, dann 3-mal die 10 M des Musterschemas, danach nur die ersten 3 M des Musterschemas, zuletzt 0 (2) M li. Über Nadel 2 nur re M str.
Auf diese Weise fortfahren und dabei das 24-reihige Motiv so oft wiederholen, bis das Gestrick ca. 7 cm kürzer ist als die gewünschte Fußlänge.

ZWICKEL

Runde 1: Über Nadel 1 (Oberfußmaschen) im Lochmuster str. Nadel 2 (Sohlenmaschen): 1 M re, 1 M zun, folgende M re str bis vor die letzte M, 1 M zun, 1 M re.
Runde 2: Über Nadel 1 im Lochmuster str. Nadel 2 (Sohlenmaschen): nur re M str.
Runde 1 und 2 so oft wiederholen, bis 55 (61) M auf Nadel 2 liegen. Danach noch einmal über Nadel 1 im Lochmuster str.

FERSENRUNDUNG

Nun über Nadel 2 in Hin- und Rückreihen arbeiten, während die M von Nadel 1 ruhen. Für die Rundung 8 verkürzte Reihen str:
Reihe 1 (Hinr): 37 (41) M re, 1 re Perl-Zun, 1 M re, 1 Wickelm.
Reihe 2 (Rückr): 22 (24) M li, 1 li Perl-Zun, 1 M li, 1 Wickelm.
Reihe 3: 20 (22) M re, 1 re Perl-Zun, 1 M re, 1 Wickelm.
Reihe 4: 18 (20) M li, 1 li Perl-Zun, 1 M li, 1 Wickelm.

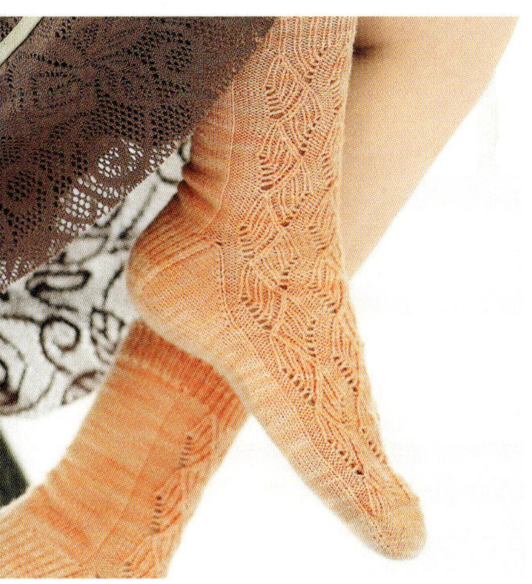

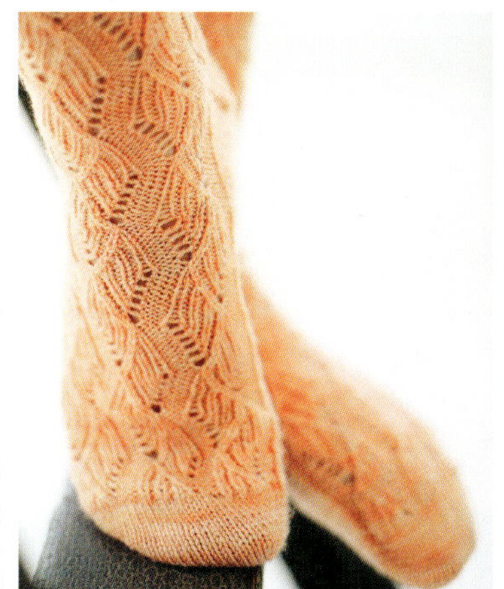

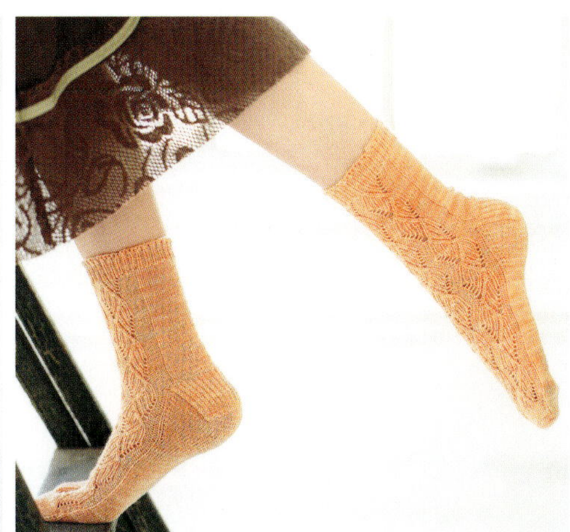

Reihe 5: 16 (18) M re, 1 re Perl-Zun, 1 M re, 1 Wickelm.

Reihe 6: 14 (16) M li, 1 li Perl-Zun, 1 M li, 1 Wickelm.

Reihe 7: 12 (14) M re, 1 re Perl-Zun, 1 M re, 1 Wickelm.

Reihe 8 (Rückr): 10 (12) M li, 1 li Perl-Zun, 1 M li, 1 Wickelm.

Auf Nadel 2 liegen nun 63 (69) M. Auf der Vorderseite re M bis zum Ende von Nadel 2 stricken, dazu bei den Wickelmaschen jeweils M und Wicklung zusstr. Die Oberfußmaschen (Nadel 1) im Lochmuster stricken.

HEBEMASCHEN-FERSENWAND

Die Fersenwand über Nadel 2 in Hin- und Rückreihen arbeiten:

Reihe 1 (Hinr): 47 (52) M re (dazu bei den Wickelmaschen jeweils M und Wicklung zusstr), 1 M abn (linksg), wenden.

Reihe 2 (Rückr): 1 M abh, 31 (35) M li, 2 M li zusstr, wenden.

Reihe 3 (Hinr): * 1 M abh, 1 M re; ab * 16-(18-)mal wiederh, 1 M abn (linksg), wenden.

Reihe 2 und 3 so oft wiederholen, bis alle Seitenmaschen aufgebraucht sind, die letzte Reihe ist eine linksgestrickte. Auf Nadel 2 liegen jetzt 33 (37) M.

Nun in Runden weiterstricken: über Nadel 1 stets das Lochmuster fortführen. Über Nadel 2 folgendermaßen stricken: 3 (5) M li, 27 M re, 3 (5) M li.

BÜNDCHEN

Ist Ihre Socke 2,5 cm kürzer als gewünscht, als Abschluss ein 1/1-Rippenbündchen stricken (1 M re, 1 M li im Wechsel). Nach 2,5 cm die letzte Runde sehr locker abketten (Seite 26 bis 29).

GERIFFELTE RIPPEN

Zeichenerklärung

(leer)	1 M re
•	1 M li
/	2 M re zusstr
\	1 M abn (linksg)
O	1 Umschlag

Lochmuster-Schema

	•		•		•		•	•	•	
O	•		•		•	/	•	•	•	23
		•		•			•	•	•	
O		•		•	/		•	•	•	21
	•		•		•		•	•	•	
O	•		•	/	•		•	•	•	19
		•			•		•	•	•	
O		•	/		•		•	•	•	17
	•		•		•		•	•	•	
O	•	/	•		•		•	•	•	15
			•		•		•	•	•	
O	/		•		•		•	•	•	13
	•		•		•		•	•	•	
\	•		•		•	O	•	•	•	11
		•		•			•	•	•	
	\	•		•		O	•	•	•	9
	•		•		•		•	•	•	
	•	\	•		•	O	•	•	•	7
	•			•			•	•	•	
	•		\	•		O	•	•	•	5
	•		•		•		•	•	•	
	•		•	\	•	O	•	•	•	3
	•		•				•	•	•	
	•		•		\	O	•	•	•	1
	9		7		5		3		1	

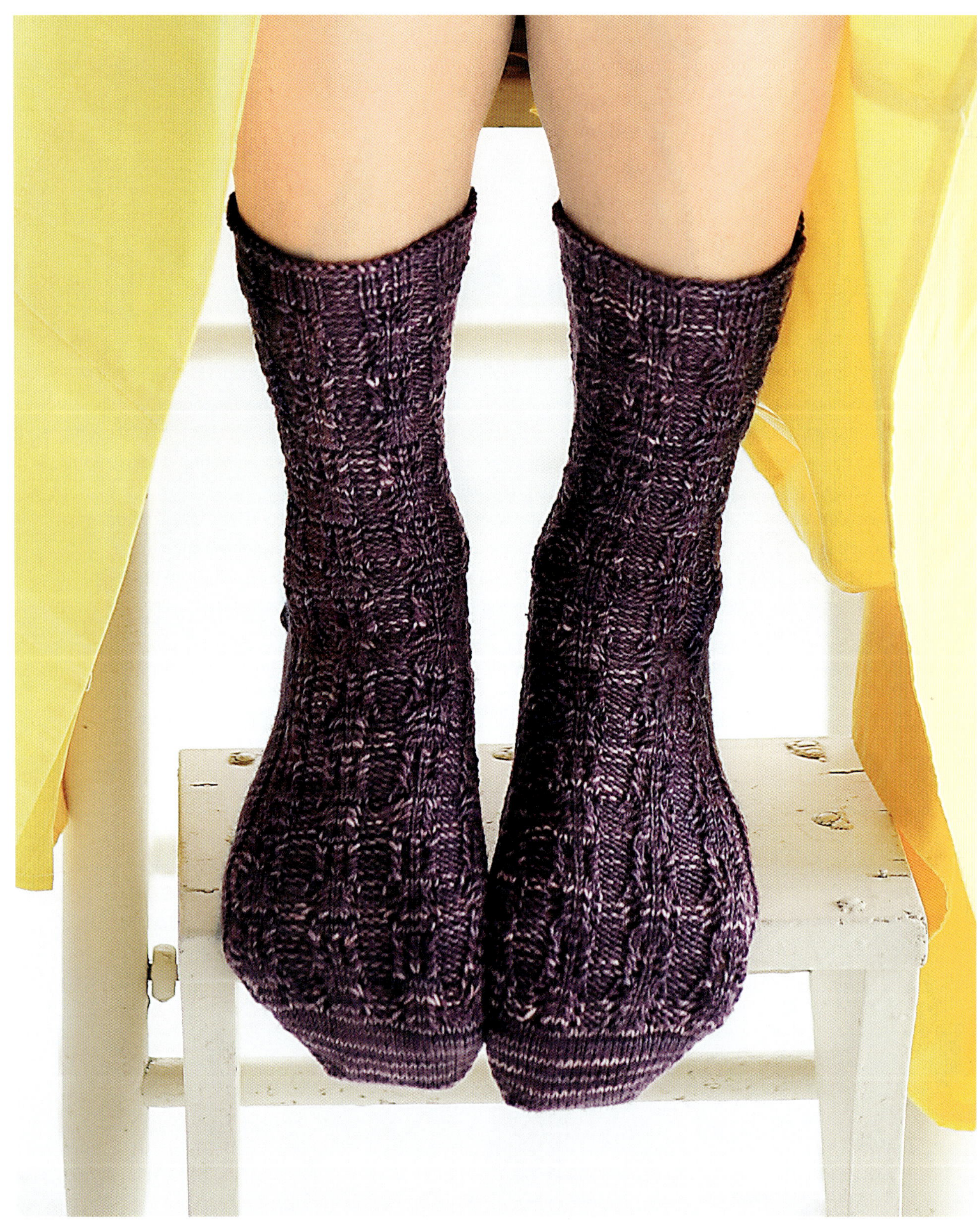

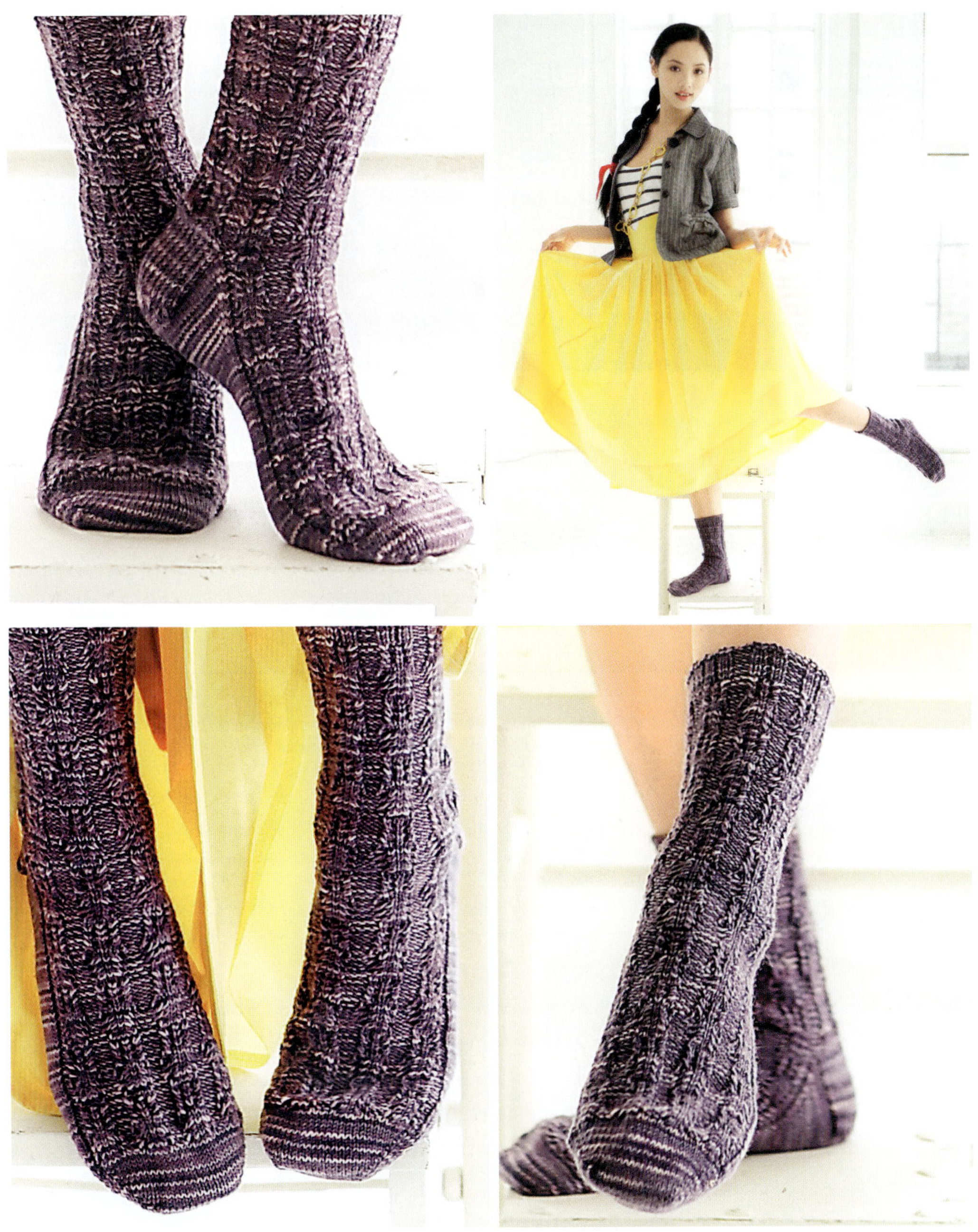

TRILOBIT-SOCKEN

TRILOBIT-SOCKEN (FORTSETZUNG)

WÄHREND ICH ÜBER NEUEN SOCKENIDEEN BRÜTETE, STRICKTE ICH EIN PROBEMUSTER. ALS DARIN DIESE MOTIVE AUFTAUCHTEN, DACHTE ICH: »TRILOBITEN! SIE SEHEN AUS WIE TRILOBITEN!« DENN ICH LIEBE DIESE URZEIT-GLIEDERFÜSSER, SEIT MEIN BRUDER UND ICH IN DER KINDHEIT MIT EINEM GUSSFORMEN-SPIEL DUTZENDE DIESER FOSSILIEN AUS PLASTIK HERGESTELLT HATTEN. UND SO MUSSTE ICH WOHL DIESES MUSTER ENTWERFEN - NEUE SOCKEN WAREN KREIERT.

GRÖSSE: M (L), Fußballen-Umfang 20,5 cm (23 cm)

MASCHENPROBE: 32 Maschen und 48 Reihen = 10 x 10 cm, glatt rechts gestrickt

NADELN: 2 Rundstricknadeln (oder 1 sehr lange Rundstricknadel), 2 mm stark oder in der Stärke, die Sie für die angegebene Maschenprobe benötigen

VERWENDETES GARN: 1 Strang (128 g) Lightweight (von Socks That Rock), Farbe: Tanzanite. 100 % Superwash Merino Wool, Lauflänge 329 m/128 g (= LL 129 m/50 g)

SPITZE

Mit dem Türkischen, dem Achteranschlag oder mit Judys Zauberanschlag 30 (34) M anschl: 15 (17) M pro Rundstricknadel (Seite 16 bis 21). Die M jeder Nadel einmal re str. In der nächsten Rd 4 M zun (Abkü: Seite 124):

Nadel 1: 1 M re, 1 M zun, bis vor die letzte M re str, 1 M zun, 1 M re.
Nadel 2: 1 M re, 1 M zun, bis vor die letzte M re str, 1 M zun, 1 M re.
Dann 1 Rd ohne Zunahme re str.
Diese zwei Runden so oft wiederholen, bis sich 66 (74) M ergeben, also 33 (37) M pro Nadel.

Hinweis: Für eine schmalere Spitze einfach weniger M anschlagen, dafür aber mehr Zunahmereihen stricken, bis 33 (37) M auf jeder der zwei Nadeln liegen.

DAS LOCHMUSTER BEGINNEN

Das Lochmuster nur über Nadel 1 arbeiten (Oberfußmaschen), über Nadel 2 nur re M str.
Runde 1: Über Nadel 1 zunächst 4-mal die 1.-8. (1.-9.) M der 1. Musterschema-Reihe str, danach 1-mal die 9. (10.) M derselben Reihe. Über Nadel 2 nur re M.
Runde 2: Über Nadel 1 zunächst 4-mal die 1.-8. (1.-9.) M der 2. Musterschema-Reihe str, danach 1-mal die 9. (10.) M derselben Reihe. Über Nadel 2 nur re M.
Auf diese Weise fortfahren, bis das Gestrick ca. 7 cm kürzer ist als die gewünschte Fußlänge.

ZWICKEL

Runde 1: Über Nadel 1 (Oberfußmaschen) im Lochmuster str.
Nadel 2 (Sohlenmaschen): 1 M re, 1 M zun, folgende M re str bis vor die letzte M, 1 M zun, 1 M re.
Runde 2: Über Nadel 1 im Lochmuster str. Nadel 2 (Sohlenmaschen): nur re M str.
Runde 1 und 2 so oft wiederholen, bis 55 (61) M auf Nadel 2 liegen.
Danach noch einmal über Nadel 1 im Lochmuster str.

FERSENRUNDUNG

Nun über Nadel 2 in Hin- und Rückreihen arbeiten, während die M von Nadel 1 ruhen. Für die Rundung 8 verkürzte Reihen str:
Reihe 1 (Hinr): 37 (41) M re, 1 re Perl-Zun, 1 M re, 1 Wickelm.
Reihe 2 (Rückr): 22 (24) M li, li Perl-Zun, 1 M li, 1 Wickelm.
Reihe 3: 20 (22) M re, 1 re Perl-Zun, 1 M re, 1 Wickelm.
Reihe 4: 18 (20) M li, 1 li Perl-Zun, 1 M li, 1 Wickelm.
Reihe 5: 16 (18) M re, 1 re Perl-Zun, 1 M re, 1 Wickelm.

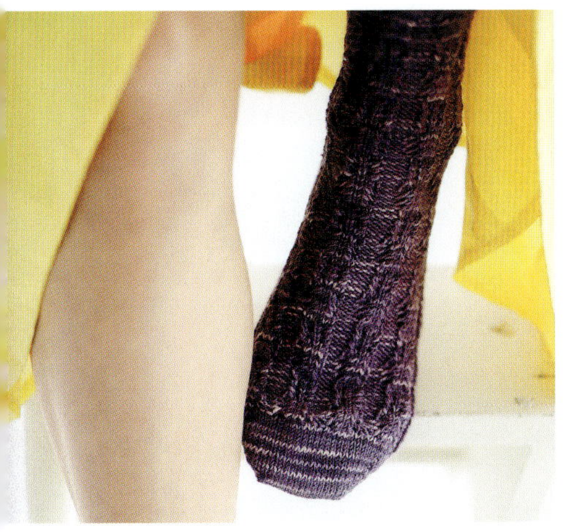

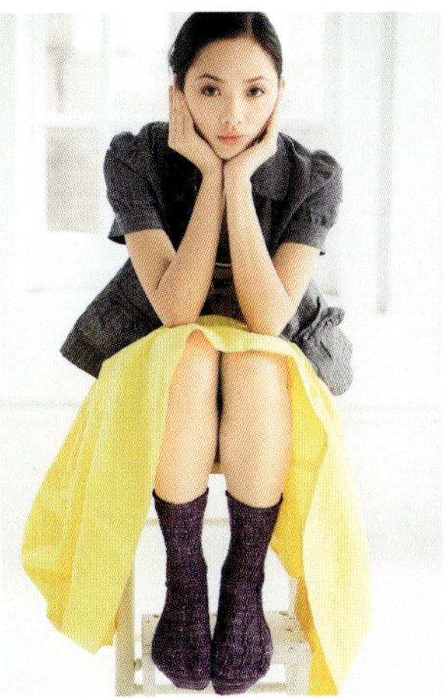

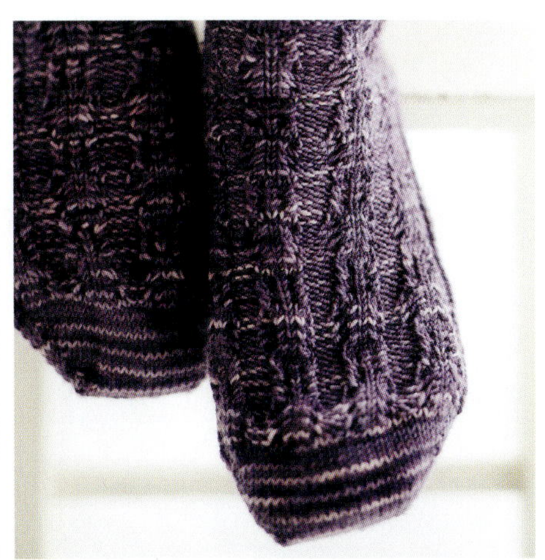

Reihe 6: 14 (16) M li, 1 li Perl-Zun, 1 M li, 1 Wickelm.
Reihe 7: 12 (14) M re, 1 re Perl-Zun, 1 M re, 1 Wickelm.
Reihe 8 (Rückr): 10 (12) M li, 1 li Perl-Zun, 1 M li, 1 Wickelm.
Auf Nadel 2 liegen nun 63 (69) M. Auf der Vorderseite re M bis zum Ende von Nadel 2 stricken, dazu bei den Wickelmaschen jeweils M und Wicklung zusstr. Die Oberfußmaschen im Lochmuster stricken.

HEBEMASCHEN-FERSENWAND

Die Fersenwand über Nadel 2 in Hin- und Rückreihen arbeiten:
Reihe 1 (Hinr): 47 (52) M re (dazu bei den Wickelmaschen jeweils M und Wicklung zusstr), 1 M abn (linksg), wenden.
Reihe 2 (Rückr): 1 M abh, 31 (35) M li, 2 M li zusstr, wenden.
Reihe 3 (Hinr): * 1 M abh, 1 M re; ab * 16-(18-)mal wiederh, 1 M abn (linksg), wenden.
Reihe 2 und 3 so oft wiederholen, bis alle Seitenmaschen aufgebraucht sind, die letzte Reihe ist eine linksgestrickte. Auf Nadel 2 liegen jetzt 33 (37) M.
Nun in Runden weiterstricken: über Nadel 1 im Lochmuster und jetzt genauso über Nadel 2, dabei jedoch beachten, dass rundherum die gleiche Musterschema-Reihe gearbeitet wird.

BÜNDCHEN

Das 2,5 cm breite Bündchen folgendermaßen arbeiten und dann abketten (Seite 26 bis 29):

Größe M:

Nadel 1: 1 M re, 1 M li, * 2 M re, 1 M li, 2 M re, 3 M li; ab * 3-mal wiederh, 2 M re, 1 M li, 2 M re, 1 M li, 1 M re. **Nadel 2:** wie Nadel 1.

Größe L:

Nadel 1: 1 M re, 2 M li, * 2 M re, 1 M li, 2 M re, 1 M li, 2 M re, 1 M li; ab * 3-mal wiederh, 2 M re, 1 M li, 2 M re, 1 M li, 1 M re.
Nadel 2: wie Nadel 1.

TRILOBIT-SOCKEN

Zeichenerklärung

	1 M re
•	1 M li
/	2 M re zusstr.
\	1 M abn (linksg)
O	1 Umschlag

Lochmuster-Schema Größe M

•	•						•	•	
•	•						•	•	15
•	•						•	•	
•	•	\	O		O	/	•	•	13
•	•						•	•	
•	•	\	O		O	/	•	•	11
•	•						•	•	
•	•	\	O		O	/	•	•	9
•	•						•	•	
•	•						•	•	7
•	•						•	•	
•	•	O	/		\	O	•	•	5
•	•						•	•	
•	•	O	/		\	O	•	•	3
•	•						•	•	
•	•	O	/		\	O	•	•	1
9		7		5		3		1	

Lochmuster-Schema Größe L

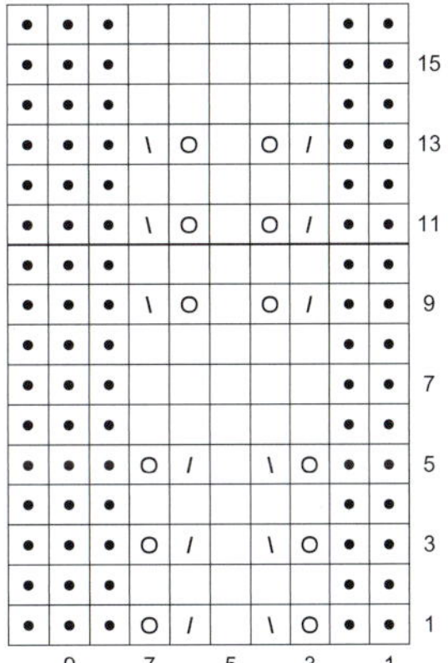

•	•	•						•	•	
•	•	•						•	•	15
•	•	•						•	•	
•	•	•	\	O		O	/	•	•	13
•	•	•						•	•	
•	•	•	\	O		O	/	•	•	11
•	•	•						•	•	
•	•	•	\	O		O	/	•	•	9
•	•	•						•	•	
•	•	•						•	•	7
•	•	•						•	•	
•	•	•	O	/		\	O	•	•	5
•	•	•						•	•	
•	•	•	O	/		\	O	•	•	3
•	•	•						•	•	
•	•	•	O	/		\	O	•	•	1
	9		7		5		3		1	

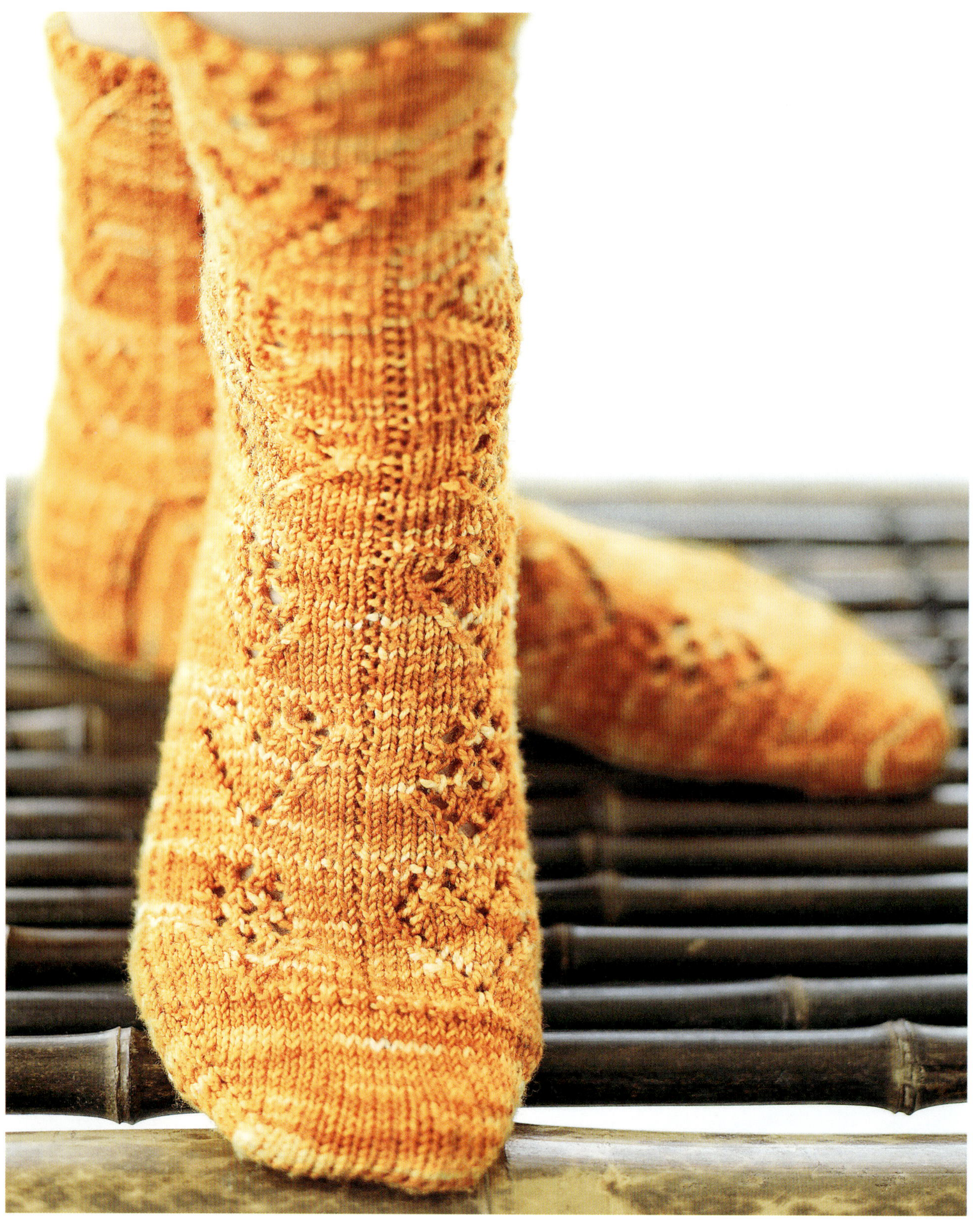

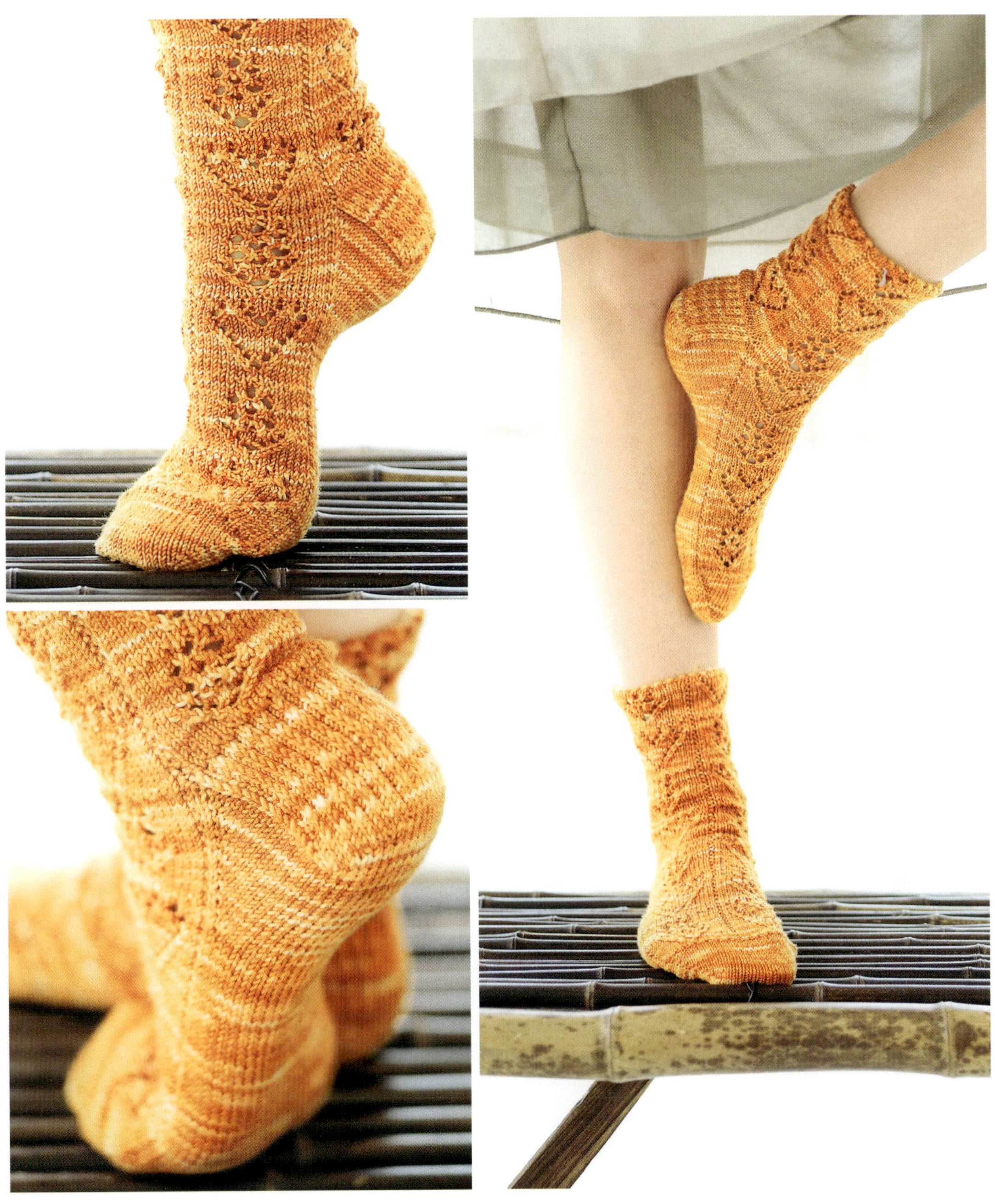

HERZEN UND BLUMEN

HERZEN UND BLUMEN (FORTSETZUNG)

DIESE »PATCHWORKSOCKEN« SIND IN FELDER EINGETEILT, IN DENEN SICH ABWECHSELND HERZ- UND BLUMENMOTIVE ZEIGEN. SIE KÖNNEN SICH VON DIESER IDEE AUCH ZU EIGENEM PATCHWORKDESIGN INSPIRIEREN LASSEN. ANSTELLE VON HERZEN UND BLUMEN FÜLLEN SIE JEDES FELD MIT ANDEREN MOTIVEN - ZUM BEISPIEL MIT BUCHSTABEN ODER ZAHLEN. FRISCH GEWAGT, IST HALB »GESTRICKT«.

GRÖSSE: M (L), Fußballen-Umfang 21,5 cm (24 cm)

MASCHENPROBE: 32 Maschen und 48 Reihen = 10 x 10 cm, glatt rechts gestrickt

NADELN: 2 Rundstricknadeln (oder 1 sehr lange Rundstricknadel), 2 mm stark oder in der Stärke, die Sie für die angegebene Maschenprobe benötigen

VERWENDETES GARN: 2 Stränge (à 50 g) Fingering (von Claudia Hand Painted Yarns), Farbe: Marigold. 100 % Merino Wool, Lauflänge (LL) 157 m/ 50 g

---

SPITZE

Mit dem Türkischen, dem Achteranschlag oder mit Judys Zauberanschlag 30 (34) M anschl: 15 (17) M pro Rundstricknadel (Seite 16 bis 21). Die M jeder Nadel einmal re str. In der nächsten Rd 4 M zun (Abkü: Seite 124):

Nadel 1: 1 M re, 1 M zun, bis vor die letzte M re str, 1 M zun, 1 M re.

Nadel 2: 1 M re, 1 M zun, bis vor die letzte M re str, 1 M zun, 1 M re.

Dann 1 Rd ohne Zunahme re str. Diese zwei Runden so oft wiederholen, bis sich 66 (74) M ergeben, also 33 (37) M pro Nadel.

Hinweis: Für eine schmalere Spitze einfach weniger M anschlagen, dafür aber mehr Zunahmereihen stricken, bis 33 (37) M auf jeder der zwei Nadeln liegen.

DAS LOCHMUSTER BEGINNEN

Das Lochmuster nur über Nadel 1 arbeiten (Oberfußmaschen), über Nadel 2 nur re M str.

Runde 1: Über Nadel 1 zuerst 0 (2) M re str, dann die 33 M der 1. Reihe von Schema 1, zuletzt 0 (2) M re. Über Nadel 2 alle 33 (37) M re str.

Runde 2: Über Nadel 1 zuerst 0 (2) M re str, dann die 33 M der 2. Reihe von Musterschema 1, zuletzt 0 (2) M re. Über Nadel 2 alle 33 (37) M re str.

So das gesamte 20-reihige Musterschema 1 fertigstricken. Dann zu Musterschema 2 wechseln.

Hinweis: Im weiteren Verlauf Schema 1 und Schema 2 konsequent abwechseln. Stricken Sie zunächst so weit, bis das Gestrick ca. 7 cm kürzer ist als die gewünschte Fußlänge.

ZWICKEL

Runde 1: Über Nadel 1 (Oberfußmaschen) im Lochmuster str. Nadel 2 (Sohlenmaschen): 1 M re, 1 M zun, folgende M re str bis vor die letzte M, 1 M zun, 1 M re.

Runde 2: Über Nadel 1 im Lochmuster str. Nadel 2 (Sohlenmaschen): nur re M str.

Runde 1 und 2 so oft wiederholen, bis 55 (61) M auf Nadel 2 liegen. Danach noch einmal über Nadel 1 im Lochmuster str.

FERSENRUNDUNG

Nun über Nadel 2 in Hin- und Rückreihen arbeiten, während die M von Nadel 1 ruhen. Für die Rundung 8 verkürzte Reihen str:

Reihe 1 (Hinr): 37 (41) M re, 1 re Perl-Zun, 1 M re, 1 Wickelm.

Reihe 2 (Rückr): 22 (24) M li, 1 li Perl-Zun, 1 M li, 1 Wickelm.

Reihe 3: 20 (22) M re, 1 re Perl-Zun, 1 M re, 1 Wickelm.
Reihe 4: 18 (20) M li, 1 li Perl-Zun, 1 M li, 1 Wickelm.
Reihe 5: 16 (18) M re, 1 re Perl-Zun, 1 M re, 1 Wickelm.
Reihe 6: 14 (16) M li, 1 li Perl-Zun, 1 M li, 1 Wickelm.
Reihe 7: 12 (14) M re, 1 re Perl-Zun, 1 M re, 1 Wickelm.
Reihe 8 (Rückr): 10 (12) M li, 1 li Perl-Zun, 1 M li, 1 Wickelm.
Auf Nadel 2 liegen nun 63 (69) M. Auf der Vorderseite re M bis zum Ende von Nadel 2 stricken, dazu bei den Wickelmaschen jeweils M und Wicklung zusstr. Die Oberfußmaschen (Nadel 1) im Lochmuster stricken.

HEBEMASCHEN-FERSENWAND

Die Fersenwand über Nadel 2 in Hin- und Rückreihen arbeiten:
Reihe 1 (Hinr): 47 (52) M re (dazu bei den Wickelmaschen jeweils M und Wicklung zusstr), 1 M abn (linksg), wenden.
Reihe 2 (Rückr): 1 M abh, 31 (35) M li, 2 M li zusstr, wenden.
Reihe 3 (Hinr): * 1 M abh, 1 M re; ab * 16-(18-)mal wiederh, 1 M abn (linksg), wenden.
Reihe 2 und 3 so oft wiederholen, bis alle Seitenmaschen aufgebraucht sind, die letzte Reihe ist eine linksgestrickte. Auf Nadel 2 liegen jetzt 33 (37) M.
Nun in Runden weiterstricken: über Nadel 1 und jetzt auch über Nadel 2 im Lochmuster. Beim Beginn jedoch beachten, dass rundherum die gleiche Musterschema-Reihe gearbeitet wird (re M str bis Beginn von Reihe 1). Bis zur gewünschten Beinhöhe stricken.

SAUMABSCHLUSS

Mäusezähnchen-Kante

Nächste Runde: * 2 M rechts zusstr, 1 Umschlag; ab * fortlaufend über alle 66 (74) M wiederh.
Danach 6 Runden re M str, das wird der Saumeinschlag. Die letzte Runde locker abketten. Ein ca. 38 cm langes Garnende hängen lassen. Den Saum nach innen umschlagen (an dieser Lochmuster-Kante faltet sich das Gestrick fast von allein) und die Kante mit dem Garnende und einer dicken Sticknadel locker im Inneren der Socke festnähen.

HERZEN UND BLUMEN

Zeichenerklärung

- ☐ 1 M re
- • 1 M li
- / 2 M re zusstr
- \ 1 M abn (linksg)
- ⋏ 1 doppelter Überzug (S. 124)
- O 1 Umschlag

Lochmuster-Schema 1

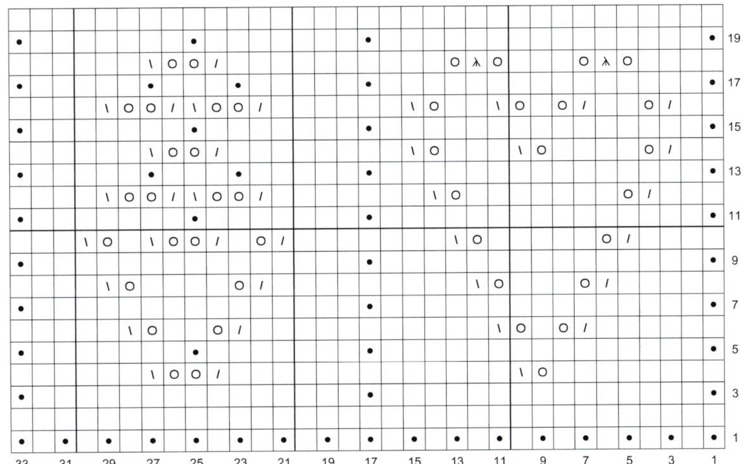

Lochmuster-Schema 2

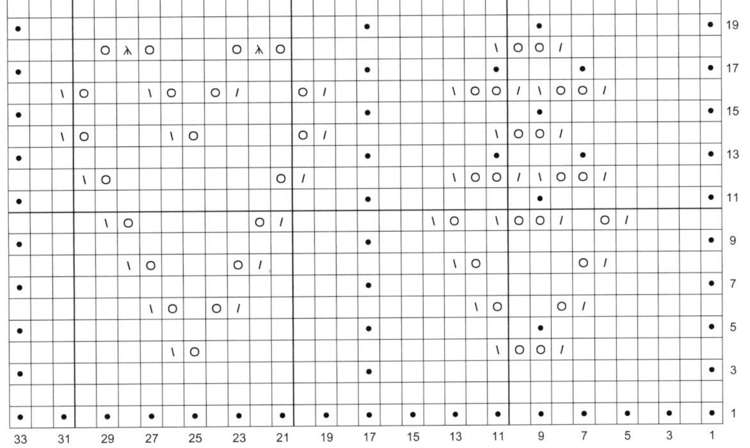

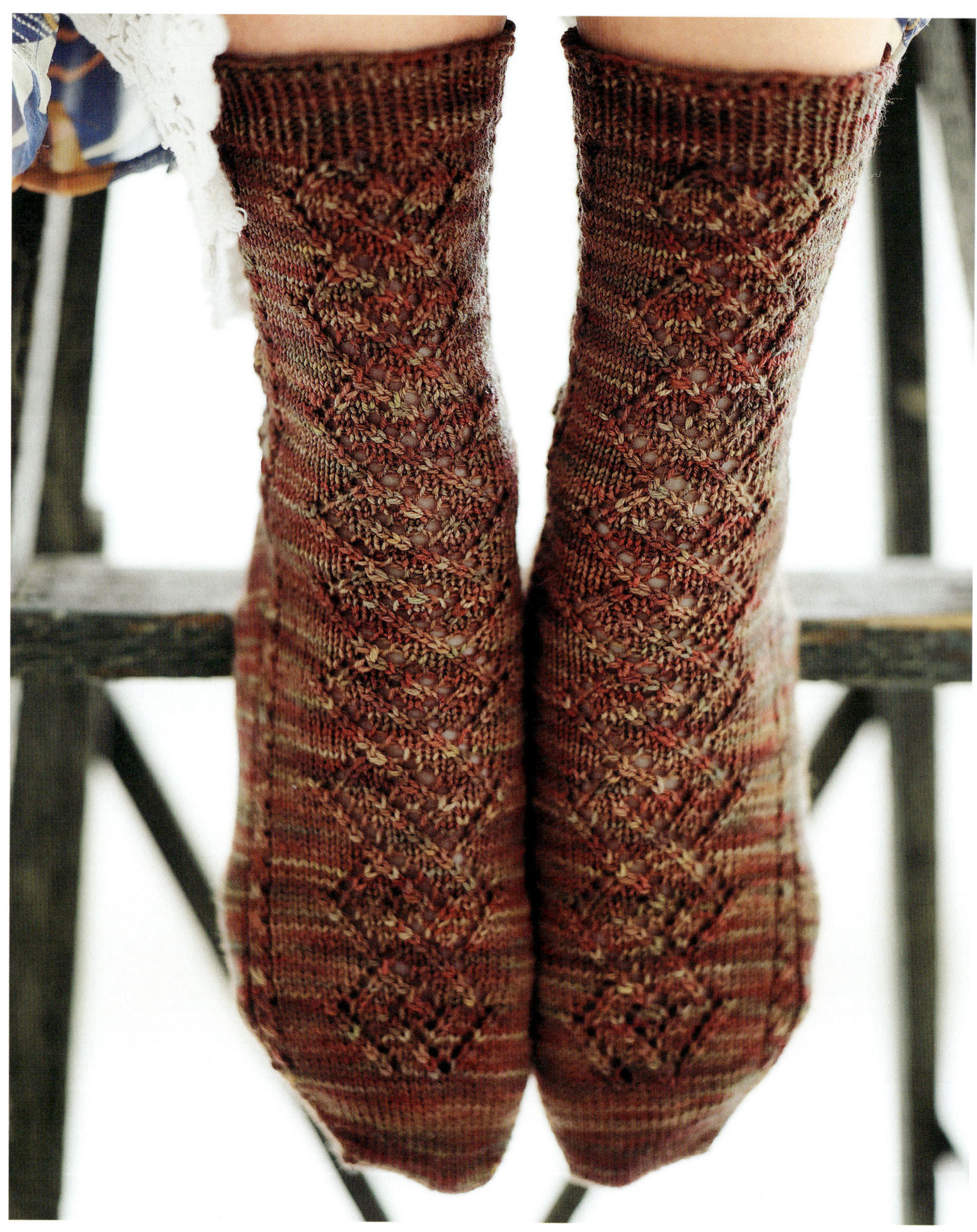

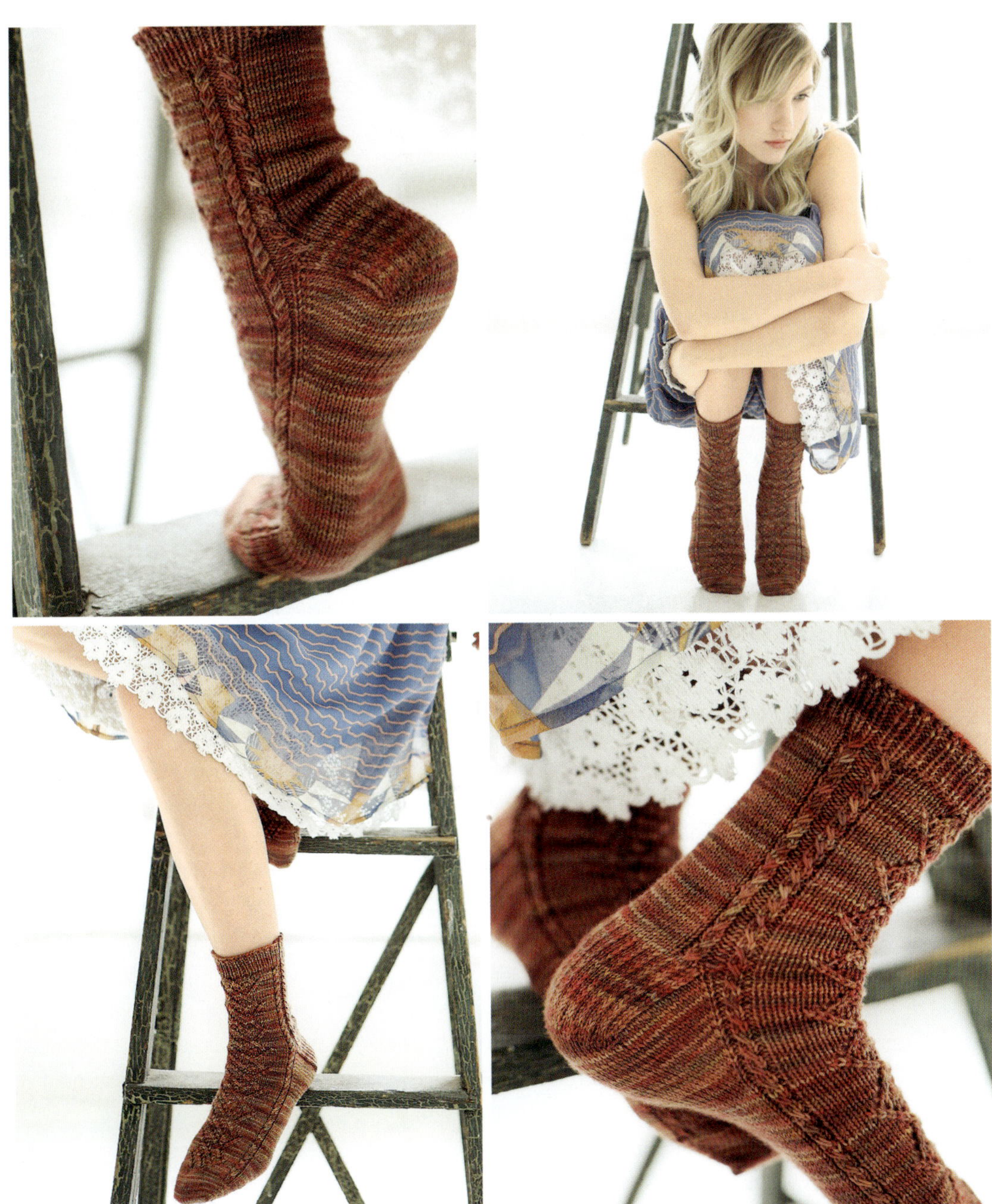

LOCHMUSTER MIT ZÖPFEN

LOCHMUSTER MIT ZÖPFEN

In diese Lochmustersocken habe ich schmale Zöpfe hineingeschummelt. Sie bilden einen hübschen Kontrast zu dem gitterartigen Hauptdekor. Weil dieser Schmuckstreifen recht offen und auffällig breit ist, können Sie durchaus ein gesprenkeltes oder leicht meliertes Garn wählen, ohne befürchten zu müssen, das Lochmuster damit zu übertönen.

GRÖSSE: S (M/L), Fußballen-Umfang 18,5 cm (21/23,5 cm)

MASCHENPROBE: 32 Maschen und 48 Reihen = 10 x 10 cm, glatt rechts gestrickt

NADELN: 2 Rundstricknadeln (oder 1 sehr lange Rundstricknadel), 2 mm stark oder in der Stärke, die Sie für die angegebene Maschenprobe benötigen

VERWENDETES GARN: 1 Strang (114 g) Dream in Color (von Smooshy Sock Yarn), Farbe: Giant Peach. 100 % Superfine Australian Superwash Merino, Lauflänge 412 m/114 g (= LL 181 m/50 g)

SPITZE

Mit dem Türkischen, dem Achteranschlag oder mit Judys Zauberanschlag 26 (30/34) M anschl: 13 (15/17) M pro Rundstricknadel (Seite 16 bis 21). Die M jeder Nadel einmal re str. In der nächsten Rd 4 M zun (Abkü. Seite 124):

Nadel 1: 1 M re, 1 M zun, bis vor die letzte M re str, 1 M zun, 1 M re.

Nadel 2: 1 M re, 1 M zun, bis vor die letzte M re str, 1 M zun, 1 M re.

Dann 1 Rd ohne Zunahme re str. Diese zwei Runden so oft wiederholen, bis sich 58 (66/74) M ergeben, also 29 (33/37) M pro Nadel.

Hinweis: Für eine schmalere Spitze einfach weniger M anschlagen, dafür aber mehr Zunahmereihen stricken, bis 29 (33/37) M auf jeder der zwei Nadeln liegen.

DAS MUSTER BEGINNEN

Das Muster nur über Nadel 1 arbeiten (Oberfußmaschen), über Nadel 2 nur re M str.

Runde 1: Über Nadel 1 die 1. Reihe des rechten Zopfschemas str., Mmark setzen, 1 (3/5) M re, Mmark setzen, die 17 M der 1. Reihe des Lochmusterschemas str, Mmark setzen, 1 (3/5) M re, Mmark setzen, die 1. Reihe des linken Zopfschemas. Nadel 2: alle 29 (33/37) M re str.

Runde 2: Über Nadel 1 die 2. Reihe des rechten Zopfschemas str, Mmark setzen, 1 (3/5) M re, Mmark setzen, die 17 M der 2. Reihe des Lochmusterschemas str, Mmark setzen, 1 (3/5) M re, Mmark setzen, die 2. Reihe des linken Zopfschemas.

Nadel 2: alle 29 (33/37) M re str.

Die Musterschemen beim Weiterarbeiten so oft wiederholen, bis das Gestrick ca. 7 cm kürzer ist als die gewünschte Fußlänge.

ZWICKEL

Runde 1: Über Nadel 1 (Oberfußmaschen) die Muster str.

Nadel 2 (Sohlenmaschen): 1 M re, 1 M zun, folgende M re str bis vor die letzte M, 1 M zun, 1 M re.

Runde 2: Über Nadel 1 die Muster str. Nadel 2 (Sohlenmaschen): nur re M str.

Runde 1 und 2 so oft wiederholen, bis 49 (55/61) M auf Nadel 2 liegen. Danach noch einmal das Muster über Nadel 1 str.

FERSENRUNDUNG

Nun über Nadel 2 in Hin- und Rückreihen arbeiten, während die M von Nadel 1 ruhen. Für die Rundung 8 verkürzte Reihen str:

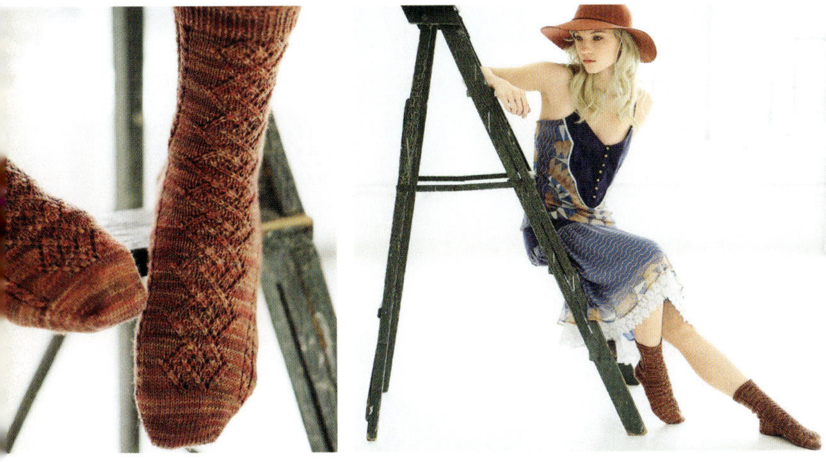

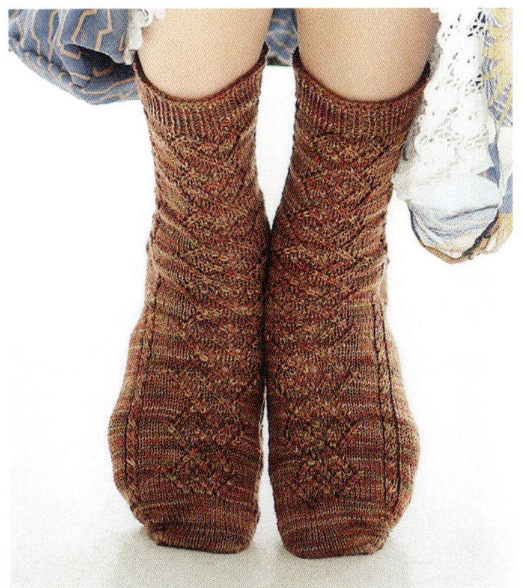

Reihe 1: (Hinr): 33 (37/41) M re, 1 re Perl-Zun, 1 M re, 1 Wickelm.
Reihe 2: (Rückr): 20 (22/24) M li, 1 li Perl-Zun, 1 M li, 1 Wickelm.
Reihe 3: 18 (20/22) M re, 1 re Perl- Zun, 1 M re, 1 Wickelm.
Reihe 4: 16 (18/20) M li, 1 li Perl-Zun, 1 M li, 1 Wickelm.
Reihe 5: 14 (16/18) M re, 1 re Perl-Zun, 1 M re, 1 Wickelm.
Reihe 6: 12 (14/16) M li, 1 li Perl-Zun, 1 M li, 1 Wickelm.
Reihe 7: 10 (12/14) M re, 1 re Perl-Zun, 1 M re, 1 Wickelm.
Reihe 8 (Rückr): 8 (10/12) M li, 1 li Perl-Zun, 1 M li, 1 Wickelm.
Auf Nadel 2 liegen nun 57 (63/69) M. Auf der Vorderseite re M bis zum Ende von Nadel 2 stricken, dazu bei den Wickelmaschen jeweils M und Wicklung zusstr.
Über die Oberfußmaschen (Nadel 1) die Muster stricken.

HEBEMASCHEN-FERSENWAND

Die Fersenwand über Nadel 2 in Hin- und Rückreihen arbeiten:
Reihe 1 (Hinr): 42 (47/52) M re (dazu bei den Wickelmaschen jeweils M und Wicklung zusstr), 1 M abn (linksg), wenden.
Reihe 2 (Rückr): 1 M abh, 27 (31/35) M li, 2 M li zusstr, wenden.
Reihe 3 (Hinr): * 1 M abh, 1 M re; ab * 14-(16-/18-)mal wiederh, 1 M abn (linksg), wenden.
Reihe 2 und 3 so oft wiederholen, bis alle Seitenmaschen aufgebraucht sind, die letzte Reihe ist eine linksgestrickte. Auf Nadel 2 liegen jetzt 29 (33/37) M.
Nun in Runden weiterstricken: über Nadel 1 wie bisher mit den Mustern. Nadel 2: Das rechte Zopfschema str, Mmark setzen, 19 (23/27) M re, Mmark setzen, das linke Zopfschema str.
(**Hinweis:** Beim Beginn jedoch beachten, dass die Zopfschema-Reihe auf Nadel 2 mit der von Nadel 1 übereinstimmt.)

BÜNDCHEN

Ist Ihre Socke 2,5 cm kürzer als gewünscht, ein 1/1-Rippenbündchen stricken und zum Schluss locker abketten (Seite 26 bis 29).

LOCHMUSTER MIT ZÖPFEN

Zeichenerklärung

- □ 1 M re
- • 1 M li
- / 2 M re zusstr
- \ 1 M abn (linksg)
- ⋏ 1 doppelter Überzug (S. 124)
- O 1 Umschlag
- ⊻ 1 M links abheben
- 1 M auf Hilfsnadel vor die Arbeit legen, 2 M re, dann die M von der Hilfsnadel re str
- 2 M auf Hilfsnadel hinter die Arbeit legen, 1 M re, dann die 2 M von der Hilfsnadel re str

Lochmuster-Schema

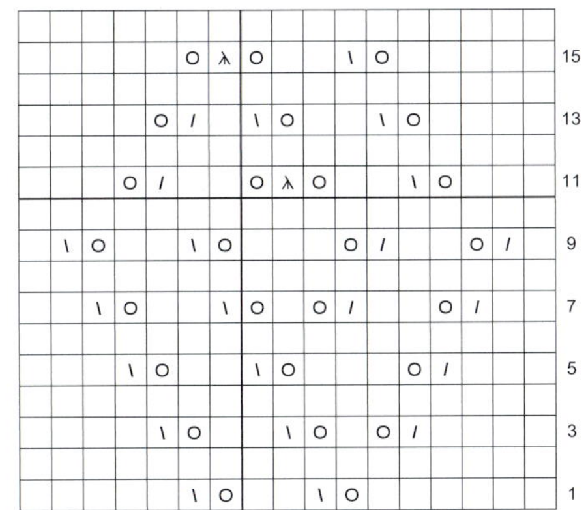

Linkes Zopfschema

Rechtes Zopfschema

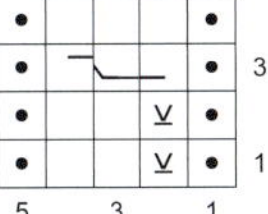

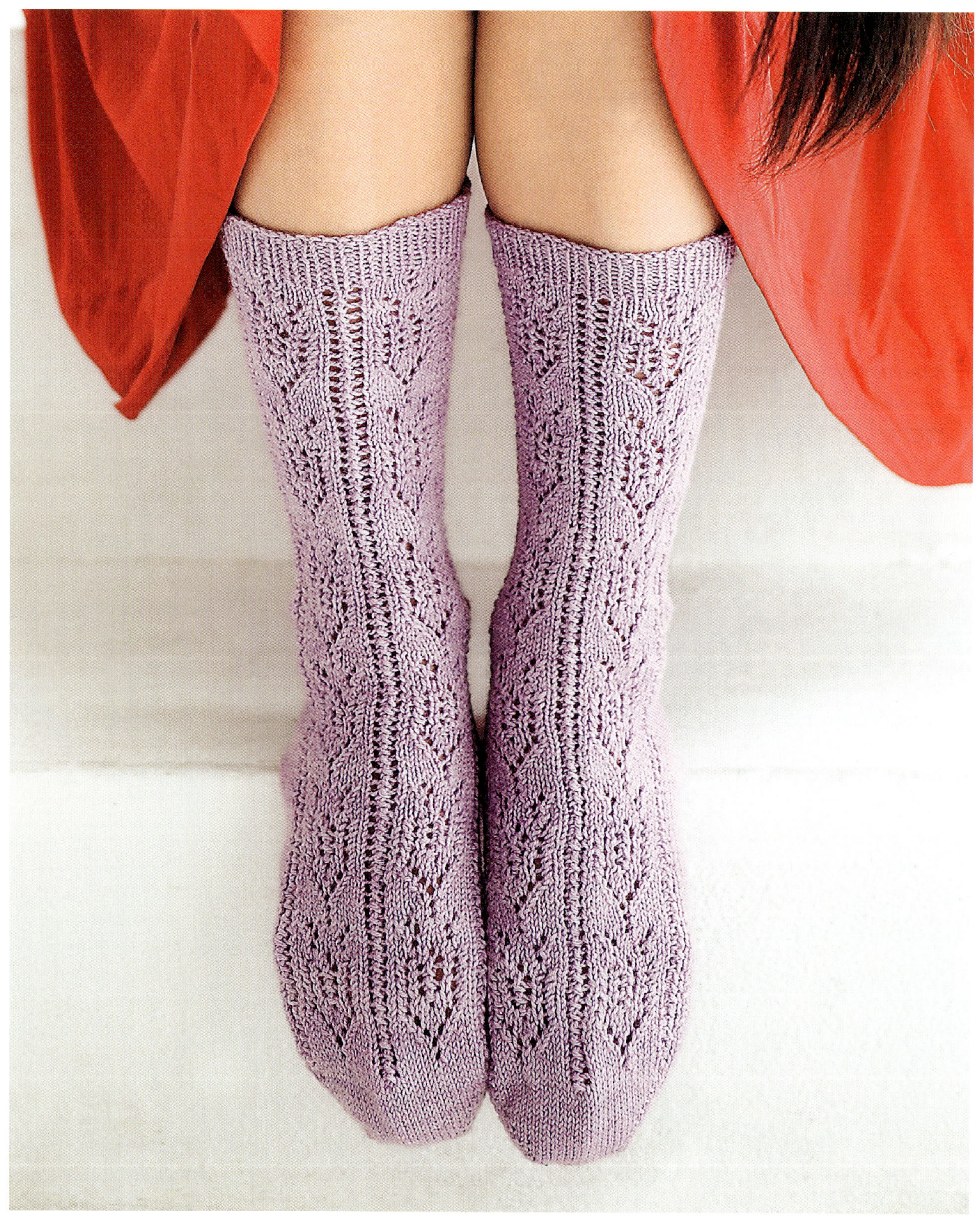

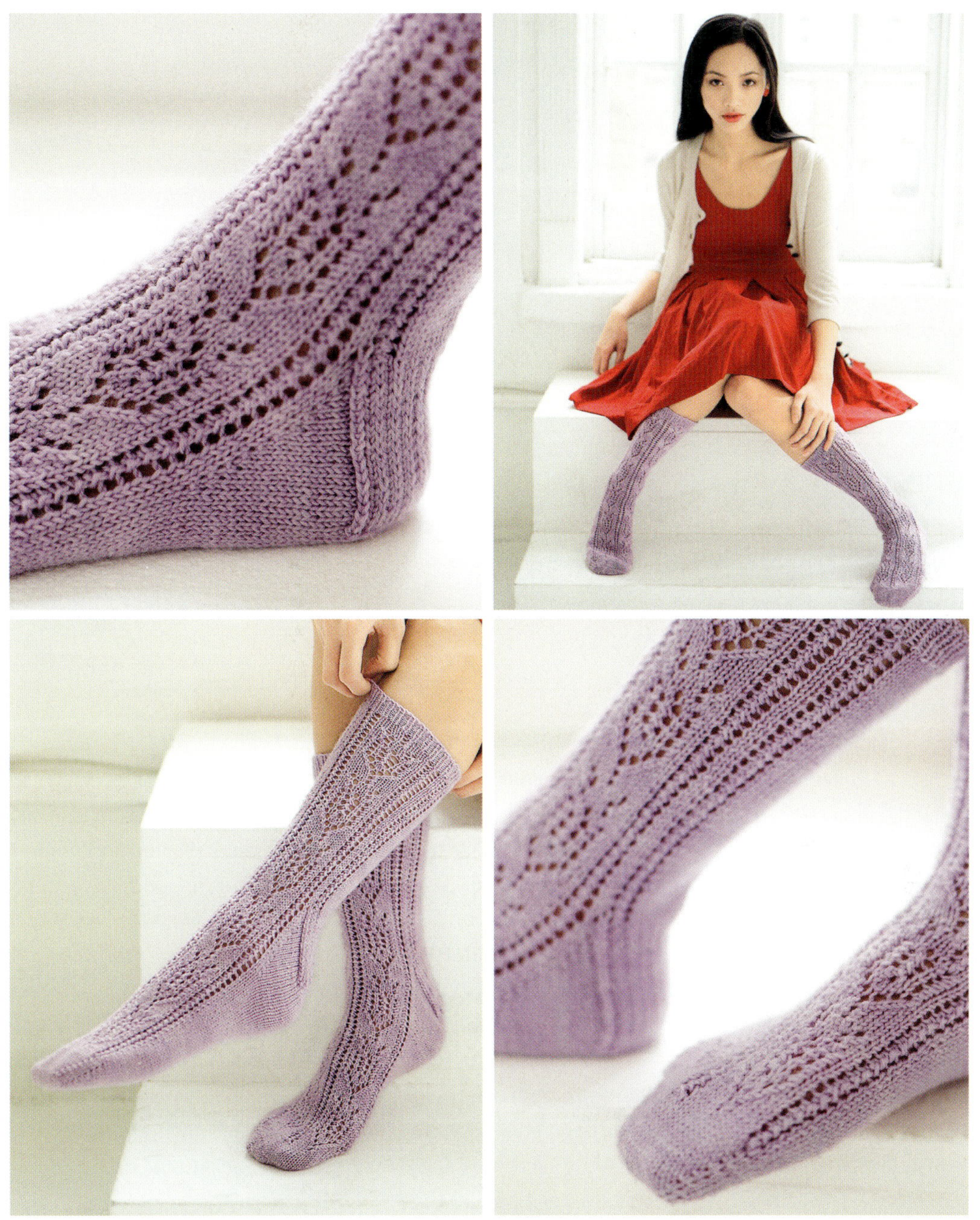

U-BAHN-SOCKEN

U-BAHN-SOCKEN (FORTSETZUNG)

In der U-Bahn erregte der maschinengestrickte Cardigan eines Mädchens meine Aufmerksamkeit. Zwar konnte ich Details von meinem Platz aus kaum erkennen, doch inspirierte mich die Jacke zu einem neuen Sockenentwurf. Kaum am Reiseziel angekommen, setzte ich die Idee in ein elegantes, auf Rauten basierendes Musterschema um.

GRÖSSE: M (L), Fußballen-Umfang 21 cm (23,5 cm)

MASCHENPROBE: 32 Maschen und 48 Reihen = 10 x 10 cm, glatt rechts gestrickt

NADELN: 2 Rundstricknadeln (oder 1 sehr lange Rundstricknadel), 2 mm stark oder in der Stärke, die Sie für die angegebene Maschenprobe benötigen

VERWENDETES GARN: 2 Stränge (à 57 g) Shepherd Sock (von Lorna's Laces), Farbe: Lavender. 80 % Superwash Wool, 20 % Nylon, Lauflänge 197 m/57 g (= LL 173 m/50 g)

Hinweis: Das Musterschema umfasst hier 24 Reihen. Achtung, es sind nur die ungeraden Reihen dargestellt. In jeder zweiten, geraden Reihe nur glatt rechts stricken.

SPITZE

Mit dem Türkischen, dem Achteranschlag oder mit Judys Zauberanschlag 30 (34) M anschl: 15 (17) M pro Rundstricknadel (Seite 16 bis 21). Die M jeder Nadel einmal re str. In der nächsten Rd 4 M zun (Abkü. Seite 124):

Nadel 1: 1 M re, 1 M zun, bis vor die letzte M re str, 1 M zun, 1 M re.

Nadel 2: 1 M re, 1 M zun, bis vor die letzte M re str, 1 M zun, 1 M re.

Dann 1 Rd ohne Zunahme re str.

Diese zwei Runden so oft wiederholen, bis sich 66 (74) M ergeben, also 33 (37) M pro Nadel.

Hinweis: Für eine schmalere Spitze einfach weniger M anschlagen, dafür aber mehr Zunahmereihen stricken, bis 33 (37) M auf jeder der zwei Nadeln liegen.

DAS LOCHMUSTER BEGINNEN

Das Lochmuster nur über Nadel 1 arbeiten (Oberfußmaschen), über Nadel 2 nur re M str.

Runde 1 Über Nadel 1 nun 0 (2) M re str, dann über 33 M die 1. Reihe des Musterschemas, 0 (2) M re. Über Nadel 2 nur re M.

Runde 2 und alle anderen geraden Runden: über Nadel 1 und 2 alle M re str.

Auf diese Weise fortfahren und dabei das 24-reihige Motiv so oft wiederholen, bis das Gestrick ca. 7 cm kürzer ist als die gewünschte Fußlänge.

ZWICKEL

Runde 1: Über Nadel 1 (Oberfußmaschen) im Lochmuster str. Nadel 2 (Sohlenmaschen): 1 M re, 1 M zun, folgende M re str bis vor die letzte M, 1 M zun, 1 M re.

Runde 2 Über Nadel 1 im Lochmuster str. Nadel 2 (Sohlenmaschen): nur re M str.

Runde 1 und 2 so oft wiederholen, bis 55 (61) M auf Nadel 2 liegen. Danach noch einmal über Nadel 1 im Lochmuster str.

FERSENRUNDUNG

Nun über Nadel 2 in Hin- und Rückreihen arbeiten, während die M von Nadel 1 ruhen. Für die Rundung 8 verkürzte Reihen str:

Reihe 1 (Hinr): 37 (41) M re, 1 re Perl-Zun, 1 M re, 1 Wickelm.

Reihe 2 (Rückr): 22 (24) M li, 1 li Perl-Zun, 1 M li, 1 Wickelm.

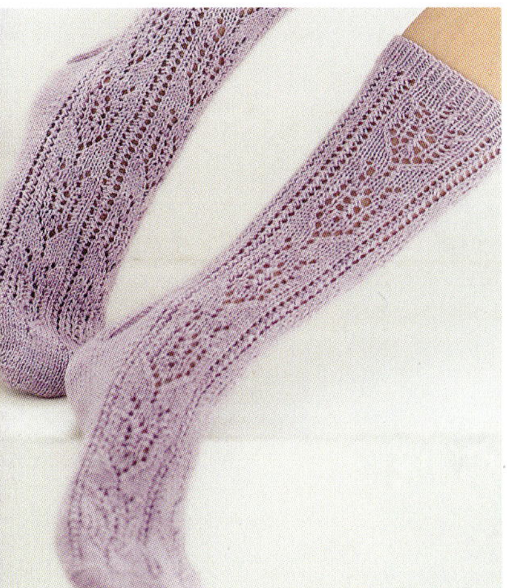

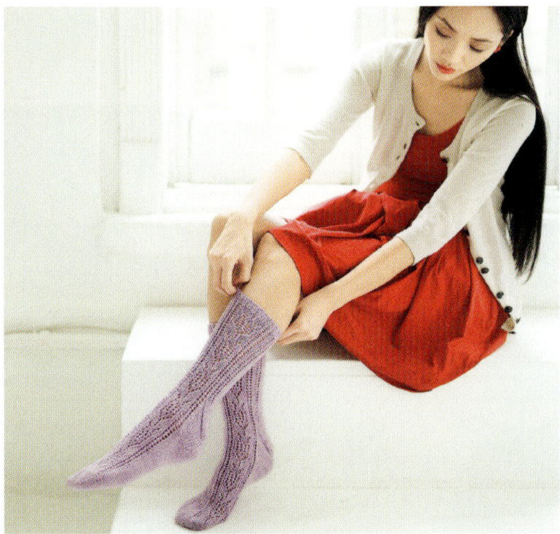

Reihe 3: 20 (22) M re, 1 re Perl-Zun, 1 M re, 1 Wickelm.
Reihe 4: 18 (20) M li, 1 li Perl-Zun, 1 M li, 1 Wickelm.
Reihe 5: 16 (18) M re, 1 re Perl-Zun, 1 M re, 1 Wickelm.
Reihe 6: 14 (16) M li, 1 li Perl-Zun, 1 M li, 1 Wickelm
Reihe 7: 12 (14) M re, 1 re Perl-Zun, 1 M re, 1 Wickelm.
Reihe 8 (Rückr): 10 (12) M li, 1 li Perl-Zun, 1 M li, 1 Wickelm.
Auf Nadel 2 liegen nun 63 (69) M. Auf der Vorderseite re M bis zum Ende von Nadel 2 stricken, dazu bei den Wickelmaschen jeweils M und Wicklung zusstr. Die Oberfußmaschen (Nadel 1) im Lochmuster stricken.

HEBEMASCHEN-FERSENWAND

Die Fersenwand über Nadel 2 in Hin- und Rückreihen arbeiten:
Reihe 1 (Hinr): 47 (52) M re (dazu bei den Wickelmaschen jeweils M und Wicklung zusstr), 1 M abn (linksg), wenden.
Reihe 2 (Rückr): 1 M abh, 31 (35) M li, 2 M li zusstr, wenden.
Reihe 3 (Hinr): * 1 M abh, 1 M re; ab * 16-(18-)mal wiederh, 1 M abn (linksg), wenden.
Reihe 2 und 3 so oft wiederholen, bis alle Seitenmaschen aufgebraucht sind, die letzte Reihe ist eine linksgestrickte. Auf Nadel 2 liegen jetzt 33 (37) M.

Nun in Runden weiterstricken: über Nadel 1 im Lochmuster. Nadel 2 folgendermaßen stricken:
Ungerade Runden: 1 (3) M re; 1 Umschlag, 1 doppelter Überzug, 1 Umschlag; 11 M re; 1 Umschlag, 1 doppelter Überzug, 1 Umschlag; 11 M re; 1 Umschlag, 1 doppelter Überzug, 1 Umschlag; 1 (3) M re.
Gerade Runden: Alle M re str.

BÜNDCHEN

Zum Schluss ein 2,5 cm breites 1/1-Rippenbündchen stricken und locker abketten (Seite 26 bis 29).

U-BAHN-SOCKEN

Zeichenerklärung

	1 M re
/	2 M re zusstr
\	1 M abn (linksg)
λ	1 doppelter Überzug (S. 124)
O	1 Umschlag

Lochmuster-Schema

33		31		29		27		25		23		21		19		17		15		13		11		9		7		5		3		1	
	O	λ	O		\	O			O	\		O	/		O	λ	O		\	O			O	\		O	/		O	λ	O		23
	O	λ	O			/	O				O	\			O	λ	O			/	O				O	\			O	λ	O		21
	O	λ	O			/	O				O	\			O	λ	O			/	O				O	\			O	λ	O		19
	O	λ	O		\	O		/	O			O	/		O	λ	O		\	O		/	O			O	/		O	λ	O		17
	O	λ	O		\	O		O	λ	O		O	/		O	λ	O		\	O		O	λ	O		O	/		O	λ	O		15
	O	λ	O		\	O		O	λ	O		O	/		O	λ	O		\	O		O	λ	O		O	/		O	λ	O		13
	O	λ	O		\	O		O	λ	O		O	/		O	λ	O		\	O		O	λ	O		O	/		O	λ	O		11
	O	λ	O		\	O		/	O			O	/		O	λ	O		\	O		/	O			O	/		O	λ	O		9
	O	λ	O			\	O				O	/			O	λ	O			\	O				O	/			O	λ	O		7
	O	λ	O				\	O		O	/				O	λ	O				\	O		O	/				O	λ	O		5
	O	λ	O						O	/					O	λ	O						O	/					O	λ	O		3
	O	λ	O						O	/					O	λ	O						O	/					O	λ	O		1

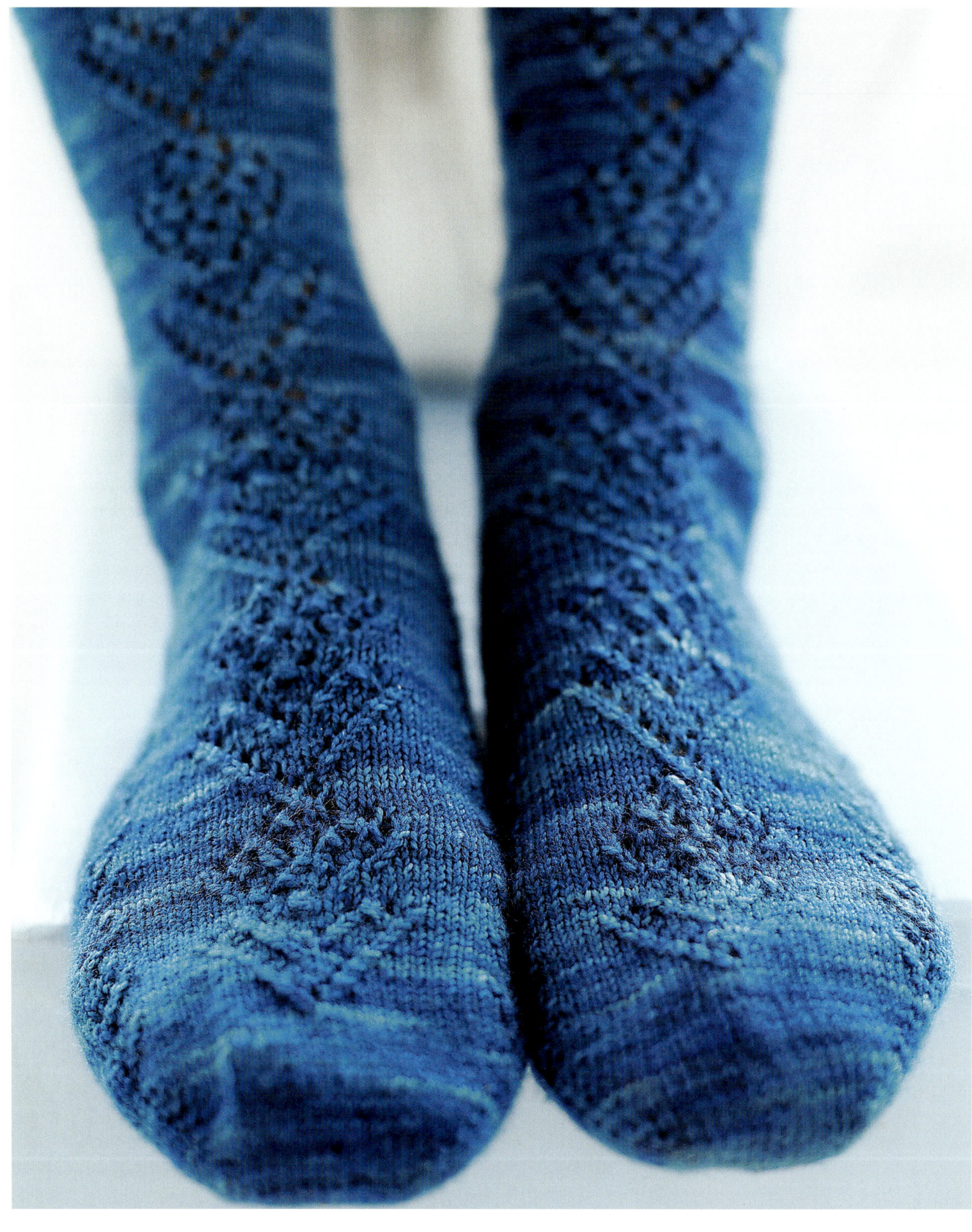

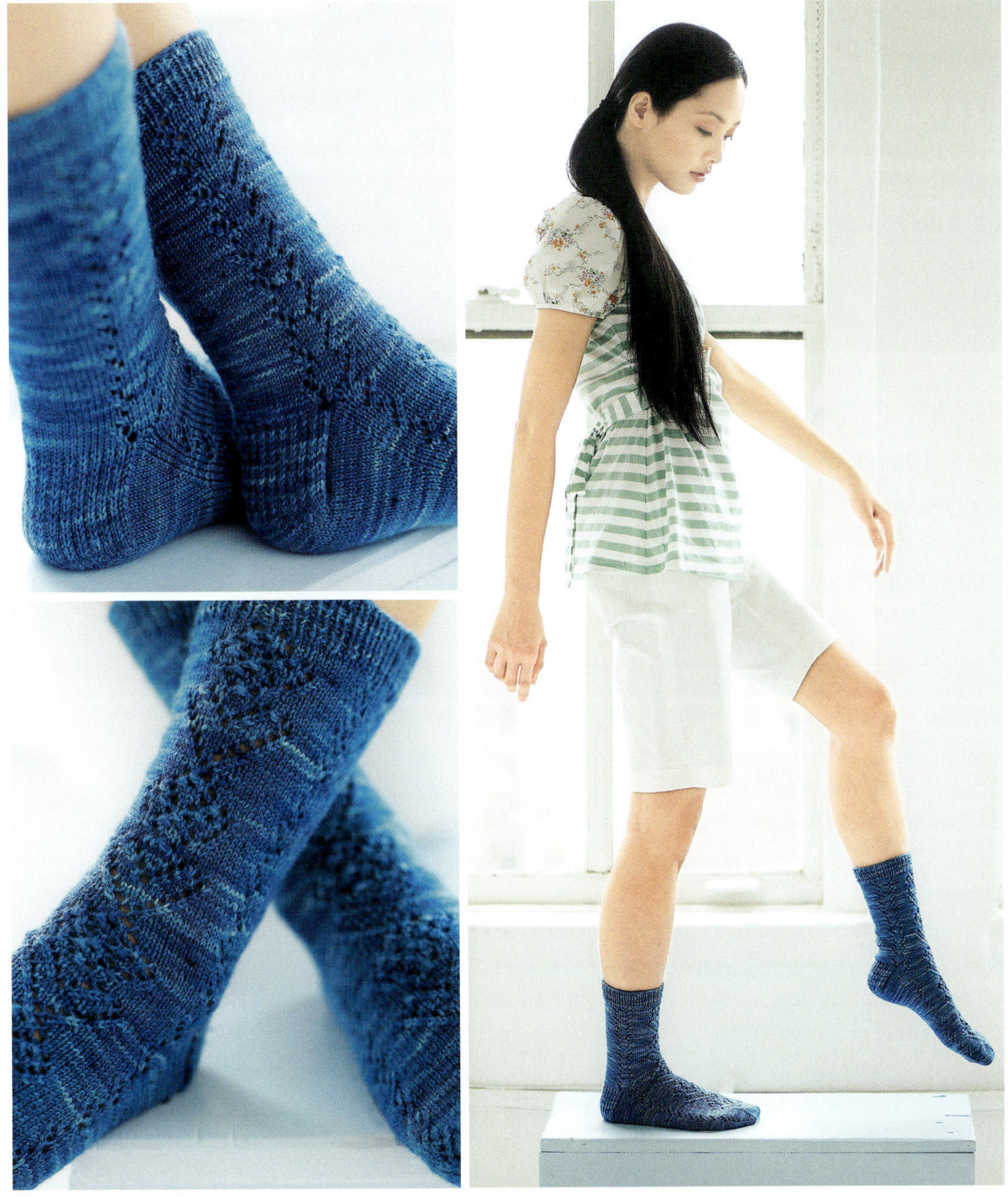

SHERIS STRÄUSSCHEN

SHERIS STRÄUSSCHEN (FORTSETZUNG)

MEINE FREUNDIN SHERI LIEBT MEINE TRILOBIT-SOCKEN (SEITE 68), ABER SIE MAG DEN NAMEN NICHT. SIE MEINT, EIN TRILOBIT SEI EIN KRABBELTIER - ZWAR EIN AUSGESTORBENER GLIEDERFÜSSER, ABER DENNOCH EIN KRABBELTIER. SO ENTWARF ICH SOCKEN MIT EINEM GROSSEN, HÜBSCHEN STRÄUSSCHEN-MOTIV, NUR FÜR SIE - ABER SIE DÜRFEN DIESES MODELL NATÜRLICH EBENFALLS STRICKEN.

GRÖSSE: (L), Fußballen-Umfang 21 cm (23,5 cm)

MASCHENPROBE: 32 Maschen und 48 Reihen = 10 x 10 cm, glatt rechts gestrickt

NADELN: 2 Rundstricknadeln (oder 1 sehr lange Rundstricknadel), 2 mm stark oder in der Stärke, die Sie für die angegebene Maschenprobe benötigen

VERWENDETES GARN: 1 Strang (114 g) Basic Merino 2/6 Sock (von Fleece Artist), Farbe: Teal. 100 % Machine Washable Merino Wool, Lauflänge 339 m/114 g (= LL 149 m/50 g)

Hinweis: Das Musterschema umfasst hier 32 Reihen. Achtung, es sind nur die ungeraden Reihen dargestellt. In jeder zweiten, geraden Reihe nur glatt rechts stricken.

SPITZE

Mit dem Türkischen, dem Achteranschlag oder mit Judys Zauberanschlag 30 (34) M anschl: 15 (17) M pro Rundstricknadel (Seite 16 bis 21). Die M jeder Nadel einmal re str. In der nächsten Rd 4 M zun (Abkü. Seite 124):

Nadel 1: 1 M re, 1 M zun, bis vor die letzte M re str, 1 M zun, 1 M re.
Nadel 2: 1 M re, 1 M zun, bis vor die letzte M re str, 1 M zun, 1 M re.
Dann 1 Rd ohne Zunahme re str.
Diese zwei Runden so oft wiederholen, bis sich 66 (74) M ergeben, also 33 (37) M pro Nadel.

Hinweis: Für eine schmalere Spitze einfach weniger M anschlagen, dafür aber mehr Zunahmereihen stricken, bis 33 (37) M auf jeder der zwei Nadeln liegen.

DAS LOCHMUSTER BEGINNEN

Das Lochmuster nur über Nadel 1 arbeiten (Oberfußmaschen), über Nadel 2 nur re M str.

Runde 1: Über Nadel 1 nun 0 (2) M re str, dann über 33 M die 1. Reihe des Musterschemas, 0 (2) M re. Über Nadel 2 nur re M.
Runde 2 und alle anderen geraden Runden: über Nadel 1 und 2 alle M re str.
Auf diese Weise fortfahren und dabei das 32-reihige Motiv so oft wiederholen, bis das Gestrick ca. 7 cm kürzer ist als die gewünschte Fußlänge.

ZWICKEL

Runde 1: Über Nadel 1 (Oberfußmaschen) im Lochmuster str. Nadel 2 (Sohlenmaschen): 1 M re, 1 M zun, folgende M re str bis vor die letzte M, 1 M zun, 1 M re.
Runde 2: Über Nadel 1 im Lochmuster str. Nadel 2 (Sohlenmaschen): nur re M str.
Runde 1 und 2 so oft wiederholen, bis 55 (61) M auf Nadel 2 liegen. Danach noch einmal über Nadel 1 im Lochmuster str.

FERSENRUNDUNG

Nun über Nadel 2 in Hin- und Rückreihen arbeiten, während die M von Nadel 1 ruhen. Für die Rundung 8 verkürzte Reihen str:
Reihe 1 (Hinr): 37 (41) M re, 1 re Perl-Zun, 1 M re, 1 Wickelm.
Reihe 2 (Rückr): 22 (24) M li, 1 li Perl-Zun, 1 M li, 1 Wickelm.

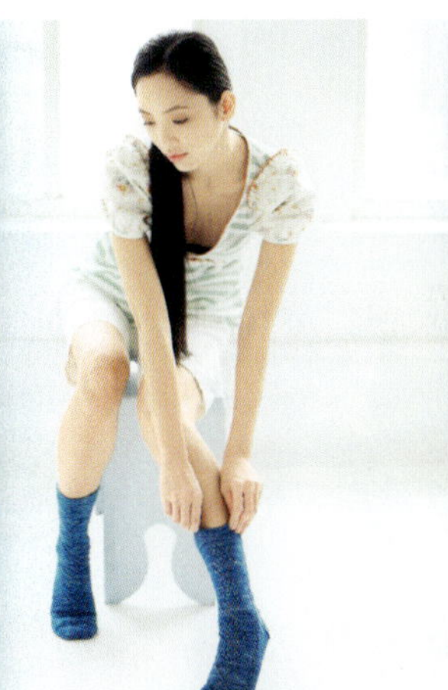

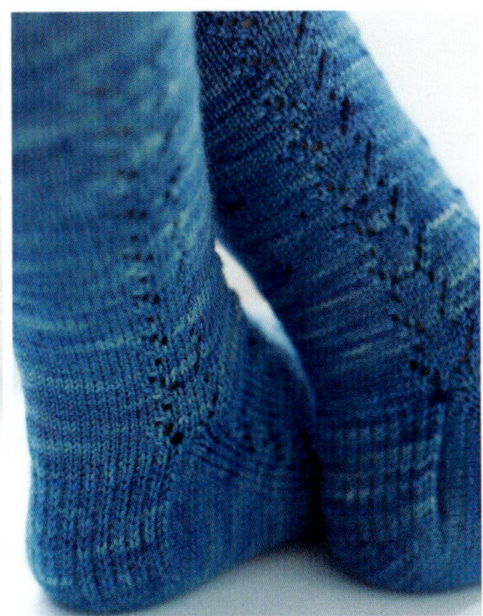

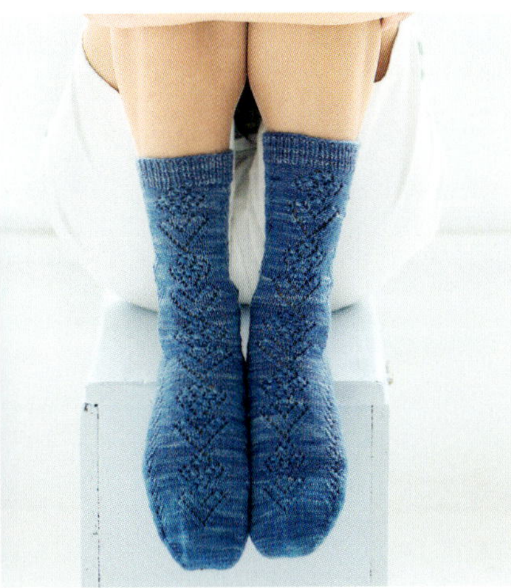

Reihe 3: 20 (22) M re, 1 re Perl-Zun, 1 M re, 1 Wickelm.
Reihe 4: 18 (20) M li, 1 li Perl-Zun, 1 M li, 1 Wickelm.
Reihe 5: 16 (18) M re, 1 re Perl-Zun, 1 M re, 1 Wickelm.
Reihe 6: 14 (16) M li, 1 li Perl-Zun, 1 M li, 1 Wickelm.
Reihe 7: 12 (14) M re, 1 re Perl-Zun, 1 M re, 1 Wickelm.
Reihe 8 (Rückr): 10 (12) M li, 1 li Perl-Zun, 1 M li, 1 Wickelm.
Auf Nadel 2 liegen nun 63 (69) M. Auf der Vorderseite re M bis zum Ende von Nadel 2 stricken, dazu bei den Wickelmaschen jeweils M und Wicklung zusstr. Die Oberfußmaschen (Nadel 1) im Lochmuster stricken.

HEBEMASCHEN-FERSENWAND

Die Fersenwand über Nadel 2 in Hin- und Rückreihen arbeiten:
Reihe 1 (Hinr): 47 (52) M re (dazu bei den Wickelmaschen jeweils M und Wicklung zusstr), 1 M abn (linksg), wenden.
Reihe 2 (Rückr): 1 M abh, 31 (35) M li, 2 M li zusstr, wenden.
Reihe 3 (Hinr): * 1 M abh, 1 M re; ab * 16-(18-)mal wiederh, 1 M abn (linksg), wenden.
Reihe 2 und 3 so oft wiederholen, bis alle Seitenmaschen aufgebraucht sind, die letzte Reihe ist eine linksgestrickte. Auf Nadel 2 liegen jetzt 33 (37) M.
Nun in Runden weiterstricken: über Nadel 1 im Lochmuster. Nadel 2 folgendermaßen stricken, wobei jeweils die gleiche Reihe des Musterschemas wie auf der Sockenvorderseite gelten muss: 0 (2) M re, die ersten 5 M des Schemas, 23 M re, die letzten 5 M des Schemas, 0 (2) M re.

BÜNDCHEN

Zum Schluss ein 2,5 cm breites 1/1-Rippenbündchen stricken und locker abketten (Seite 26 bis 29).

SHERIS STRÄUSSCHEN

Zeichenerklärung

☐	1 M re
/	2 M re zusstr
\	1 M abn (linksg)
⋏	1 doppelter Überzug (S. 124)
O	1 Umschlag

Lochmuster-Schema

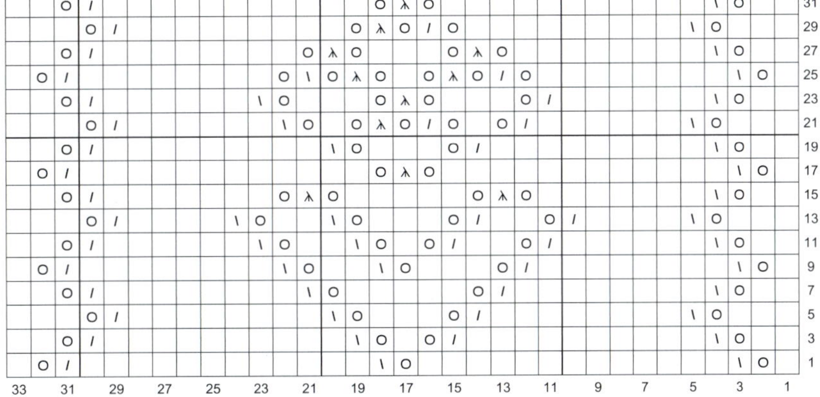

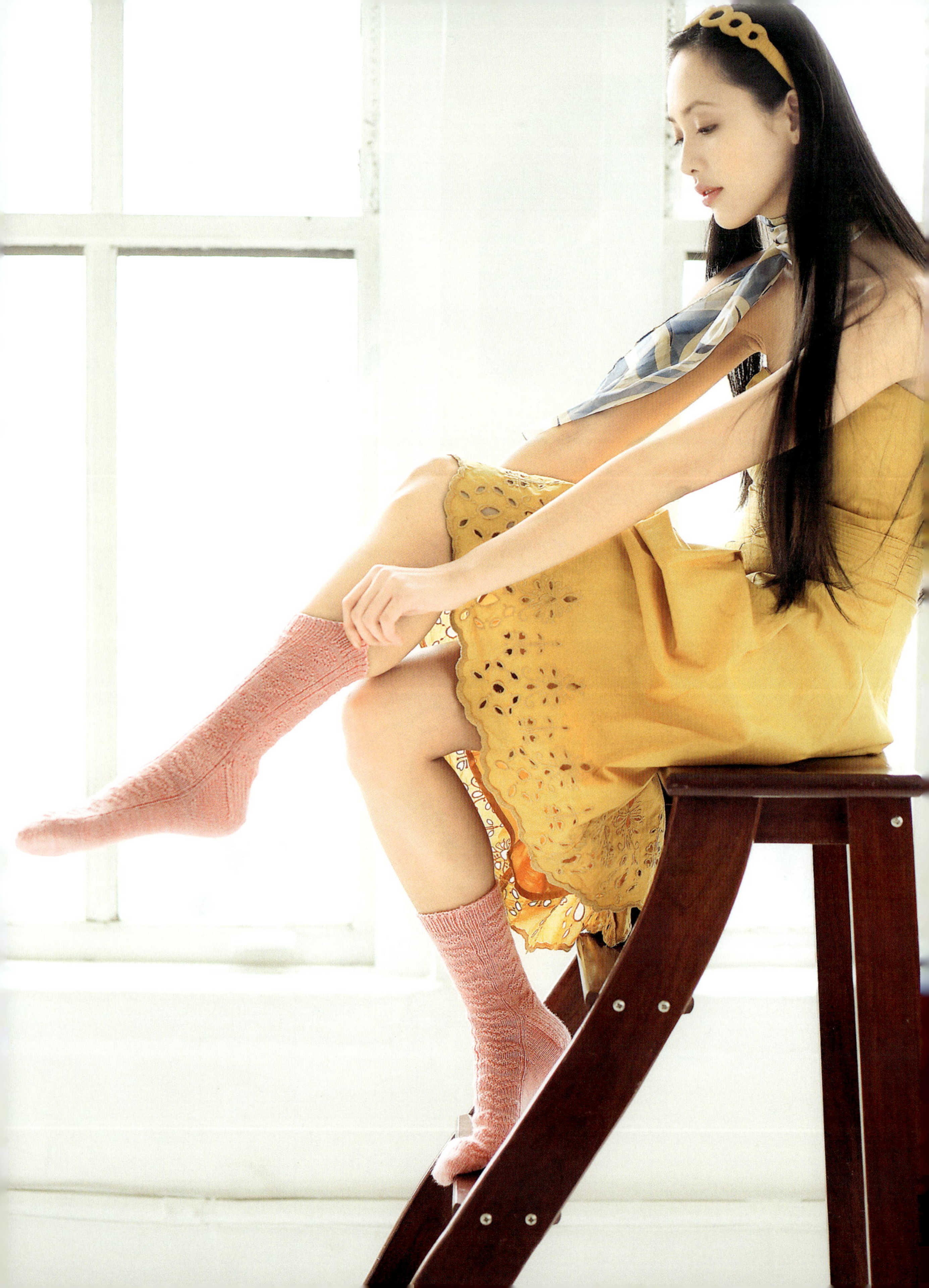

GUERNSEY-SOCKEN MIT STRUKTUR

ZU MEINEN ERSTEN LIEBLINGS-STRICKARBEITEN zählte ein Guernsey-Pullover. Diese warme Fischerbekleidung war im neunzehnten und frühen zwanzigsten Jahrhundert populär. Jedes Fischerdorf auf der britischen Kanalinsel Guernsey dürfte wohl sein eigenes Muster gehabt haben. Und jede Strickerin konnte das Dorfmuster so vielfältig variieren, dass all ihre Pullover Unikate wurden. Guernsey-Muster bildet man meistens durch bloßes Kombinieren rechter und linker Maschen, bisweilen ergänzt durch wenige Zopf- und Lochmuster.

Mich beeindruckt, wie das schlichte Miteinander von rechten und linken Maschen solche bemerkenswerten Kleidungsstücke schafft. Deshalb musste ich natürlich Socken entwerfen, die von Guernsey-Mustern inspiriert sind. Wer rechte und linke Maschen beherrscht, kann all die einfachen Modelle dieses Kapitels nacharbeiten. Am besten kommen diese Strukturmuster mit einfarbigem Garn zur Geltung.

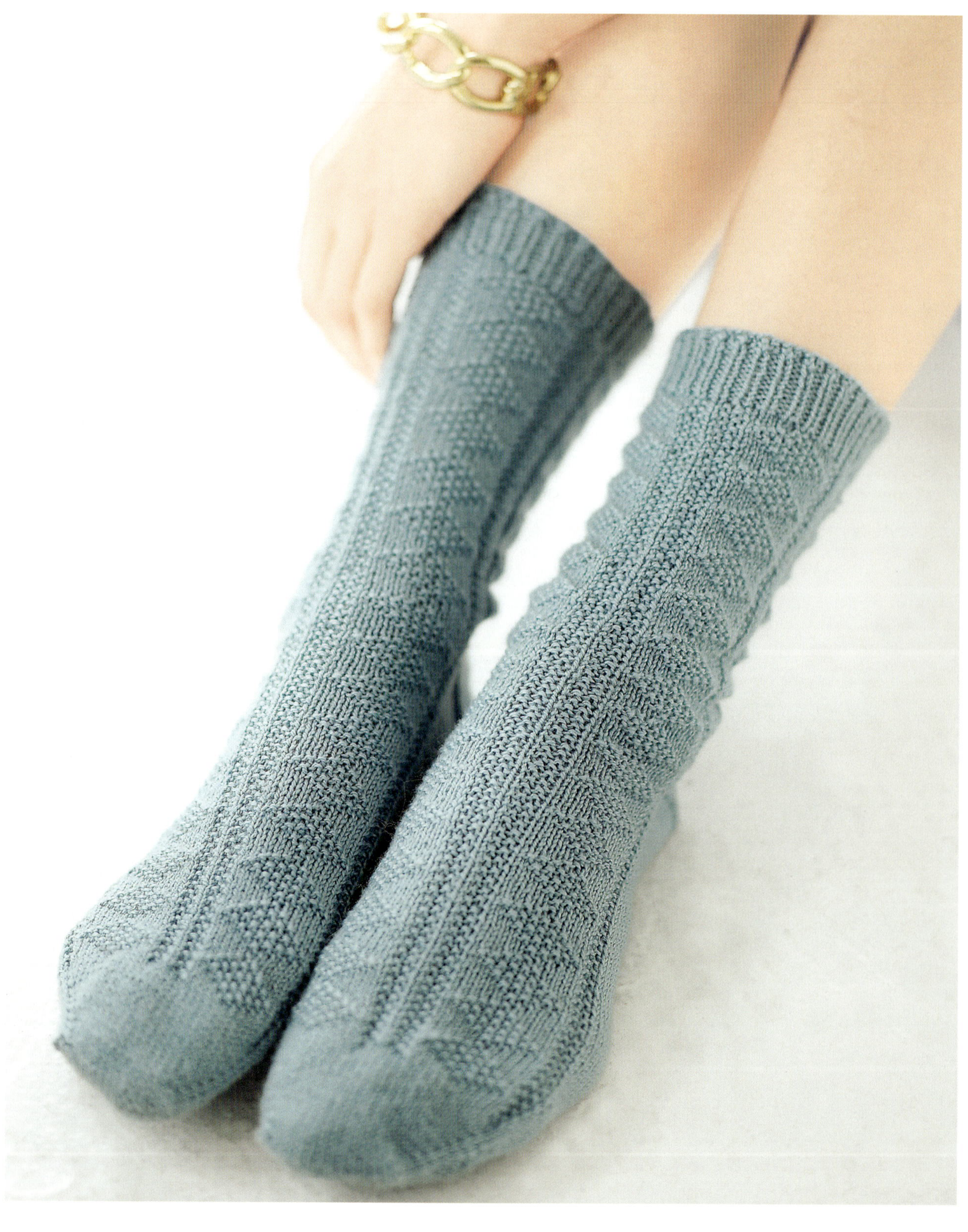

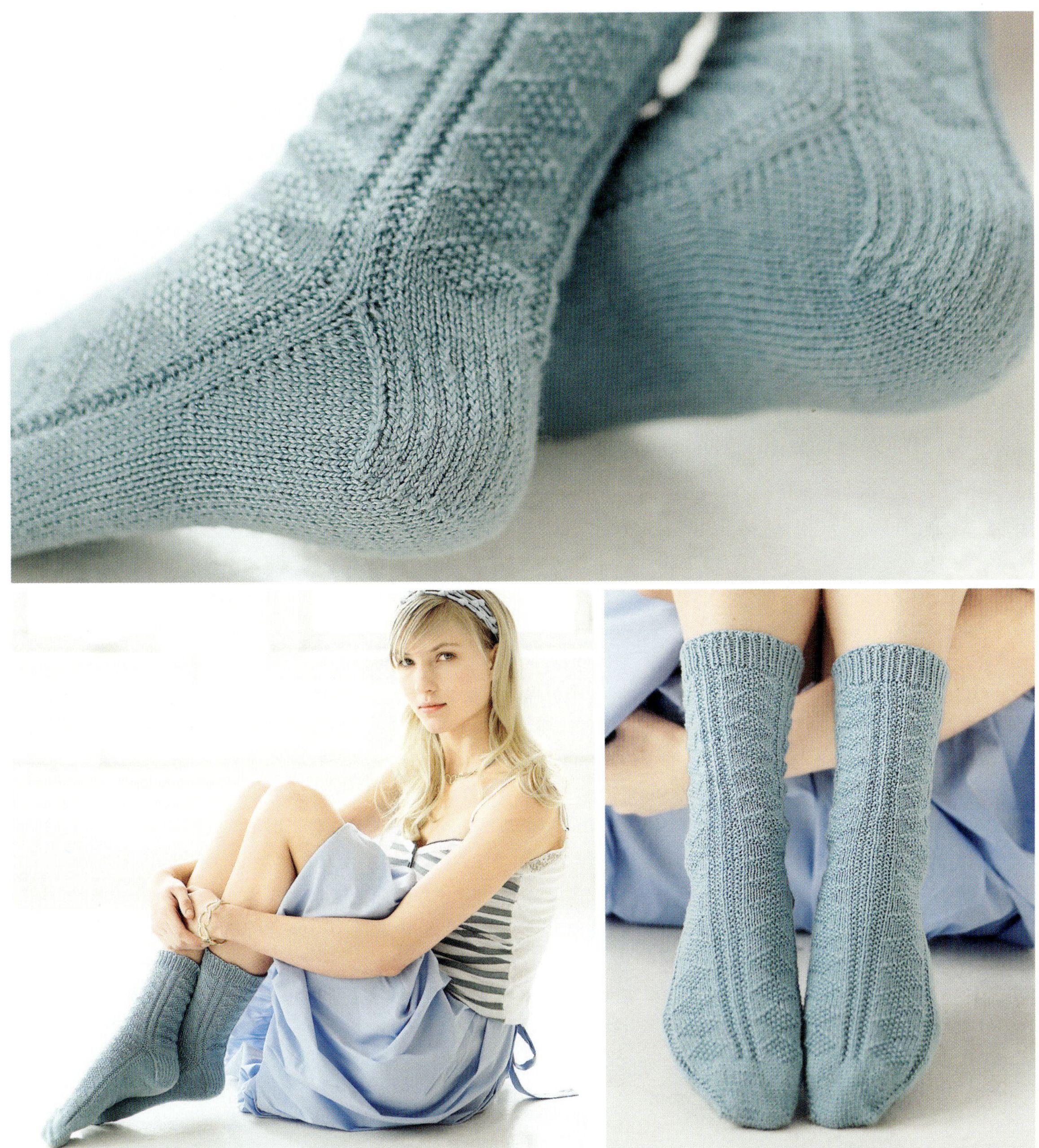

GUERNSEY-RAUTENMUSTER

GUERNSEY-RAUTENMUSTER (FORTSETZUNG)

DIESE SOCKEN MIT PERLMUSTER-BORDÜREN UND KLASSISCHEN GUERNSEY-RAUTEN SIND LEICHT ZU STRICKEN. VERWENDEN SIE HÖCHSTENS LEICHT SCHATTIERTES, ABER KEINESFALLS LEBHAFT GEMUSTERTES GARN, DAMIT DAS STRUKTURMUSTER DEUTLICH HERVORTRITT. WENN SIE TYPISCHE »MÄNNERFARBEN« AUSWÄHLEN, ERHALTEN SIE WUNDERBARE HERRENSOCKEN.

GRÖSSE: M (L), Fußballen-Umfang 21 cm (23,5 cm)

MASCHENPROBE: 32 Maschen und 48 Reihen = 10 x 10 cm, glatt rechts gestrickt

NADELN: 2 Rundstricknadeln (oder 1 sehr lange Rundstricknadel), 2 mm stark oder in der Stärke, die Sie für die angegebene Maschenprobe benötigen

VERWENDETES GARN: 2 Stränge (à 50 g) Gems Fingering (von Louet), Farbe: Aqua. 100 % Merino Wool, Lauflänge (LL) 169 m / 50 g

---

SPITZE

Mit dem Türkischen, dem Achteranschlag oder mit Judys Zauberanschlag 30 (34) M anschl: 15 (17) M pro Rundstricknadel (Seite 16 bis 21). Die M jeder Nadel einmal re str. In der nächsten Rd 4 M zun (Abkü. Seite 124):

Nadel 1: 1 M re, 1 M zun, bis vor die letzte M re str, 1 M zun, 1 M re.

Nadel 2: 1 M re, 1 M zun, bis vor die letzte M re str, 1 M zun, 1 M re.

Dann 1 Rd ohne Zunahme re str. Diese zwei Runden so oft wiederholen, bis sich 66 (74) M ergeben, also 33 (37) M pro Nadel.

Hinweis: Für eine schmalere Spitze einfach weniger M anschlagen, dafür aber mehr Zunahmereihen stricken, bis 33 (37) M auf jeder der zwei Nadeln liegen.

DAS MUSTER BEGINNEN

Das Guernsey-Muster nur über Nadel 1 arbeiten (Oberfußmaschen), über Nadel 2 nur re M str.

Runde 1: Über die 33 (37) M von Nadel 1 die 1. Reihe des Musterschemas str. Nadel 2: nur re M.

Auf diese Weise fortfahren und dabei das 10-reihige Motiv so oft wiederholen, bis das Gestrick ca. 7 cm kürzer ist als die gewünschte Fußlänge.

ZWICKEL

Runde 1: Über Nadel 1 (Oberfußmaschen) im Muster str.

Nadel 2 (Sohlenmaschen): 1 M re, 1 M zun, folgende M re str bis vor die letzte M, 1 M zun, 1 M re.

Runde 2: Über Nadel 1 im Muster str. Nadel 2 (Sohlenmaschen): nur re M str.

Runde 1 und 2 so oft wiederholen, bis 55 (61) M auf Nadel 2 liegen. Danach noch einmal über Nadel 1 im Muster str.

FERSENRUNDUNG

Nun über Nadel 2 in Hin- und Rückreihen arbeiten, während die M von Nadel 1 ruhen. Für die Rundung 8 verkürzte Reihen str:

Reihe 1 (Hinr): 37 (41) M re, 1 re Perl-Zun, 1 M re, 1 Wickelm.

Reihe 2 (Rückr): 22 (24) M li, 1 li Perl-Zun, 1 M li, 1 Wickelm.

Reihe 3: 20 (22) M re, 1 re Perl-Zun, 1 M re, 1 Wickelm.

Reihe 4: 18 (20) M li, 1 li Perl-Zun, 1 M li, 1 Wickelm.

Reihe 5: 16 (18) M re, 1 re Perl-Zun, 1 M re, 1 Wickelm.

Reihe 6: 14 (16) M li, 1 li Perl-Zun, 1 M li, 1 Wickelm.

Reihe 7: 12 (14) M re, 1 re Perl-Zun, 1 M re, 1 Wickelm.

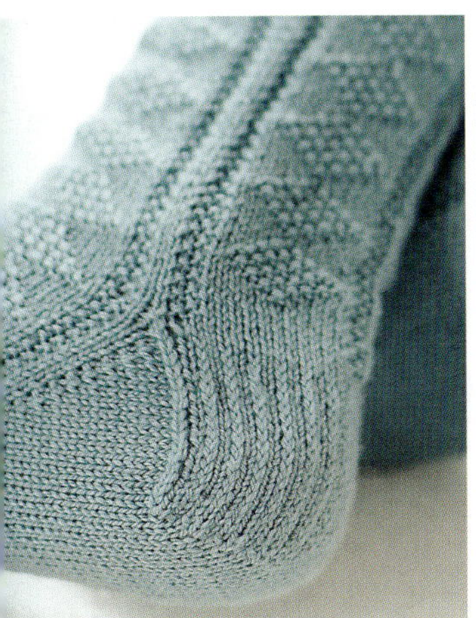

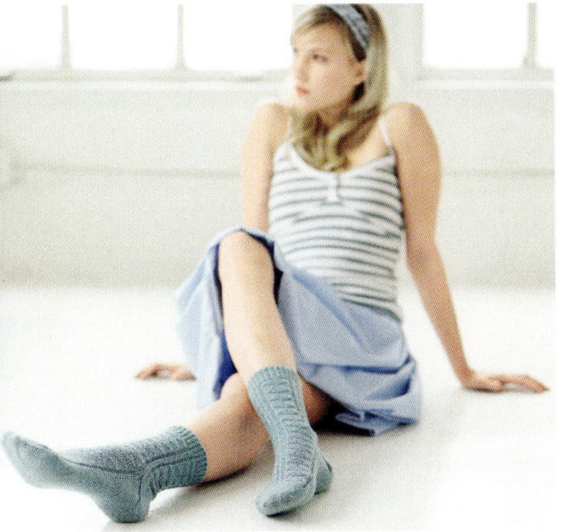

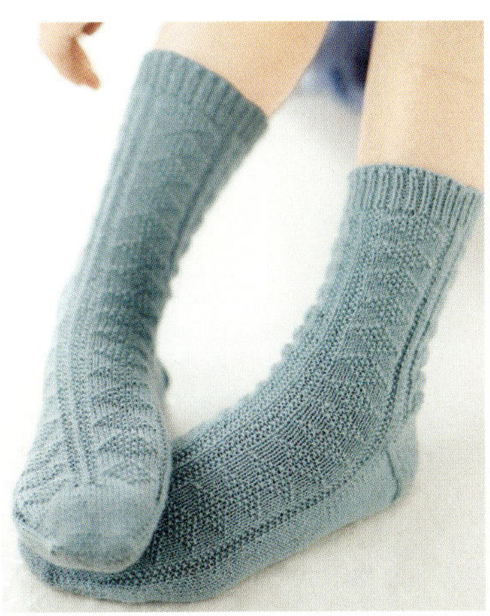

Reihe 8 (Rückr): 10 (12) M li, 1 li Perl-Zun, 1 M li, 1 Wickelm.

Auf Nadel 2 liegen nun 63 (69) M. Auf der Vorderseite re M bis zum Ende von Nadel 2 stricken, dazu bei den Wickelmaschen jeweils M und Wicklung zusstr. Die Oberfußmaschen (Nadel 1) im Strukturmuster stricken.

HEBEMASCHEN-FERSENWAND

Die Fersenwand über Nadel 2 in Hin- und Rückreihen arbeiten:

Reihe 1 (Hinr): 47 (52) M re (dazu bei den Wickelmaschen jeweils M und Wicklung zusstr), 1 M abn (linksg), wenden.

Reihe 2 (Rückr): 1 M abh, 31 (35) M li, 2 M li zusstr, wenden.

Reihe 3 (Hinr): * 1 M abh, 1 M re; ab * 16-(18-)mal wiederh, 1 M abn (linksg), wenden.

Reihe 2 und 3 so oft wiederholen, bis alle Seitenmaschen aufgebraucht sind, die letzte Reihe ist eine linksgestrickte. Auf Nadel 2 liegen jetzt 33 (37) M.

Nun in Runden weiterstricken: über Nadel 1 und jetzt auch über Nadel 2 im Guernsey-Muster. Beim Beginn jedoch beachten, dass rundherum die gleiche Musterschema-Reihe gearbeitet wird.

BÜNDCHEN

Ist Ihre Socke 2,5 cm kürzer als gewünscht, ein 1/1-Rippenbündchen stricken und zum Schluss locker abketten (Seite 26 bis 29).

GUERNSEY-RAUTENMUSTER

Zeichenerklärung

- ☐ 1 M re
- • 1 M li

Guernsey-Muster-Schema, Größe M

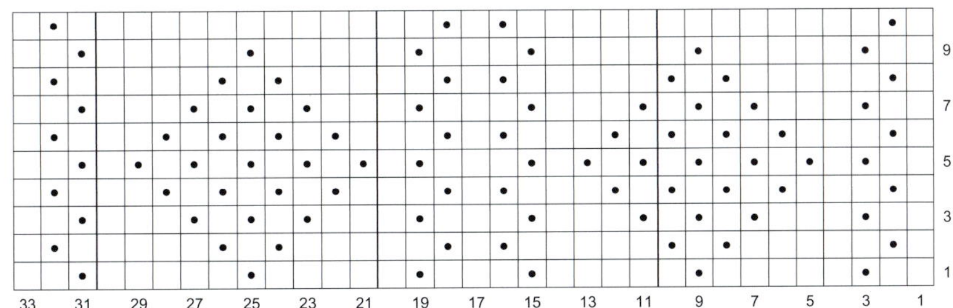

Guernsey-Muster-Schema, Größe L

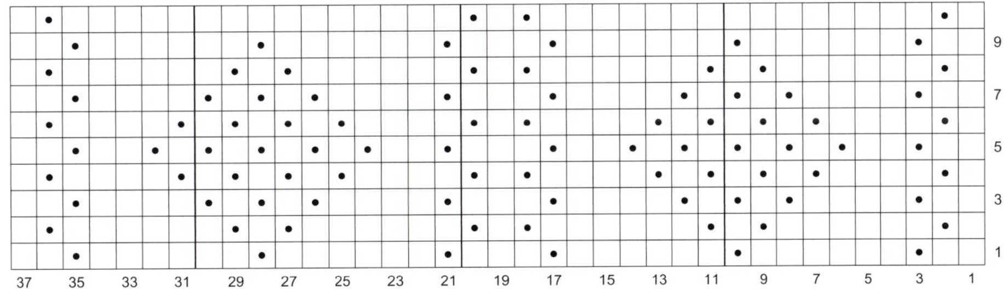

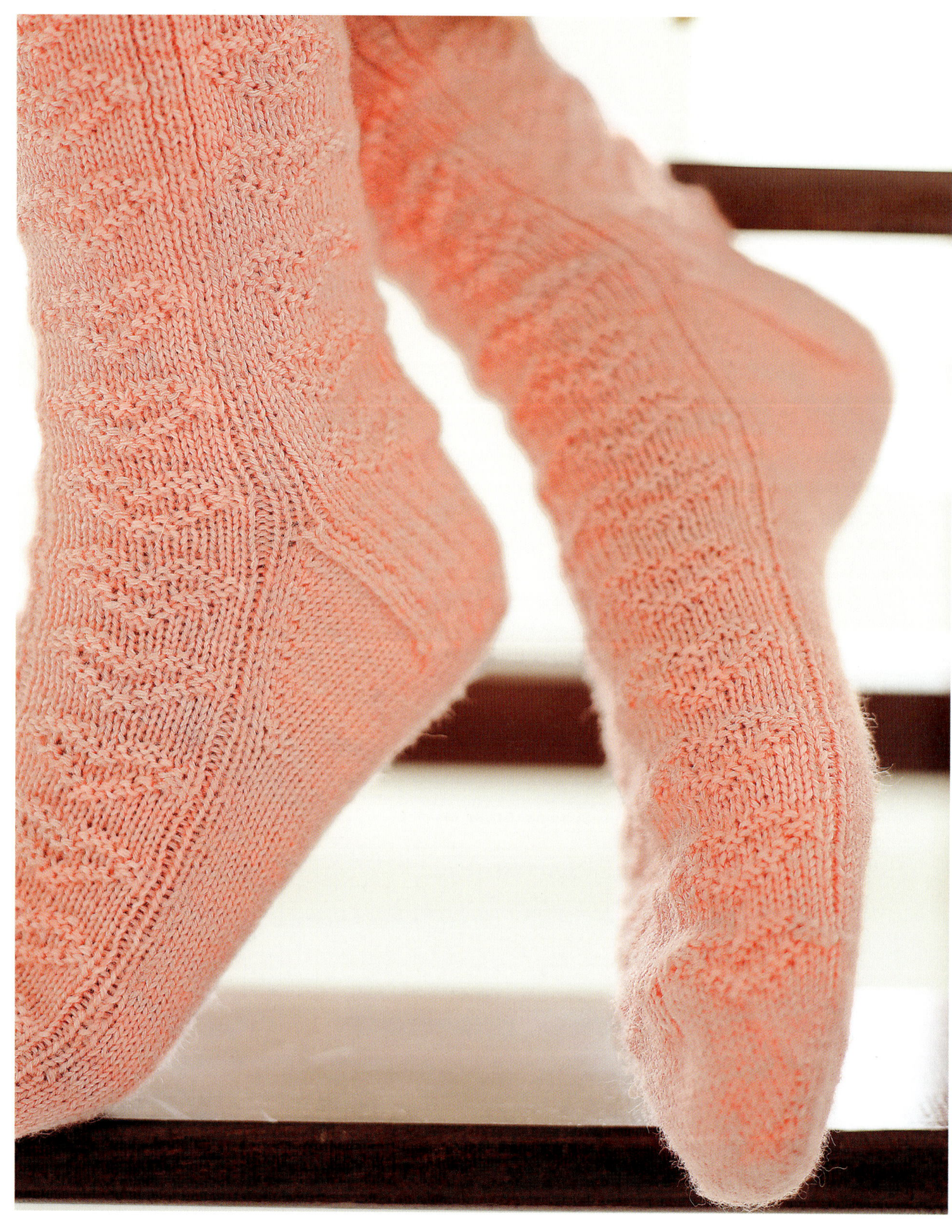

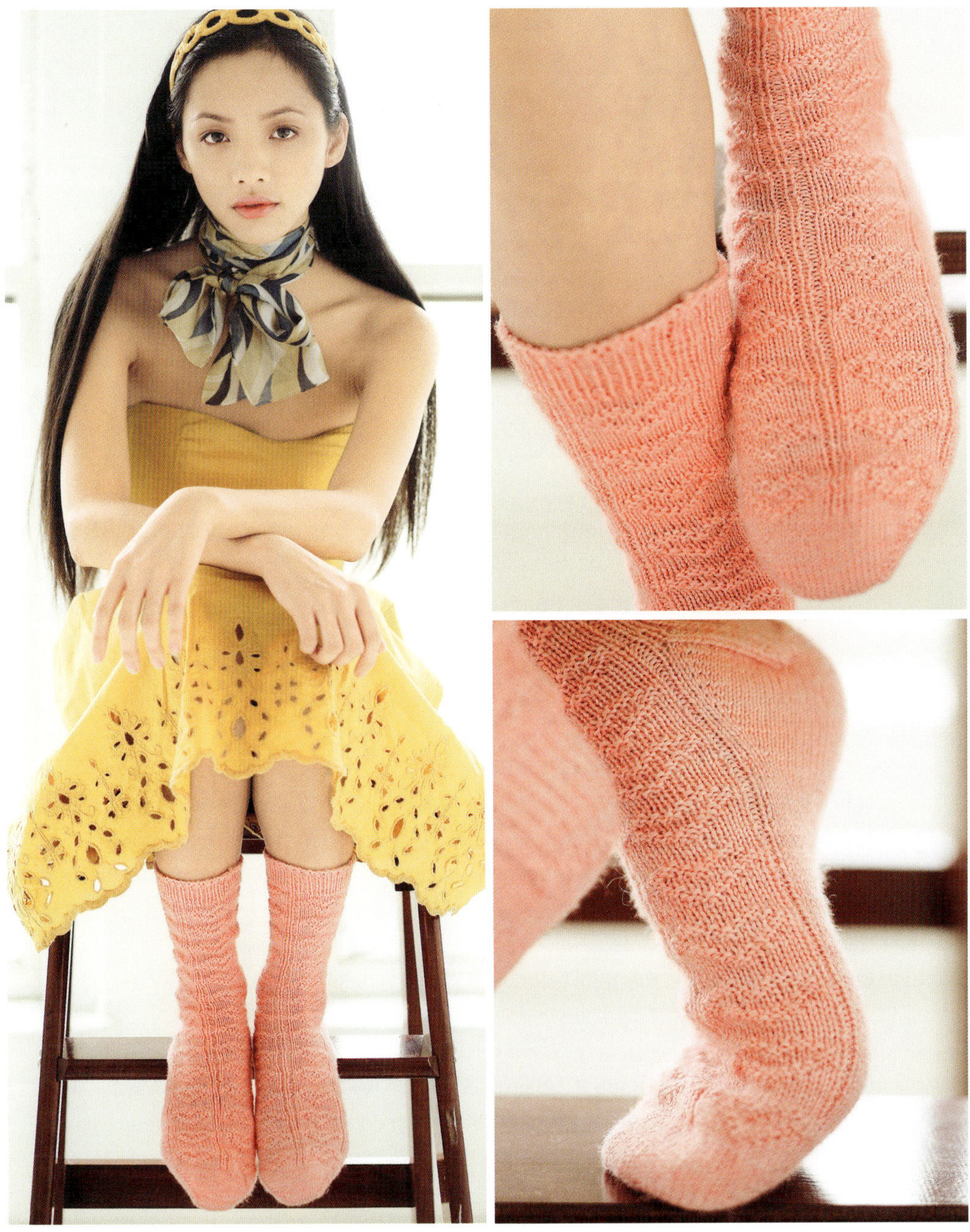

HERZIGE TOE-UP-SOCKEN

HERZIGE TOE-UP-SOCKEN (FORTSETZUNG)

EIN ANDERES TRADITIONELLES GUERNSEY-MOTIV IST DAS HERZ. DAS MUSTER DIESES MODELLS ZEIGT LINKSGESTRICKTE HERZEN AUF EINEM GLATT RECHTS GESTRICKTEN UNTERGRUND. SOLCHE SOCKEN SIND EIN WUNDERBARES GESCHENK FÜR EINEN MENSCHEN, DEM MAN SEINE ZUNEIGUNG ZEIGEN MÖCHTE.

GRÖSSE: M (L), Fußballen-Umfang 21 cm (23,5 cm)

MASCHENPROBE: 32 Maschen und 48 Reihen = 10 x 10 cm, glatt rechts gestrickt

NADELN: 2 Rundstricknadeln (oder 1 sehr lange Rundstricknadel), 2 mm stark oder in der Stärke, die Sie für die angegebene Maschenprobe benötigen

VERWENDETES GARN: 1 Strang (114 g) Superwash Me Sock (von J. Knits), Farbe: Oklahoma. 75 % Superwash Wool, 25 % Nylon, Lauflänge 384 m/114 g (LL 168 m/50 g)

SPITZE

Mit dem Türkischen, dem Achteranschlag oder mit Judys Zauberanschlag 30 (34) M anschl: 15 (17) M pro Rundstricknadel (Seite 16 bis 21). Die M jeder Nadel einmal re str. In der nächsten Rd 4 M zun (Abkü. Seite 124):
Nadel 1: 1 M re, 1 M zun, bis vor die letzte M re str, 1 M zun, 1 M re.
Nadel 2: 1 M re, 1 M zun, bis vor die letzte M re str, 1 M zun, 1 M re.
Dann 1 Rd ohne Zunahme re str.
Diese zwei Runden so oft wiederholen, bis sich 66 (74) M ergeben, also 33 (37) M pro Nadel.

Hinweis: Für eine schmalere Spitze einfach weniger M anschlagen, dafür aber mehr Zunahmereihen stricken, bis 33 (37) M auf jeder der zwei Nadeln liegen.

DAS MUSTER BEGINNEN

Das Muster nur über Nadel 1 arbeiten (Oberfußmaschen), über Nadel 2 nur re M str.

Grösse M:

Runde 1: Über die 33 M von Nadel 1 die 1. Reihe des Musterschemas str. Nadel 2: nur re M.
Runde 2: Über die 33 M von Nadel 1 die 2. Reihe des Musterschemas str. Nadel 2: nur re M.

Grösse L:

Runde 1: Über Nadel 1 zuerst 1 M re, 1 M li, dann die 33 M der 1. Reihe des Musterschemas, 1 M li, 1 M re. Nadel 2: nur re M.
Runde 2: Über Nadel 1 zuerst 1 M re, 1 M li, dann die 33 M der 2. Reihe des Musterschemas, 1 M li, 1 M re. Nadel 2: nur re M.

Für beide Größen

Auf diese Weise fortfahren und dabei das 12-reihige Motiv so oft wiederholen, bis das Gestrick ca. 7 cm kürzer ist als die gewünschte Fußlänge.

ZWICKEL

Runde 1: Über Nadel 1 (Oberfußmaschen) im Muster str.
Nadel 2 (Sohlenmaschen): 1 M re, 1 M zun, folgende M re str bis vor die letzte M, 1 M zun, 1 M re.
Runde 2: Über Nadel 1 im Muster str. Nadel 2 (Sohlenmaschen): nur re M str.
Runde 1 und 2 so oft wiederholen, bis 55 (61) M auf Nadel 2 liegen.
Danach noch einmal über Nadel 1 im Muster str.

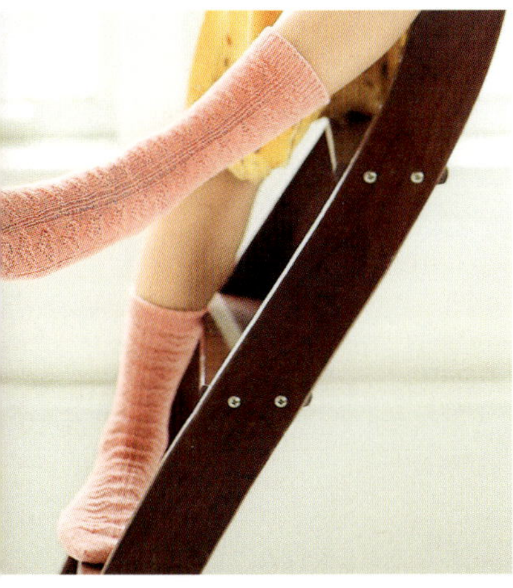

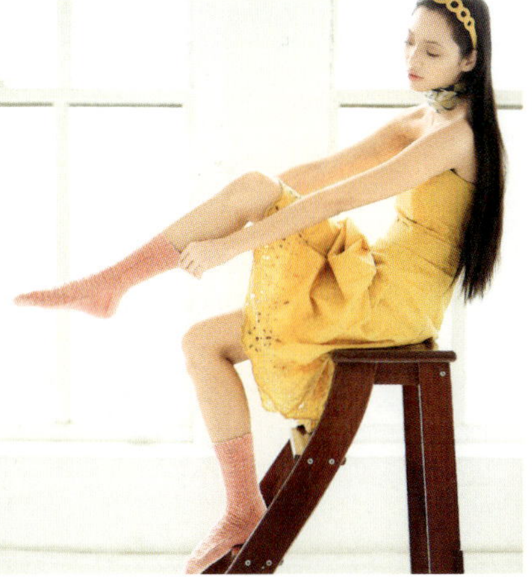

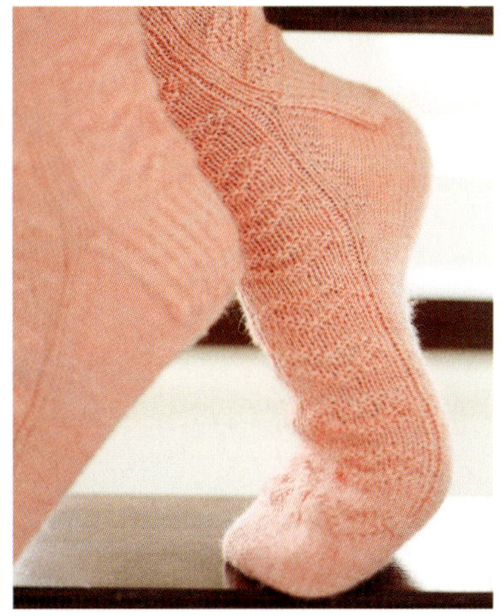

FERSENRUNDUNG

Nun über Nadel 2 in Hin- und Rückreihen arbeiten, während die M von Nadel 1 ruhen. Für die Rundung 8 verkürzte Reihen str:

Reihe 1 (Hinr): 37 (41) M re, 1 re Perl-Zun, 1 M re, 1 Wickelm.

Reihe 2 (Rückr): 22 (24) M li, 1 li Perl-Zun, 1 M li, 1 Wickelm.

Reihe 3: 20 (22) M re, 1 re Perl-Zun, 1 M re, 1 Wickelm.

Reihe 4: 18 (20) M li, 1 li Perl-Zun, 1 M li, 1 Wickelm.

Reihe 5: 16 (18) M re, 1 re Perl-Zun, 1 M re, 1 Wickelm.

Reihe 6: 14 (16) M li, 1 li Perl-Zun, 1 M li, 1 Wickelm.

Reihe 7: 12 (14) M re, 1 re Perl-Zun, 1 M re, 1 Wickelm.

Reihe 8 (Rückr): 10 (12) M li, 1 li Perl-Zun, 1 M li, 1 Wickelm.

Auf Nadel 2 liegen nun 63 (69) M. Auf der Vorderseite re M bis zum Ende von Nadel 2 stricken, dazu bei den Wickelmaschen jeweils M und Wicklung zusstr. Die Oberfußmaschen (Nadel 1) im Strukturmuster stricken.

Hebemaschen-Fersenwand

Die Fersenwand über Nadel 2 in Hin- und Rückreihen arbeiten:

Reihe 1 (Hinr): 47 (52) M re (dazu bei den Wickelmaschen jeweils M und Wicklung zusstr), 1 M abn (linksg), wenden.

Reihe 2 (Rückr): 1 M abh, 31 (35) M li, 2 M li zusstr, wenden.

Reihe 3 (Hinr): * 1 M abh, 1 M re; ab * 16-(18-)mal wiederh, 1 M abn (linksg), wenden.

Reihe 2 und 3 so oft wiederholen, bis alle Seitenmaschen aufgebraucht sind, die letzte Reihe ist eine linksgestrickte. Auf Nadel 2 liegen jetzt 33 (37) M.

Nun in Runden weiterstricken. Wenn Sie auf der Vorderseite (Nadel 2) mitten im Herzmotiv sind, arbeiten Sie dort zunächst wie am Fußteil weiter. Haben Sie wieder Schemareihe 1 erreicht, beginnen Sie auch auf der Sockenrückseite (Nadel 1) mit dem Herzmuster.

BÜNDCHEN

Ist Ihre Socke 2,5 cm kürzer als gewünscht, ein 1/1-Rippenbündchen stricken und zum Schluss locker abketten (Seite 26 bis 29).

HERZIGE TOE-UP-SOCKEN

Zeichenerklärung

- ☐ 1 M re
- • 1 M li

Guernsey-Muster-Schema

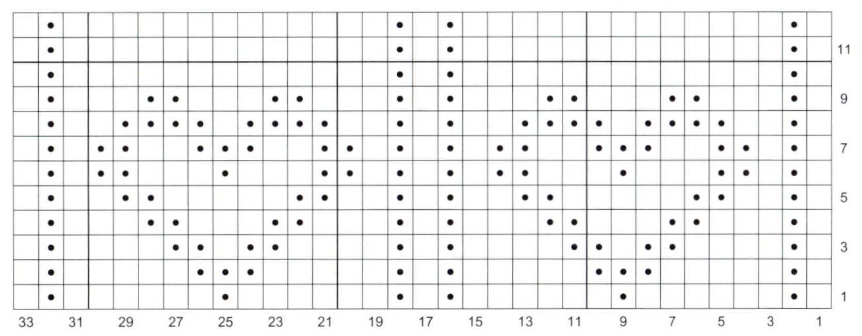

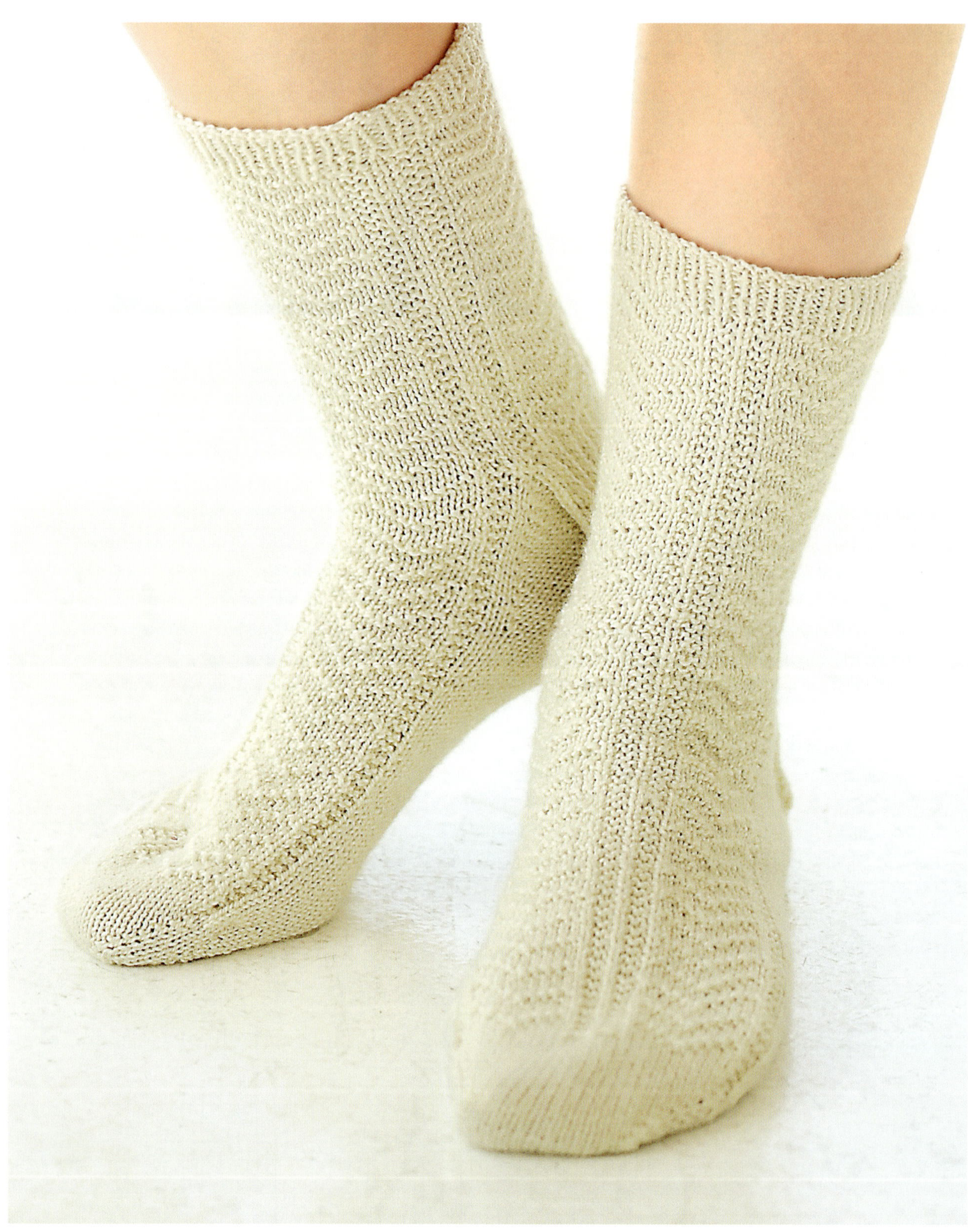

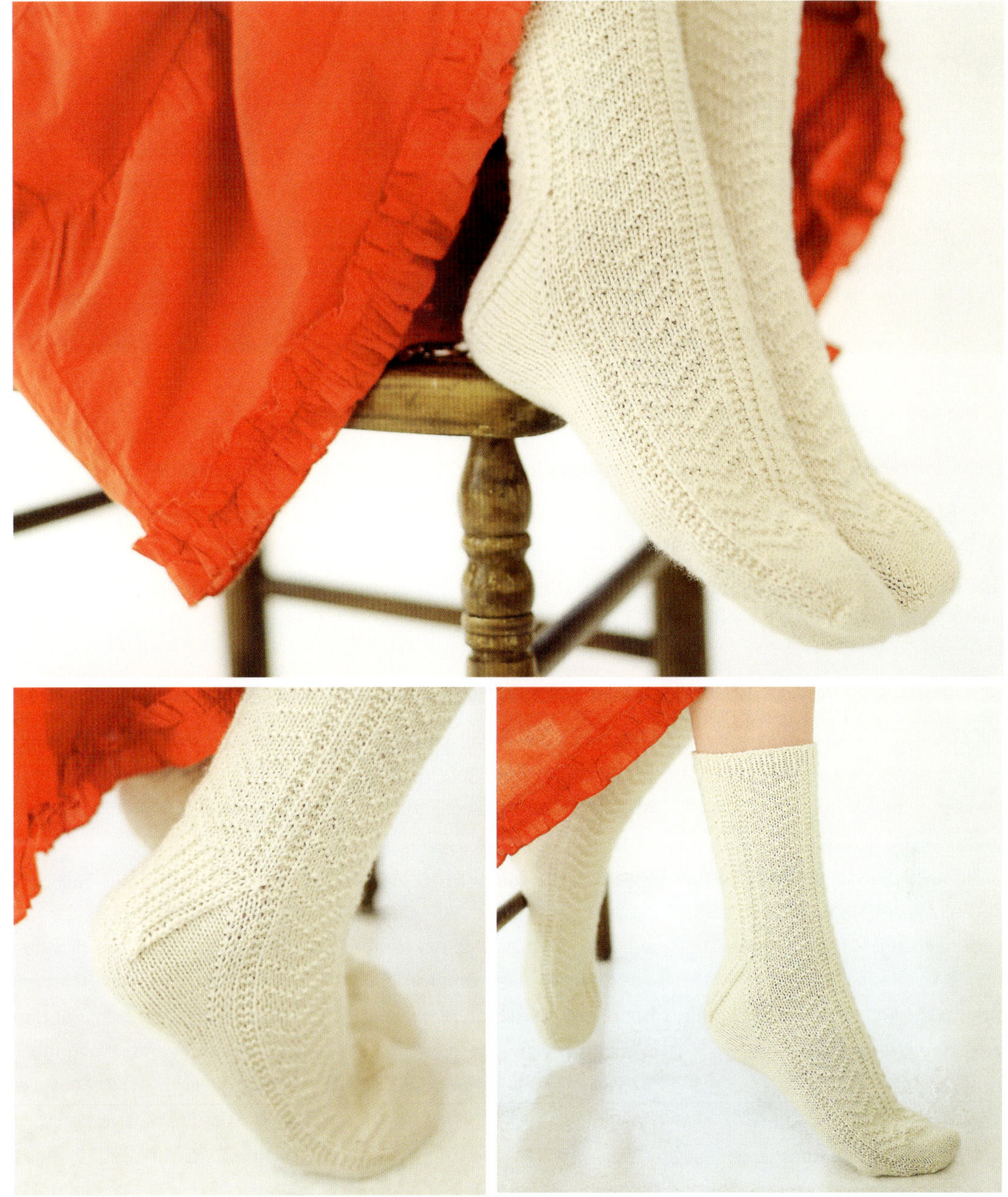

KLASSISCHE GUERNSEY-SOCKEN

KLASSISCHE GUERNSEY-SOCKEN (FORTSETZUNG)

Zu meinen liebsten Guernsey-Motiven gehört das einfache V - es könnte eine Meereswelle darstellen oder eine Seemöwe, die über unseren Köpfen dahinsegelt. Die v-förmigen Motive sitzen zwischen Perlmuster-Bordüren. So wie das Guernsey-Rautenmuster (Seite 90) eignet sich auch dieses Dekor wunderbar für Herrensocken.

GRÖSSE: M (L), Fußballen-Umfang 21 cm (23,5 cm)

MASCHENPROBE: 32 Maschen und 48 Reihen = 10 x 10 cm, glatt rechts gestrickt

NADELN: 2 Rundstricknadeln (oder 1 sehr lange Rundstricknadel), 2 mm stark oder in der Stärke, die Sie für die oben genannte Maschenprobe benötigen

VERWENDETES GARN: 2 Stränge (à 50 g) Socks (von ShibuiKnits), Farbe: Ivory. 100 % Superwash Merino Wool, Lauflänge (LL) 175 m/50 g

---

SPITZE

Mit dem Türkischen, dem Achteranschlag oder mit Judys Zauberanschlag 30 (34) M anschl: 15 (17) M pro Rundstricknadel (Seite 16 bis 21). Die M jeder Nadel einmal re str. In der nächsten Rd 4 M zun (Abkü. Seite 124):

Nadel 1: 1 M re, 1 M zun, bis vor die letzte M re str, 1 M zun, 1 M re.

Nadel 2: 1 M re, 1 M zun, bis vor die letzte M re str, 1 M zun, 1 M re.

Dann 1 Rd ohne Zunahme re str. Diese zwei Runden so oft wiederholen, bis sich 66 (74) M ergeben, also 33 (37) M pro Nadel.

Hinweis: Für eine schmalere Spitze einfach weniger M anschlagen, dafür aber mehr Zunahmereihen stricken, bis 33 (37) M auf jeder der zwei Nadeln liegen.

DAS MUSTER BEGINNEN

Das Guernsey-Muster nur über Nadel 1 arbeiten (Oberfußmaschen), über Nadel 2 nur re M.

Runde 1: Über die 33 (37) M von Nadel 1 die 1. Reihe des Musterschemas str. Nadel 2: nur re M.

Auf diese Weise fortfahren und dabei das 10-reihige Motiv so oft wiederholen, bis das Gestrick ca. 7 cm kürzer ist als die gewünschte Fußlänge.

ZWICKEL

Runde 1: Über Nadel 1 (Oberfußmaschen) im Muster str.

Nadel 2 (Sohlenmaschen): 1 M re, 1 M zun, folgende M re str bis vor die letzte M, 1 M zun, 1 M re.

Runde 2: Über Nadel 1 im Muster str. Nadel 2 (Sohlenmaschen): nur re M str.

Runde 1 und 2 so oft wiederholen, bis 55 (61) M auf Nadel 2 liegen. Danach noch einmal über Nadel 1 im Muster str.

FERSENRUNDUNG

Nun über Nadel 2 in Hin- und Rückreihen arbeiten, während die M von Nadel 1 ruhen. Für die Rundung 8 verkürzte Reihen str:

Reihe 1 (Hinr): 37 (41) M re, 1 re Perl-Zun, 1 M re, 1 Wickelm.

Reihe 2 (Rückr): 22 (24) M li, 1 li Perl-Zun, 1 M li, 1 Wickelm.

Reihe 3: 20 (22) M re, 1 re Perl-Zun, 1 M re, 1 Wickelm.

Reihe 4: 18 (20) M li, 1 li Perl-Zun, 1 M li, 1 Wickelm.

Reihe 5: 16 (18) M re, 1 re Perl-Zun, 1 M re, 1 Wickelm.

Reihe 6: 14 (16) M li, 1 li Perl-Zun, 1 M li, 1 Wickelm.

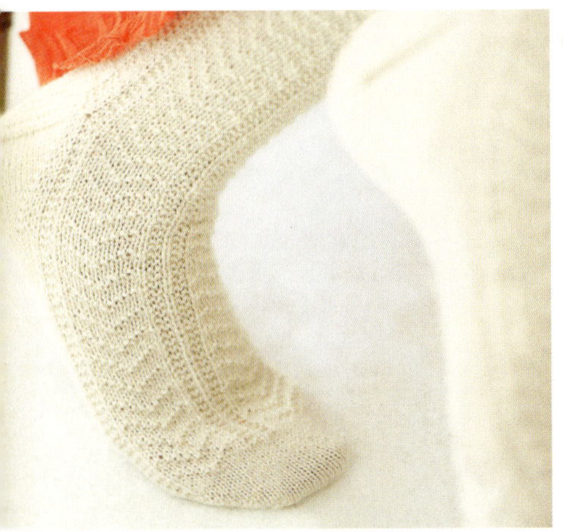

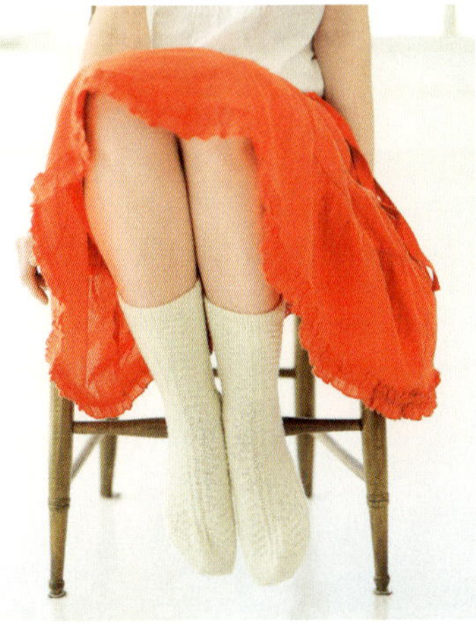

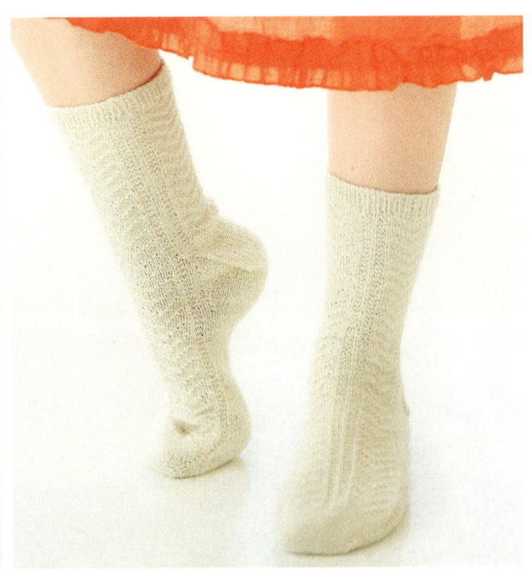

Reihe 7: 12 (14) M re, 1 re Perl-Zun, 1 M re, 1 Wickelm.

Reihe 8 (Rückr): 10 (12) M li, 1 li Perl-Zun, 1 M li, 1 Wickelm.

Auf Nadel 2 liegen nun 63 (69) M. Auf der Vorderseite re M bis zum Ende von Nadel 2 stricken, dazu bei den Wickelmaschen jeweils M und Wicklung zusstr. Die Oberfußmaschen (Nadel 1) im Strukturmuster stricken.

HEBEMASCHEN-FERSENWAND

Die Fersenwand über Nadel 2 in Hin- und Rückreihen arbeiten:

Reihe 1 (Hinr): 47 (52) M re (dazu bei den Wickelmaschen jeweils M und Wicklung zusstr), 1 M abn (linksg), wenden.

Reihe 2 (Rückr): 1 M abh, 31 (35) M li, 2 M li zusstr, wenden.

Reihe 3 (Hinr): * 1 M abh, 1 M re; ab * 16-(18-)mal wiederh, 1 M abn (linksg), wenden.

Reihe 2 und 3 so oft wiederholen, bis alle Seitenmaschen aufgebraucht sind, die letzte Reihe ist eine linksgestrickte. Auf Nadel 2 liegen jetzt 33 (37) M. Nun in Runden weiterstricken: über Nadel 1 und jetzt auch über Nadel 2 im Guernsey-Muster. Beim Beginn jedoch beachten, dass rundherum die gleiche Musterschema-Reihe gearbeitet wird.

BÜNDCHEN

Ist Ihre Socke 2,5 cm kürzer als gewünscht, ein 1/1-Rippenbündchen stricken und zum Schluss locker abketten (Seite 26 bis 29).

KLASSISCHE GUERNSEY-SOCKEN

Zeichenerklärung

- ☐ 1 M re
- • 1 M li

Guernsey-Muster-Schema, Größe M

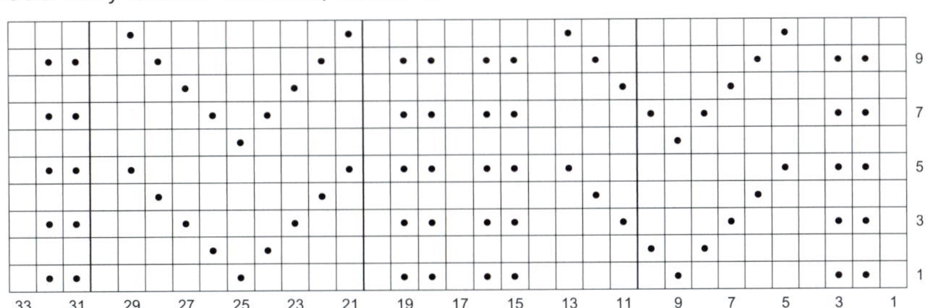

Guernsey-Muster-Schema, Größe L

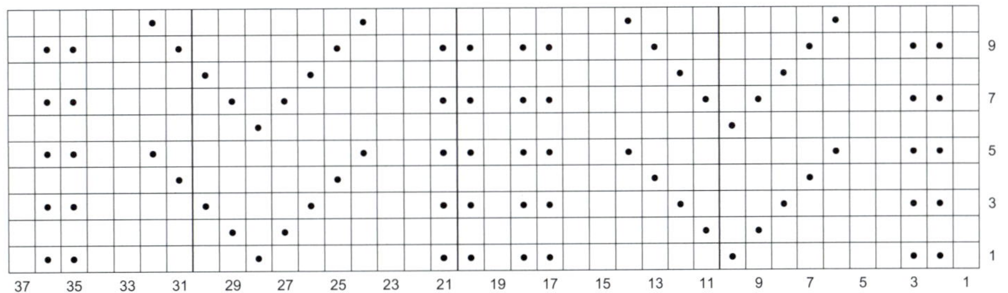

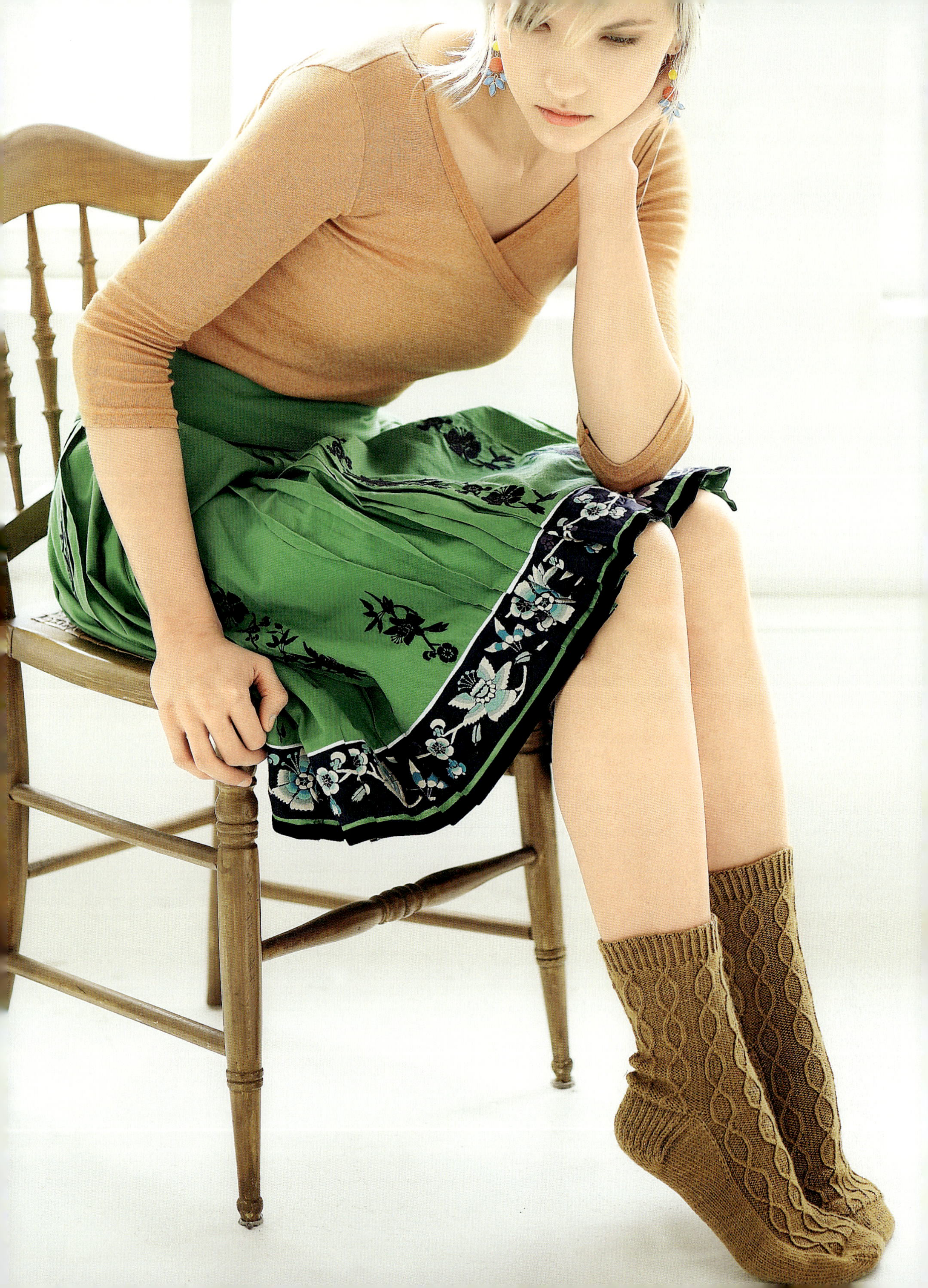

ZOPFMUSTER

EINE WEITERE MEINER GROSSEN LIEBEN BEIM STRICKEN gilt den Zopfmustern. Doch bei Socken bin ich immer etwas misstrauisch gegenüber diesem Dekor, denn ich weiß, dass sich Strickbekleidung durch Zöpfe stellenweise verdichtet. Bei den folgenden zwei Modellen konnte ich das Problem des unerwünschten Volumens umgehen. Es handelt sich nämlich nicht um »echte« Zopfmuster, sondern es wandern nur einzelne verkreuzte Maschen so über die Socken, dass der Eindruck von Zöpfen entsteht – ohne unschöne Verdickungen.

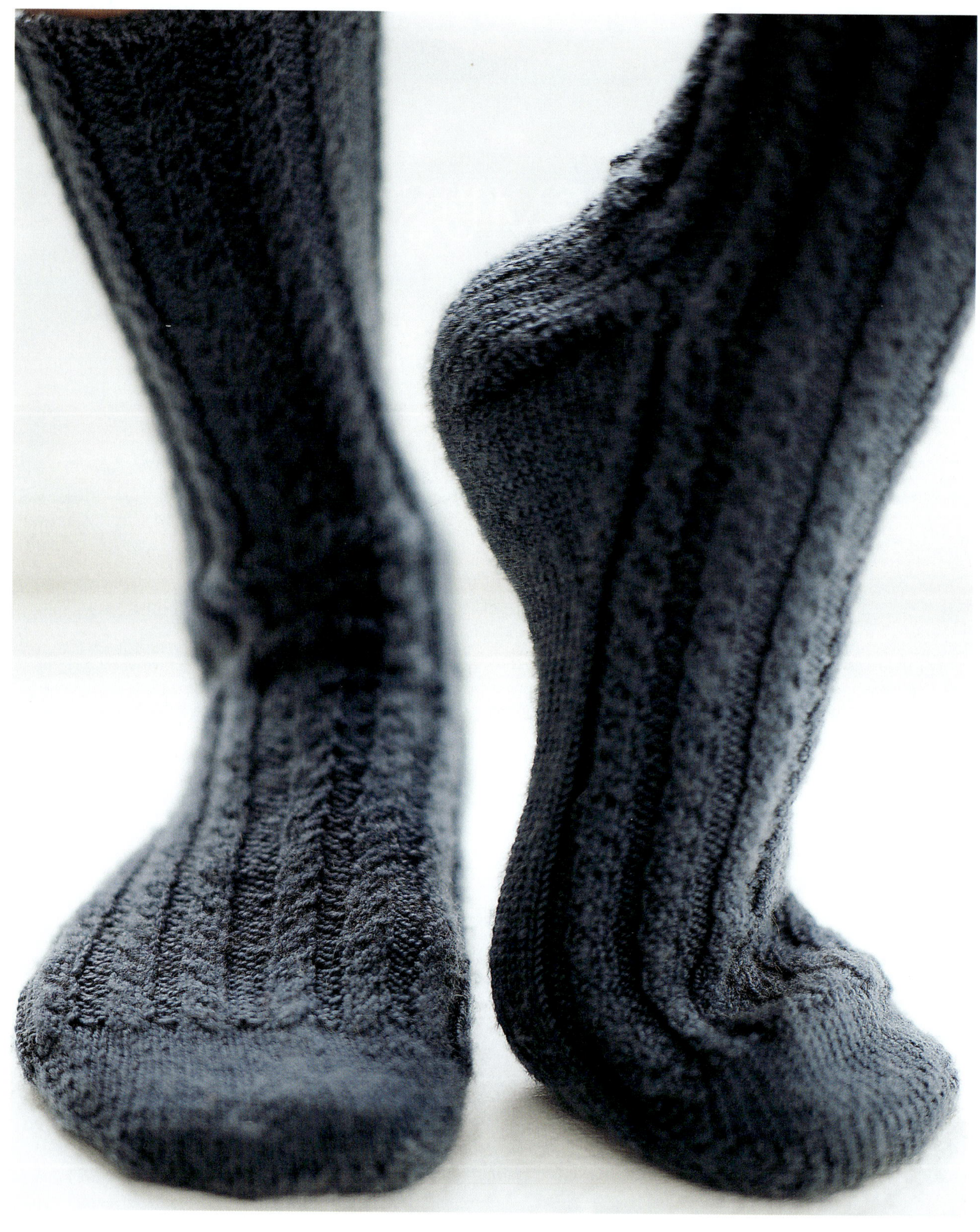

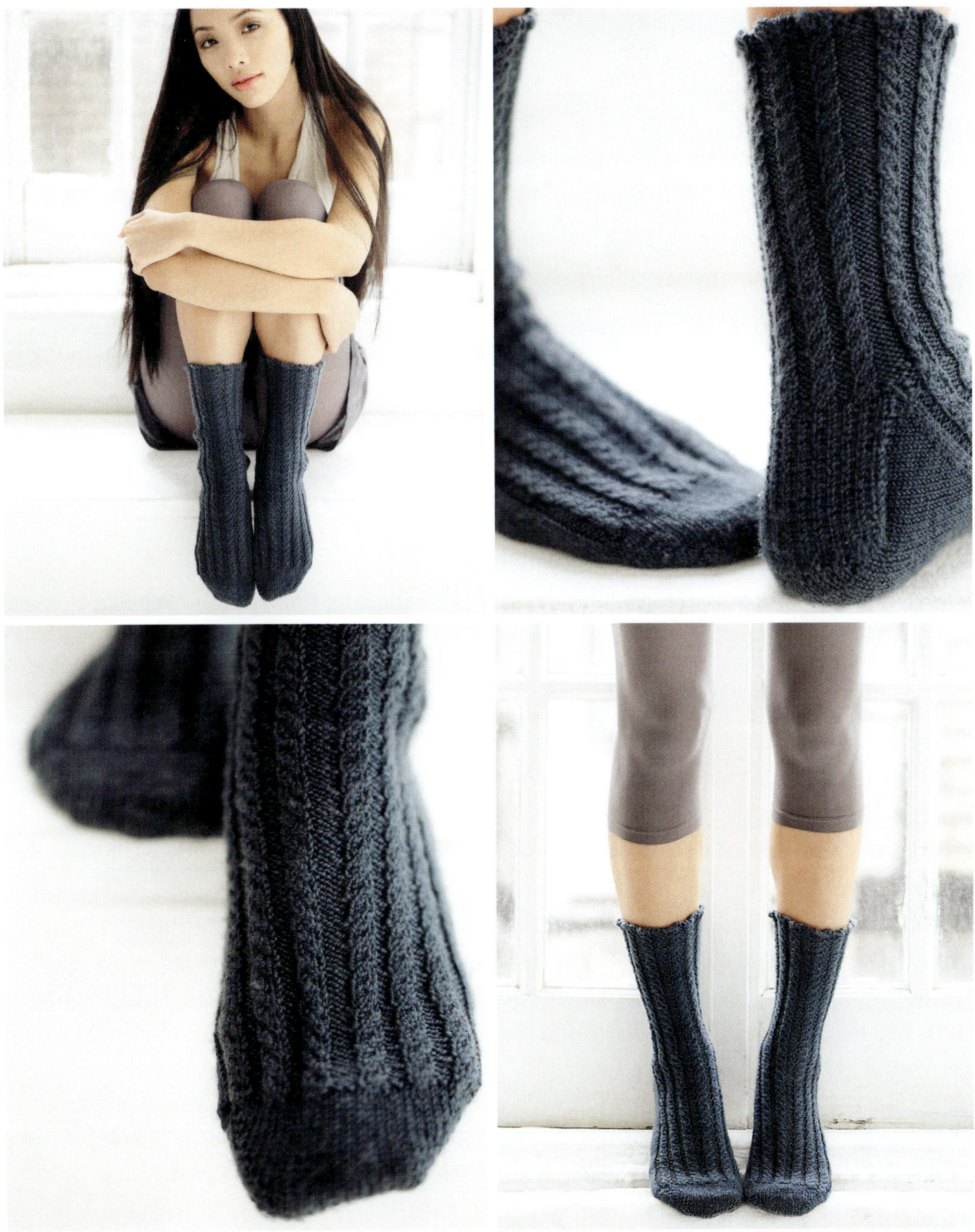

FALSCHE ZÖPFE

FALSCHE ZÖPFE (FORTSETZUNG)

Beim Stricken dieses Sockenmusters vertauscht man nur jeweils einzelne benachbarte Maschen, anstatt grössere Maschengruppen zu verkreuzen (wie bei »echten« Zöpfen üblich). Allein die Summe der schrägen Linien erzeugt hier den Zopf-Effekt. Für unaufdringlich wirkende Herrensocken wählen Sie einfach eine Farbe, die bei Männern beliebt ist.

GRÖSSE: M (L), Fußballen-Umfang 20,5 cm (23 cm)

MASCHENPROBE: 30 Maschen und 48 Reihen = 10 x 10 cm, glatt rechts gestrickt

NADELN: 2 Rundstricknadeln (oder 1 sehr lange Rundstricknadel), 2 mm stark oder in der Stärke, die Sie für die angegebene Maschenprobe benötigen

VERWENDETES GARN: 1 Strang (114 g) Supersock Solids (von Cherry Tree Hill), Farbe: Slate. 100 % Luxury Merino Fingering Weight, Lauflänge 384 m/114 g (= LL 168 m/50 g)

SPITZE

Mit dem Türkischen, dem Achteranschlag oder mit Judys Zauberanschlag 30 (34) M anschl: 15 (17) M pro Rundstricknadel (Seite 16 bis 21). Die M jeder Nadel einmal re str. In der nächsten Rd 4 M zun (Abkü. Seite 124):

Nadel 1: 1 M re, 1 M zun, bis vor die letzte M re str, 1 M zun, 1 M re.
Nadel 2: 1 M re, 1 M zun, bis vor die letzte M re str, 1 M zun, 1 M re.
Dann 1 Rd ohne Zunahme re str. Diese zwei Runden so oft wiederholen, bis sich 66 (74) M ergeben, also 33 (37) M pro Nadel.

Hinweis: Für eine schmalere Spitze einfach weniger M anschlagen, dafür aber mehr Zunahmereihen stricken, bis 33 (37) M auf jeder der zwei Nadeln liegen.

DAS MUSTER BEGINNEN

Das Zopfmuster anhand des Musterschemas in der passenden Größe nur über Nadel 1 arbeiten (Oberfußmaschen). Über Nadel 2 nur re M str. Dabei das 4-reihige Motiv so oft wiederholen, bis das Gestrick ca. 7 cm kürzer ist als die gewünschte Fußlänge.

ZWICKEL

Runde 1: Über Nadel 1 (Oberfußmaschen) im Muster str.
Nadel 2 (Sohlenmaschen): 1 M re, 1 M zun, folgende M re str bis vor die letzte M, 1 M zun, 1 M re.
Runde 2: Über Nadel 1 im Muster str. Nadel 2 (Sohlenmaschen): nur re M str.
Runde 1 und 2 so oft wiederholen, bis 55 (61) M auf Nadel 2 liegen. Danach noch einmal über Nadel 1 im Muster str.

FERSENRUNDUNG

Nun über Nadel 2 in Hin- und Rückreihen arbeiten, während die M von Nadel 1 ruhen. Für die Rundung 8 verkürzte Reihen str:
Reihe 1 (Hinr): 37 (41) M re, 1 re Perl-Zun, 1 M re, 1 Wickelm.
Reihe 2 (Rückr): 22 (24) M li, 1 li Perl-Zun, 1 M li, 1 Wickelm.
Reihe 3: 20 (22) M re, 1 re Perl-Zun, 1 M re, 1 Wickelm.
Reihe 4: 18 (20) M li, 1 li Perl-Zun, 1 M li, 1 Wickelm.
Reihe 5: 16 (18) M re, 1 re Perl-Zun, 1 M re, 1 Wickelm.
Reihe 6: 14 (16) M li, 1 li Perl-Zun, 1 M li, 1 Wickelm.
Reihe 7: 12 (14) M re, 1 re Perl-Zun, 1 M re, 1 Wickelm.
Reihe 8 (Rückr): 10 (12) M li, 1 li Perl-Zun, 1 M li, 1 Wickelm.
Auf Nadel 2 liegen nun 63 (69) M. Auf der Vorderseite re M bis zum

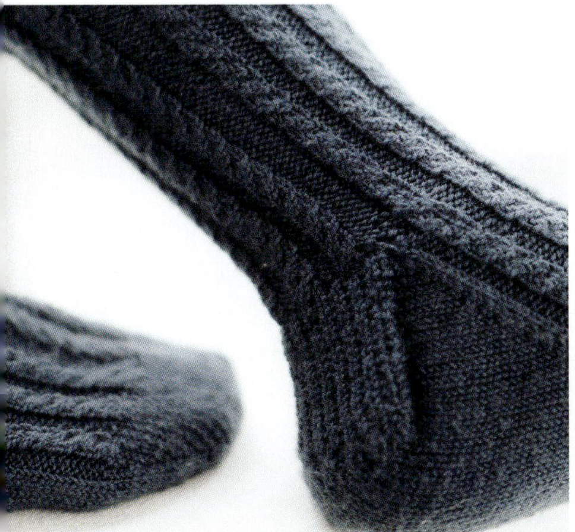

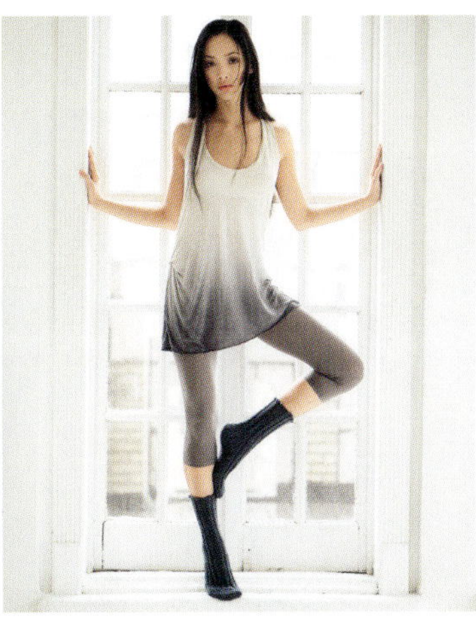

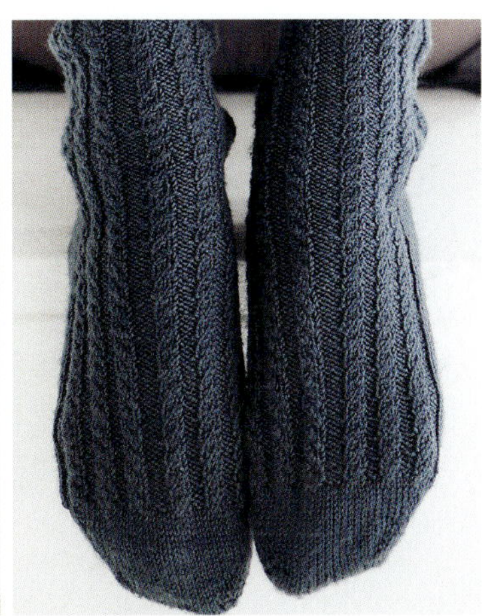

Ende von Nadel 2 stricken, dazu bei den Wickelmaschen jeweils M und Wicklung zusstr. Die Oberfußmaschen (Nadel 1) im Zopfmuster stricken.

HEBEMASCHEN-FERSENWAND

Die Fersenwand über Nadel 2 in Hin- und Rückreihen arbeiten:
Reihe 1 (Hinr): 47 (52) M re (dazu bei den Wickelmaschen jeweils M und Wicklung zusstr), 1 M abn (linksg), wenden.
Reihe 2 (Rückr): 1 M abh, 31 (35) M li, 2 M li zusstr, wenden.
Reihe 3 (Hinr): * 1 M abh, 1 M re; ab * 16-(18-)mal wiederh, 1 M abn (linksg), wenden.
Reihe 2 und 3 so oft wiederholen, bis alle Seitenmaschen aufgebraucht sind, die letzte Reihe ist eine linksgestrickte. Auf Nadel 2 liegen jetzt 33 (37) M.
Nun in Runden weiterstricken: über Nadel 1 und jetzt auch über Nadel 2 im Zopfmuster. Beim Beginn jedoch beachten, dass rundherum die gleiche Musterschema-Reihe gearbeitet wird.

ABSCHLUSS

Hat Ihre Socke die gewünschte Länge, die M der letzten Runde locker abketten (Seite 26 bis 29).

FALSCHE ZÖPFE

Zeichenerklärung

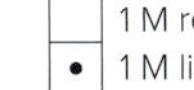

1 M re
1 M li
1 M auf Hilfsnadel hinter die Arbeit legen, 1 M re, dann die 1 M von der Hilfsnadel re str
1 M auf Hilfsnadel vor die Arbeit legen, 1 M re, dann die 1 M von der Hilfsnadel re str

Zopfmuster-Schema, Größe M

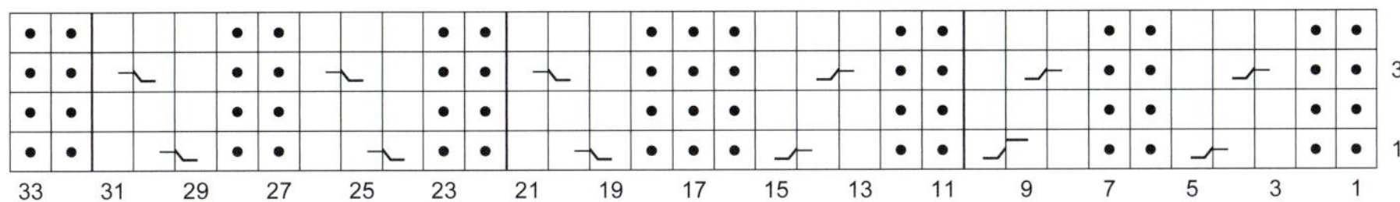

Zopfmuster-Schema, Größe L

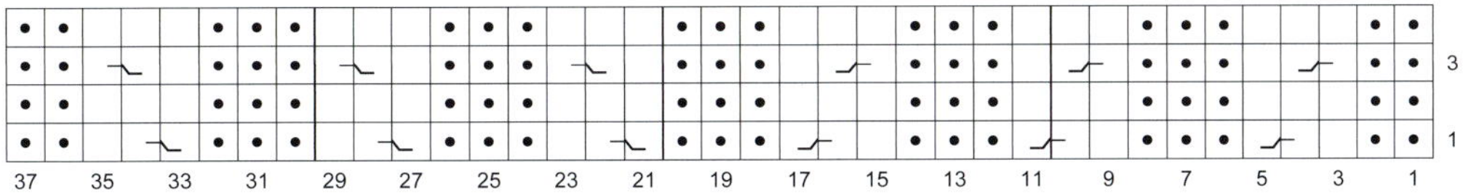

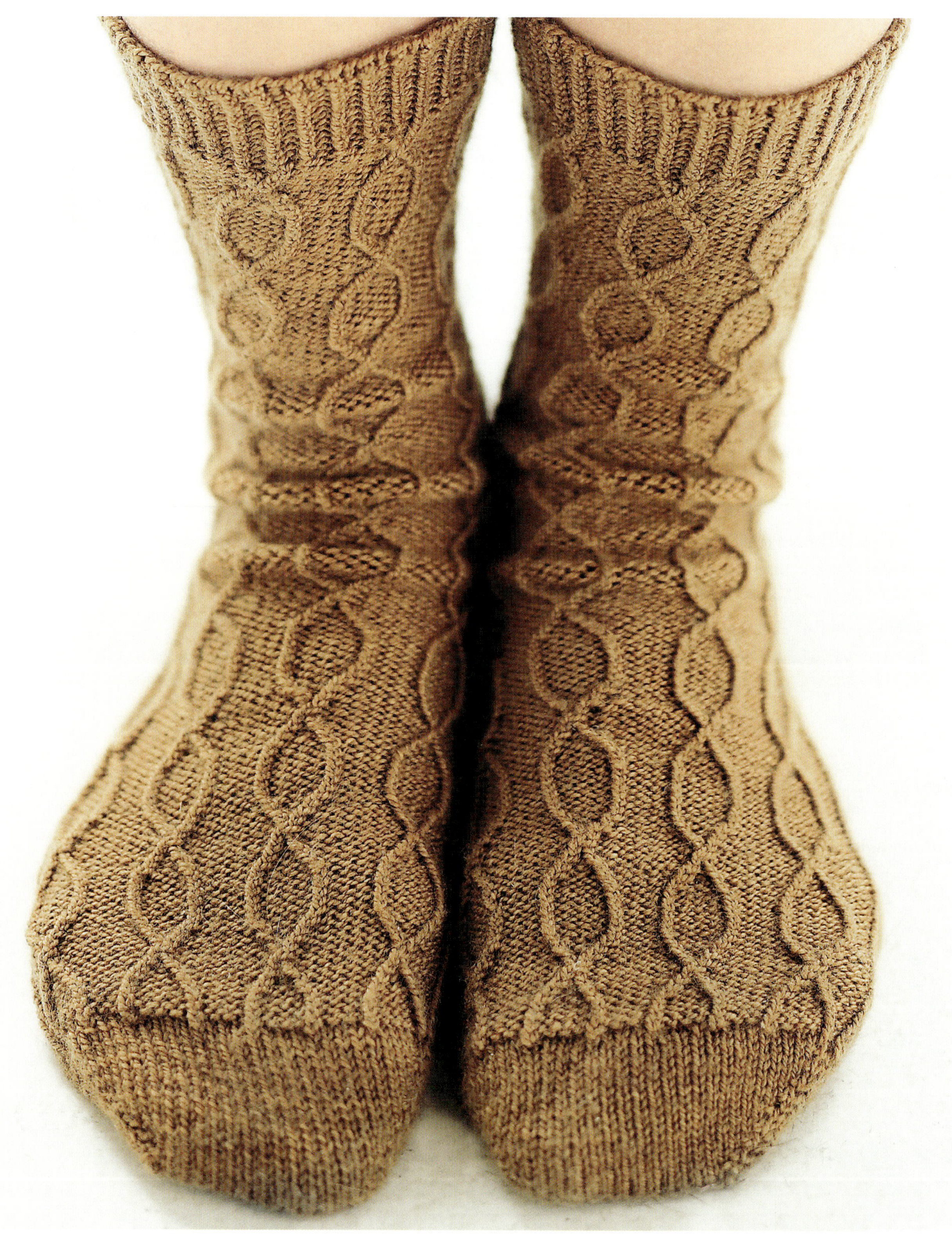

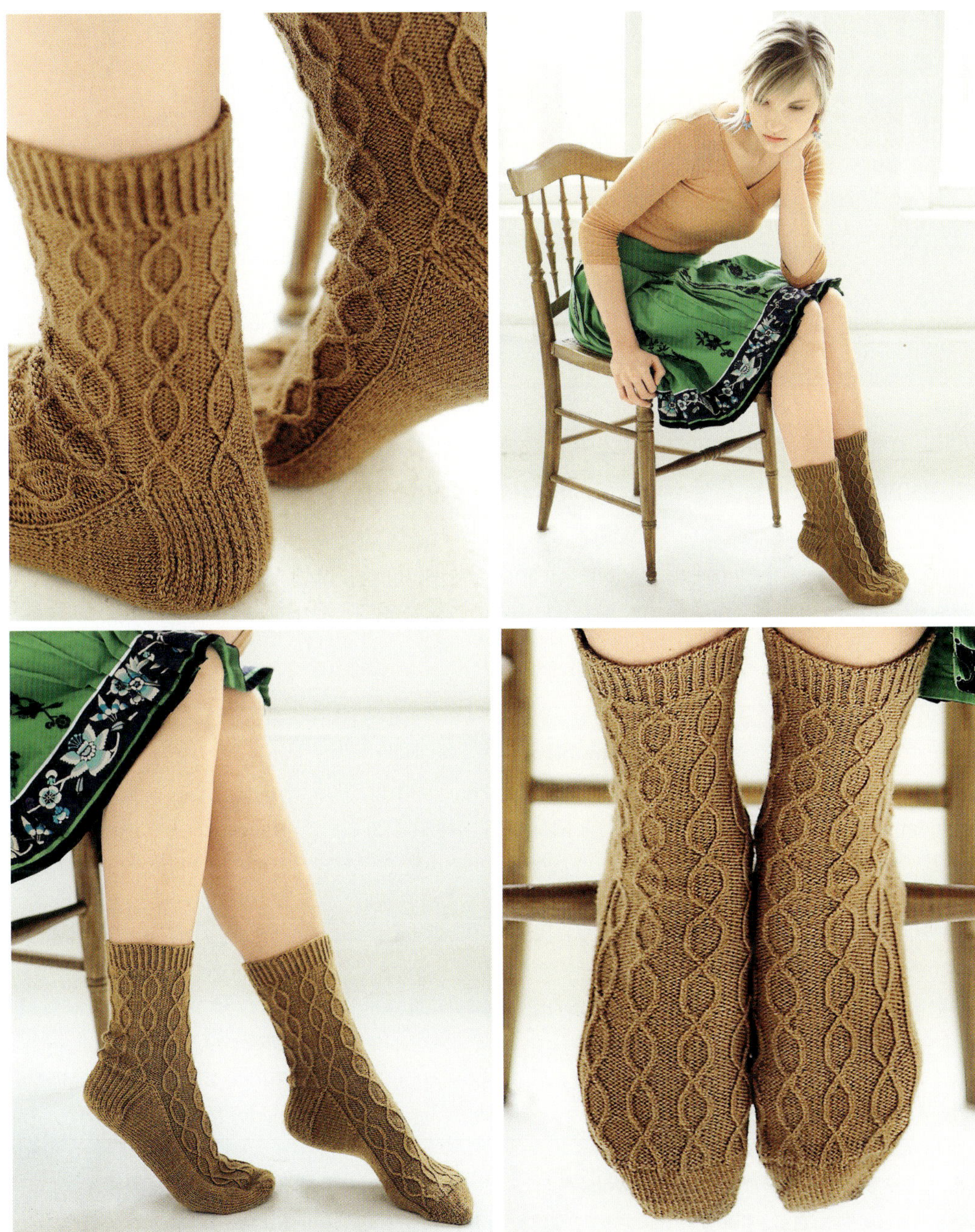

BAYERISCHE ZÖPFE

BAYERISCHE ZÖPFE (FORTSETZUNG)

Auch dieses Modell ist nicht mit »echten« Zöpfen verziert. Vielmehr erinnert das gitterartige Dekor an bayerische Trachtensocken mit Zugmaschenmustern. Wählen Sie einfarbiges, helles Garn, damit die Bänder deutlich hervortreten. Auch sollten Sie kein zu locker verzwirntes Garn nehmen, denn bei dieser Technik muss man beim häufigen Umheben exakt in die Maschen einstechen.

GRÖSSE: M (L), Fußballen-Umfang 20,5 cm (23 cm)

MASCHENPROBE: 30 Maschen und 48 Reihen = 10 x 10 cm, glatt rechts gestrickt

NADELN: 2 Rundstricknadeln (oder 1 sehr lange Rundstricknadel), 2 mm stark oder in der Stärke, die Sie für die angegebene Maschenprobe benötigen

VERWENDETES GARN: 2 Stränge (à 50 g) Gems Fingering (von Louet), Farbe: Ginger. 100 % Merino Wool, Lauflänge (LL) 169 m/50 g

---

SPITZE

Mit dem Türkischen, dem Achteranschlag oder mit Judys Zauberanschlag 30 (34) M anschl: 15 (17) M pro Rundstricknadel (Seite 16 bis 21). Die M jeder Nadel einmal re str. In der nächsten Rd 4 M zun (Abkü. Seite 124):

Nadel 1: 1 M re, 1 M zun, bis vor die letzte M re str, 1 M zun, 1 M re.
Nadel 2: 1 M re, 1 M zun, bis vor die letzte M re str, 1 M zun, 1 M re.
Dann 1 Rd ohne Zunahme re str. Diese zwei Runden so oft wiederholen, bis sich 66 (74) M ergeben, also 33 (37) M pro Nadel.

Hinweis: Für eine schmalere Spitze einfach weniger M anschlagen, dafür aber mehr Zunahmereihen stricken, bis 33 (37) M auf jeder der zwei Nadeln liegen.

Nächste Runde: Über Nadel 1 (Oberfußmaschen) nur re M str, dabei gleichmäßig verteilt 4 (3) Maschen zunehmen, bis 37 (40) M auf Nadel 1 liegen. Nadel 2: Alle 33 (37) M re str.

DAS MUSTER BEGINNEN

Das Zopfmuster nur über Nadel 1 arbeiten (Oberfußmaschen), über Nadel 2 nur re M str.

Hinweis: Falls Sie sehr fest stricken, nehmen Sie für Nadel 1 jetzt die nächstgrößere Nadelstärke, damit die verschränkten, gekreuzten Maschen nicht zu eng werden.

Grösse M:

Runde 1: Über die 37 M von Nadel 1 zuerst 1-mal die ganze 1. Reihe des Musterschemas str. Dann 3-mal nur die 2.-10. M der 1. Reihe str. Nadel 2: nur re M.
Runde 2: Über Nadel 1 zunächst 1-mal die ganze 2. Reihe des Musterschemas str. Dann 3-mal nur die 2.-10. M der 2. Reihe str. Nadel 2: nur re M.

Grösse L:

Runde 1: Über die 40 M von Nadel 1 gleich 4 Mal die 1. Reihe des Musterschemas str. Nadel 2: nur re M.
Runde 2: Über Nadel 1 ebenso 4-mal die 2. Reihe des Musterschemas str. Nadel 2: nur re M.

Für beide Größen

Auf diese Weise fortfahren. Dabei das 16-reihige Motiv so oft wiederholen, bis das Gestrick ca. 7 cm kürzer ist als die gewünschte Fußlänge.

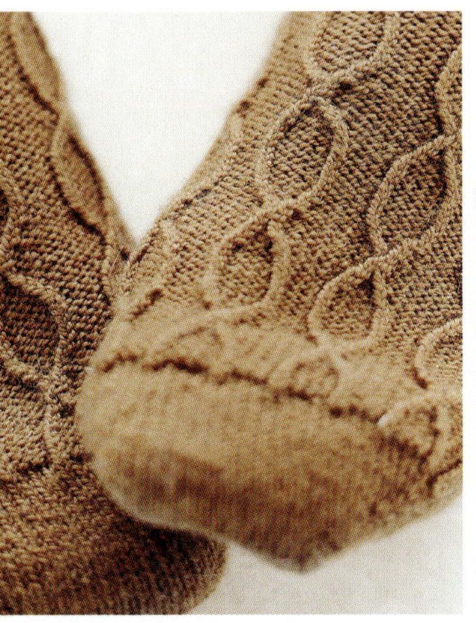

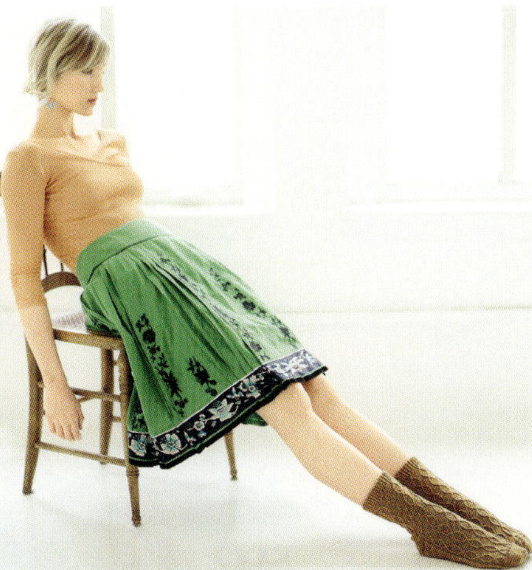

ZWICKEL

Runde 1: Über Nadel 1 (Oberfußmaschen) im Muster str.
Nadel 2 (Sohlenmaschen): 1 M re, 1 M zun, folgende M re str bis vor die letzte M, 1 M zun, 1 M re.

Runde 2: Über Nadel 1 im Muster str. Nadel 2: nur re M str.

Runde 1 und 2 so oft wiederholen, bis 55 (61) M auf Nadel 2 liegen. Danach noch einmal über Nadel 1 im Muster str.

FERSENRUNDUNG

Nun über Nadel 2 in Hin- und Rückreihen arbeiten, während die M von Nadel 1 ruhen. Für die Rundung 8 verkürzte Reihen str:

Reihe 1 (Hinr): 37 (41) M re, 1 re Perl-Zun, 1 M re, 1 Wickelm.

Reihe 2 (Rückr): 22 (24) M li, 1 li Perl-Zun, 1 M li, 1 Wickelm.

Reihe 3: 20 (22) M re, 1 re Perl-Zun, 1 M re, 1 Wickelm.

Reihe 4: 18 (20) M li, 1 li Perl-Zun, 1 M li, 1 Wickelm.

Reihe 5: 16 (18) M re, 1 re Perl-Zun, 1 M re, 1 Wickelm.

Reihe 6: 14 (16) M li, 1 li Perl-Zun, 1 M li, 1 Wickelm.

Reihe 7: 12 (14) M re, 1 re Perl-Zun, 1 M re, 1 Wickelm.

Reihe 8 (Rückr): 10 (12) M li, 1 li Perl-Zun, 1 M li, 1 Wickelm.

Auf Nadel 2 liegen nun 63 (69) M. Auf der Vorderseite re M bis zum Ende von Nadel 2 stricken, dazu bei den Wickelmaschen jeweils M und Wicklung zusstr. Die Oberfußmaschen (Nadel 1) im Zopfmuster stricken.

HEBEMASCHEN-FERSENWAND

Die Fersenwand über Nadel 2 in Hin- und Rückreihen arbeiten:

Reihe 1 (Hinr): 47 (52) M re (dazu bei den Wickelmaschen jeweils M und Wicklung zusstr), 1 M abn (linksg), wenden.

Reihe 2 (Rückr): 1 M abh, 31 (35) M li, 2 M li zusstr, wenden.

Reihe 3 (Hinr): * 1 M abh, 1 M re; ab * 16-(18-)mal wiederh, 1 M abn (linksg), wenden.

Reihe 2 und 3 so oft wiederholen, bis alle Seitenmaschen aufgebraucht sind, die letzte Reihe ist eine linksgestrickte. Auf Nadel 2 liegen jetzt 33 (37) M.

Nun folgendermaßen in Runden weiterstricken:

Nächste Runde: Über die 37 (40) M von Nadel 1 im Zopfmuster weiterarbeiten. Über Nadel 2 (Sohlenmaschen) nur re M str, dabei gleichmäßig verteilt 4 (3) Maschen zunehmen, bis auf Nadel 2 ebenfalls 37 (40) M liegen.

Nun über Nadel 1 und 2 das Zopfmuster stricken. Beim Beginn jedoch beachten, dass rundherum die gleiche Musterschema-Reihe gearbeitet wird.

BÜNDCHEN

Ist Ihre Socke 2,5 cm kürzer als gewünscht, ein elastisches 1/1-Rippenbündchen stricken: 1 M re verschränkt, 1 M li im Wechsel. Die letzte Runde locker abketten (Seite 26 bis 29).

BAYERISCHE ZÖPFE

Zeichenerklärung

- ǂ 1 M re verschränkt
- • 1 M li
- T\• 1 M auf Hilfsnadel vor die Arbeit legen, 1 M li, dann die 1 M von der Hilfsnadel re verschränkt str
- •/T 1 M auf Hilfsnadel hinter die Arbeit legen, 1 M re verschränkt, dann die 1 M von der Hilfsnadel li str
- I/T 1 M auf Hilfsnadel hinter die Arbeit legen, 1 M re verschränkt, dann die 1 M von der Hilfsnadel re verschränkt str

Zopfmuster-Schema

	9		7		5		3		1	
•	•	ǂ	•	•	•	•	ǂ	•	•	
•	•	ǂ	•	•	•	•	ǂ	•	•	15
•	•	ǂ	•	•	•	•	ǂ	•	•	
•	•	T\•		•	•	•/T		•	•	13
•	•	•	ǂ	•	•	ǂ	•	•	•	
•	•	•	T\•		•/T		•	•	•	11
•	•	•	•	ǂ	ǂ	•	•	•	•	
•	•	•	•	I/T		•	•	•	•	9
•	•	•	•	ǂ	ǂ	•	•	•	•	
•	•	•	•/T		T\•		•	•	•	7
•	•	•	ǂ	•	•	ǂ	•	•	•	
•	•	•/T		•	•	T\•		•	•	5
•	•	ǂ	•	•	•	•	ǂ	•	•	
•	•	ǂ	•	•	•	•	ǂ	•	•	3
•	•	ǂ	•	•	•	•	ǂ	•	•	
•	•	ǂ	•	•	•	•	ǂ	•	•	1

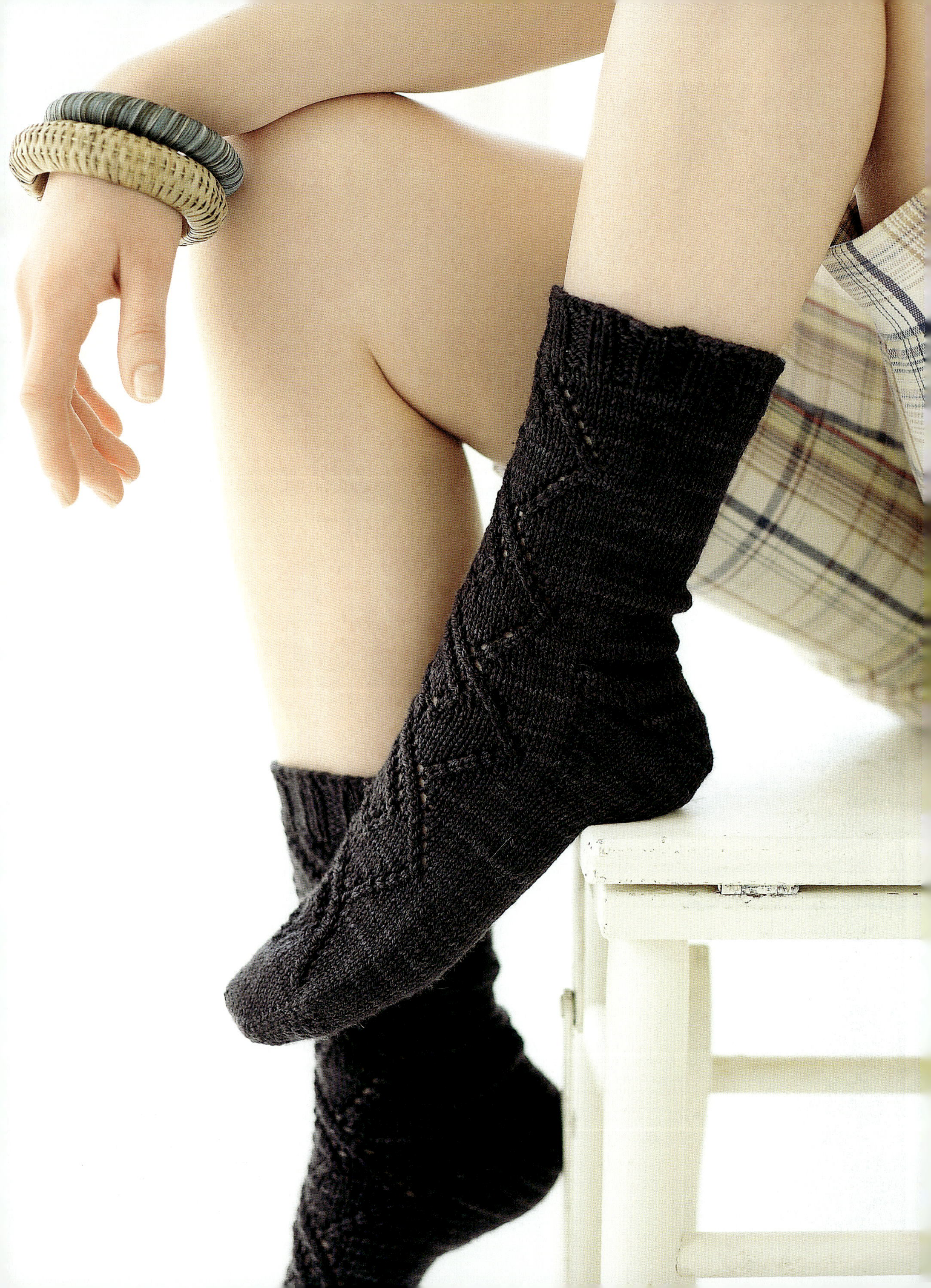

DICKE SOCKEN

SIND SIE EINE UNGEDULDIGE STRICKERIN? Brauchen Sie vielleicht schnell ein Geschenk für einen lieben Menschen? Oder möchten Sie sich selbst ein extradickes, kuscheliges Sockenpaar für den Winter anfertigen? Hier sind einige Modelle, die sich für stärkeres Garn eignen und im Nu fertig sind. Sie alle haben eine Zwickelferse, die nicht so voluminös ausfällt wie die verstärkte Hebemaschen-Ferse.

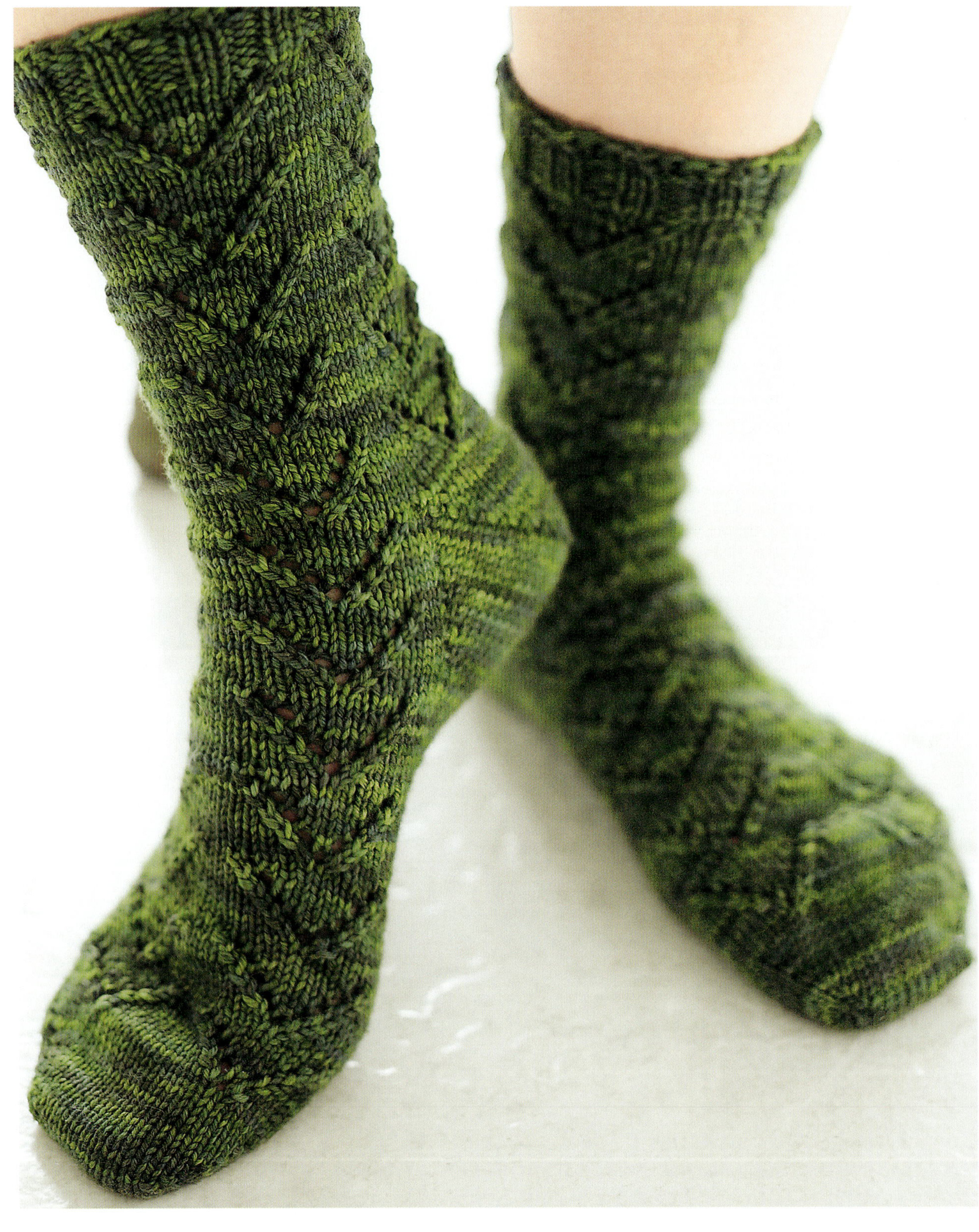

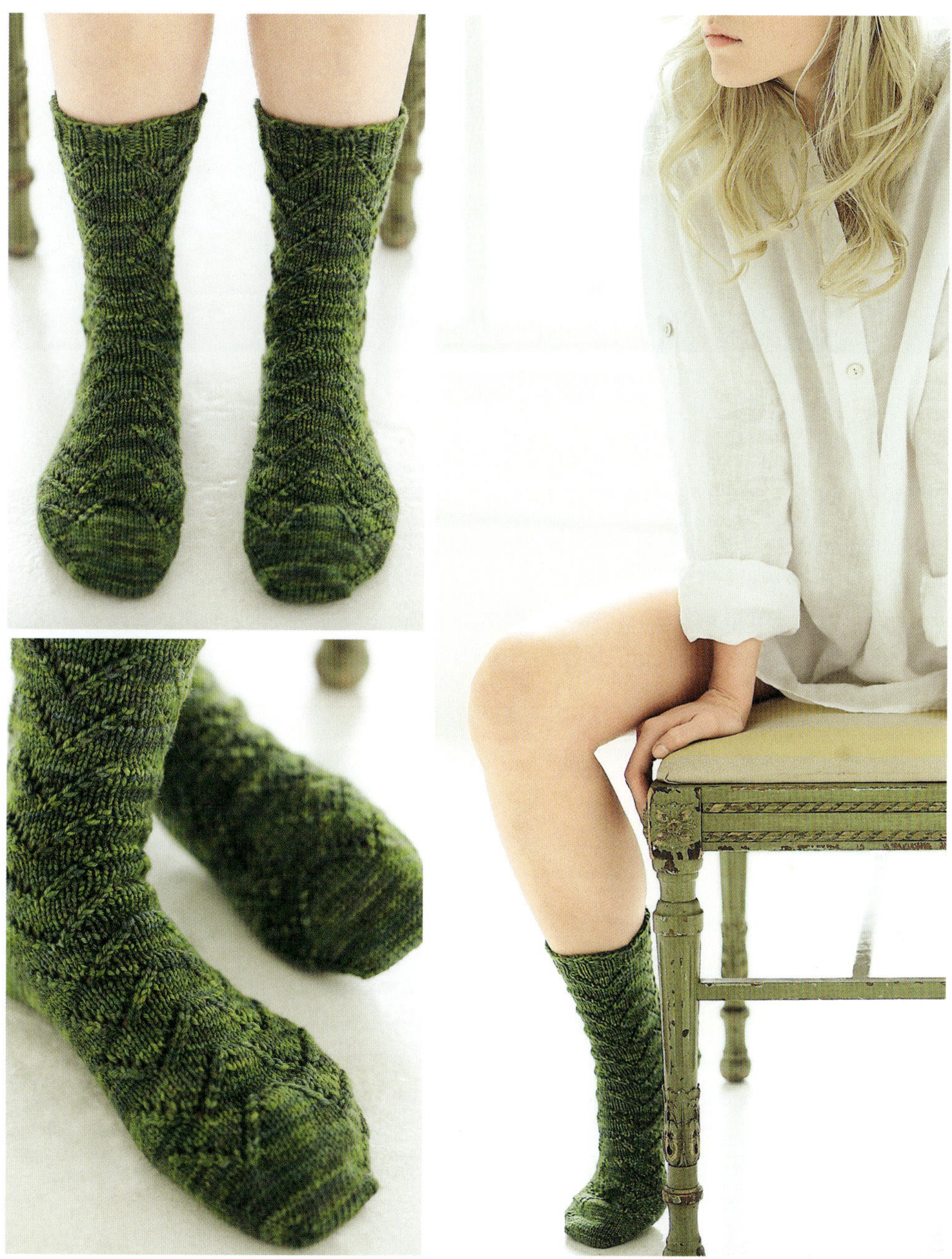

ZACKEN-LOCHMUSTER

ZACKEN-LOCHMUSTER (FORTSETZUNG)

EIN EINFACHES, KLASSISCHES ZACKEN-LOCHMUSTER KLETTERT DIESE SOCKEN HINAUF. DIE ANLEITUNG IST FÜR VIER GRÖSSEN GESCHRIEBEN - SO KÖNNEN SIE GLEICH EIN PAAR FÜR JEDEN ANFERTIGEN.

GRÖSSE: S (M/L/XL), Fußballen-Umfang 19 cm (20,5/21,5/23 cm)

MASCHENPROBE: 26 Maschen und 36 Reihen = 10 x 10 cm, glatt rechts gestrickt

NADELN: Nadelspiel, 2,75 mm stark oder in der Stärke, die Sie für die angegebene Maschenprobe benötigen

VERWENDETES GARN: 1 Strang (114 g) Classy (von Dream in Color), Farbe: Happy Forest. 100 % Superfine Australian Superwash Merino Wool, Lauflänge 229 m/114 g (LL 100 m / 50 g)

Hinweis: Das Musterschema umfasst hier 10 Reihen. Achtung, es sind nur die ungeraden Reihen dargestellt. In jeder zweiten, geraden Reihe nur glatt rechts stricken.

SPITZE

Mit dem Türkischen, dem Achteranschlag oder mit Judys Zauberanschlag 24 M anschl: 12 M pro Rundstricknadel (Seite 16 bis 21). Die M nach der jeweiligen Anschlags-Anleitung stricken und danach auf vier Nadeln des Nadelspiels aufteilen (jew. 6 M). Die M jeder Nadel einmal re str.
In der nächsten Rd 4 M zun (Abkü. Seite 124):
Nadel 1: 1 M re, 1 M zun, bis zum Ende der Nadel re str.
Nadel 2: Bis vor die letzte M re str, 1 M zun, 1 M re.
Nadel 3: 1 M re, 1 M zun, bis zum Ende der Nadel re str.
Nadel 4: bis vor die letzte M re str, 1 M zun, 1 M re.
Dann 1 Rd ohne Zunahme re str.
Diese zwei Runden so oft wiederholen, bis sich eine Gesamtanzahl von 48 (52/56/60) M ergibt, die folgendermaßen aufgeteilt ist:
Nadel 1 (Oberfußmaschen): 12 (13/14/15) M
Nadel 2 (Oberfußmaschen): 12 (13/14/15) M
Nadel 3 (Sohlenmaschen): 12 (13/14/15) M
Nadel 4 (Sohlenmaschen): 12 (13/14/15) M

DAS LOCHMUSTER BEGINNEN

Nadel 1: Zuerst 0 (1/2/3) M re, dann die 11 M der 1. Musterschema-Reihe, danach 1 M re.
Nadel 2: 1 M re, dann erneut die 11 M der 1. Musterschema-Reihe, zuletzt 0 (1/2/3) M re str.
Nadel 3 und 4 (Sohlenmaschen): Alle M re str.
Auf diese Weise fortfahren und dabei das 10-reihige Motiv vervollständigen und so oft wiederholen, bis das Fußteil bis zum Knöchel reicht – das sind knapp 5 cm bis 6,5 cm vor Erreichen der gesamten Fußlänge.

ZWICKEL

Runde 1: Alle M über Nadel 1 und Nadel 2 (Oberfußmaschen) im Musterschema str.
Nadel 3 (Sohlenmaschen): 1 M re, 1M zun, restliche M re.
Nadel 4 (Sohlenmaschen): Alle M bis auf die letzte re str, 1 M zun, 1 M re.

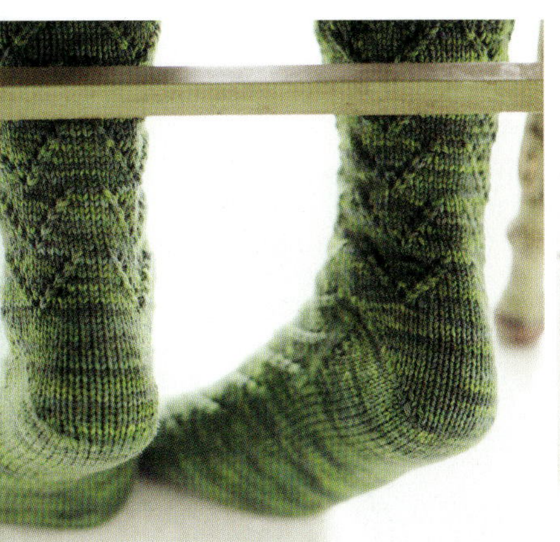

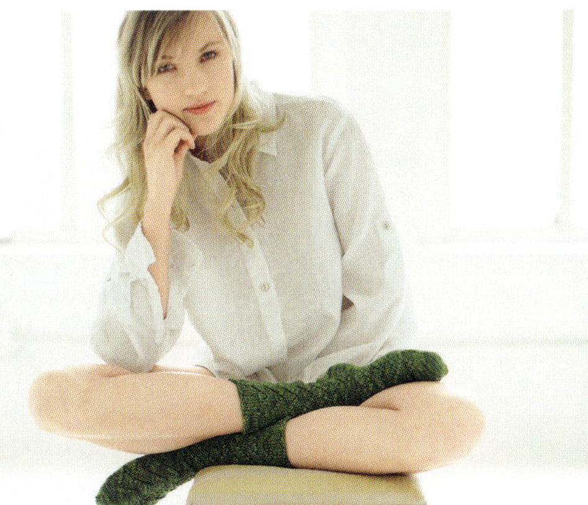

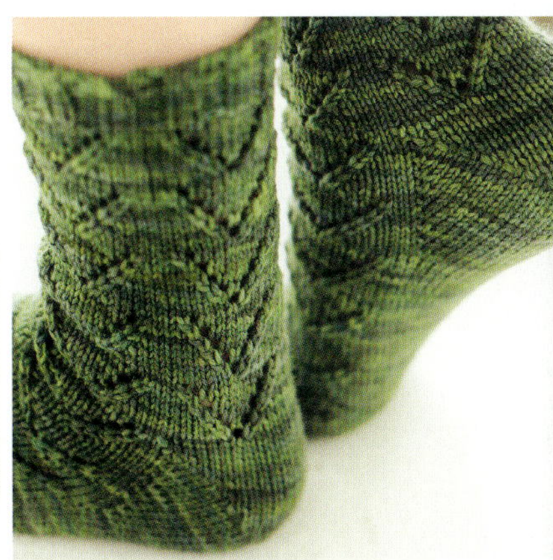

Runde 2: Alle M über Nadel 1 und Nadel 2 (Oberfußmaschen) im Musterschema str.
Nadel 3 und 4 (Sohlenmaschen): Alle M re str.
Nun Runde 1 und 2 so oft wiederholen, bis auf Nadel 3 und 4 insgesamt 40 (44/48/52) M liegen.
Die M von Nadel 1 und 2 noch einmal im Musterschema str.

HINTERE FERSENWAND

Alle Sohlenmaschen von Nadel 3 und 4 auf eine Nadel heben. Diese folgendermaßen in Hin- und Rückreihen stricken (dabei ruhen die M von Nadel 1 und 2):
Reihe 1: 23 (25/27/29) M re, 1 M abn (linksg), 1 M re, wenden.
Reihe 2: 1 M abh, 7 M li, 2 M li zusstr, 1 M li, wenden.
Reihe 3: 1 M abh, 8 M re, 1 M abn (linksg), 1 M re, wenden.
Reihe 4: 1 M abh, 9 M li, 2 M li zusstr, 1 M li, wenden.
Reihe 5: 1 M abh, 10 M re, 1 M abn (linksg), 1 M re, wenden.
Reihe 6: 1 M abh, 11 M li, 2 M li zusstr, 1 M li, wenden.
Nach diesem Schema fortfahren, bis 24 (26/28/30) aktive Maschen auf der Nadel liegen. Diese Maschen hälftig auf zwei Nadeln aufteilen.
Nun in ganzen Runden weiterarbeiten, wobei auch auf den Nadeln 3 und 4 wieder 12 (13/14/15) M liegen. Über diese beiden Nadeln nun wie über Nadel 1 und 2 im Musterschema weiterstricken. Beim Beginn jedoch beachten, dass rundherum die gleiche Musterschema-Reihe gearbeitet wird, damit Vorder- und Rückseite der Socke übereinstimmen.
Das Bein so hoch stricken, bis die Socke etwa 2,5 cm kürzer ist als gewünscht.

BÜNDCHEN

Als Abschluss (2,5 cm breit) ein 2/2-Rippenbündchen stricken (2 M re, 2 M li fortlaufend im Wechsel). Die letzte Runde mit einer für Rippenmuster geeigneten Methode locker abketten (Seite 26 bis 29).

ZACKEN-LOCHMUSTER

Zeichenerklärung

(leer)	1 M re
/	2 M re zusstr
\	1 M abn (linksg)
O	1 Umschlag

Lochmuster-Schema

11	10	9	8	7	6	5	4	3	2	1	
\	O								O	/	9
	\	O						O	/		7
		\	O				O	/			5
			\	O		O	/				3
					O	/					1

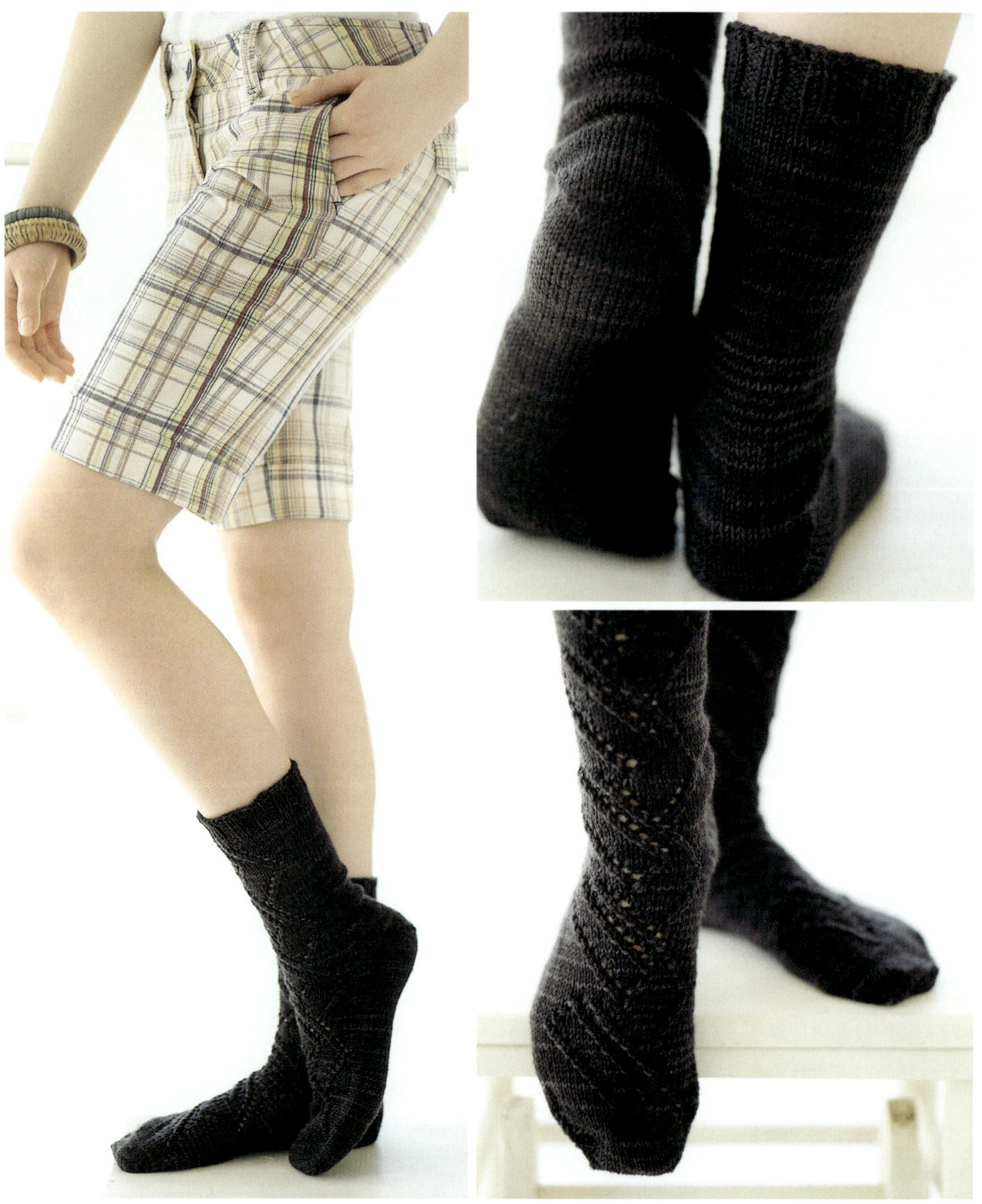

LABYRINTH-SOCKEN

Verirren Sie sich nicht im Labyrinth - nehmen Sie einen Reihenzähler! Ein Lochmuster-Irrgarten schmückt dieses Modell, dessen Anleitung gleich für drei Grössen geschrieben ist. Während das gezeigte Beispiel aus fast einfarbigem Garn besteht, könnten diese Socken auch wunderschön aussehen, wenn Sie sie aus gesprenkelter oder nur leicht schattierter Wolle stricken.

GRÖSSE: S (M/L), Fußballen-Umfang 19 cm (20,5/21,5 cm)

MASCHENPROBE: 26 Maschen und 36 Reihen = 10 x 10 cm, glatt rechts gestrickt

NADELN: 2 Rundstricknadeln (oder 1 sehr lange Rundstricknadel), 2,75 mm stark oder in der Stärke, die Sie für die angegebene Maschenprobe benötigen

VERWENDETES GARN: 3 Stränge (à 50 g) Sport Shorts (von Claudia Hand Painted Yarns), Farbe: Ink. 100 % Merino Wool, Lauflänge (LL) 103 m/50 g

---

Hinweis: Das Musterschema umfasst hier 26 Reihen. Achtung, es sind nur die ungeraden Reihen dargestellt. In jeder zweiten, geraden Reihe nur glatt rechts stricken.

SPITZE

Mit dem Türkischen, dem Achteranschlag oder mit Judys Zauberanschlag 24 M anschl: 12 M pro Rundstricknadel (Seite 16 bis 21). Die M nach der jeweiligen Anschlags-Anleitung und dann auf jeder Nadel einmal re str.

In der nächsten Rd 4 M zun (Abkü. Seite 124):

Nadel 1: 1 M re, 1 M zun, bis vor die letzte M re str, 1 M zun, 1 M re.

Nadel 2: 1 M re, 1 M zun, bis vor die letzte M re str, 1 M zun, 1 M re.

Dann 1 Rd ohne Zunahme re str.

Diese zwei Runden so oft wiederholen, bis sich in der Runde insgesamt 48 (52/56) M ergeben.

Die M folgendermaßen aufteilen:

Nadel 1 (Oberfußmaschen): 24 (26/28) M

Nadel 2 (Sohlenmaschen): 24 (26/28) M

DAS MUSTER BEGINNEN

Nadel 1: Zuerst 1 (2/3) M re, dann die 22 M der 1. Musterschema-Reihe, danach 1 (2/3) M re str.

Nadel 2: Alle M re str.

Auf diese Weise fortfahren, dabei das 26-reihige Motiv vervollständigen und so oft wiederholen, bis das Fußteil bis zum Knöchel reicht – das sind knapp 5 cm bis 6,5 cm vor Erreichen der gesamten Fußlänge.

ZWICKEL

Runde 1: Alle M über Nadel 1 (Oberfußmaschen) im Musterschema str. Nadel 2 (Sohlenmaschen): 1 M re, 1 M zun, bis vor die letzte M re str, 1 M zun, 1 M re.

Runde 2: Alle M über Nadel 1 (Oberfußmaschen) im Musterschema str. Nadel 2: Alle M re.

Nun Runde 1 und 2 so oft wiederholen, bis auf Nadel 2 insgesamt 40 (44/48) M liegen. Die M von Nadel 1 noch einmal im Musterschema str.

HINTERE FERSENWAND

Diese hintere Fersenwand folgendermaßen über Nadel 2 in Hin- und Rückreihen stricken (dabei ruhen die M von Nadel 1):

Reihe 1: 23 (25/27) M re, 1 M abn (linksg), 1 M re, wenden.

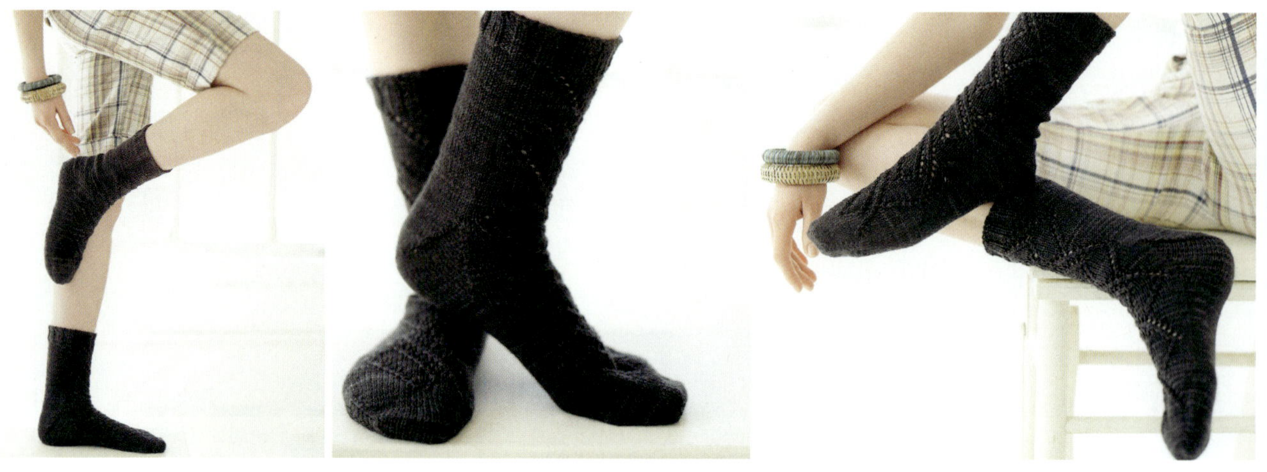

LABYRINTH-SOCKEN (FORTSETZUNG)

Reihe 2: 1 M abh, 7 M li, 2 M li zusstr, 1 M li, wenden.
Reihe 3: 1 M abh, 8 M re, 1 M abn (linksg), 1 M re, wenden.
Reihe 4: 1 M abh, 9 M li, 2 M li zusstr, 1 M li, wenden.
Reihe 5: 1 M abh, 10 M re, 1 M abn (linksg), 1 M re, wenden.
Reihe 6: 1 M abh, 11 M li, 2 M li zusstr, 1 M li, wenden.

Nach diesem Schema fortfahren, bis wie zu Anfang 24 (26/28) aktive Maschen auf Nadel 2 liegen.
Nun in Runden weiterarbeiten. Dabei über Nadel 1 wie zuvor im Muster stricken, über Nadel 2 weiter nur glatt re. Das Bein so hoch stricken, bis die Socke etwa 2,5 cm kürzer ist als gewünscht.

BÜNDCHEN

Als Abschluss (2,5 cm breit) ein 2/2-Rippenbündchen stricken (2 M re, 2 M li fortlaufend im Wechsel). Die letzte Runde mit einer für Rippenmuster geeigneten Methode locker abketten (Seite 26 bis 29).

LABYRINTH-SOCKEN

Zeichenerklärung

(leeres Kästchen)	1 M re
/	2 M re zusstr
\	1 M abn (linksg)
O	1 Umschlag

Lochmuster-Schema

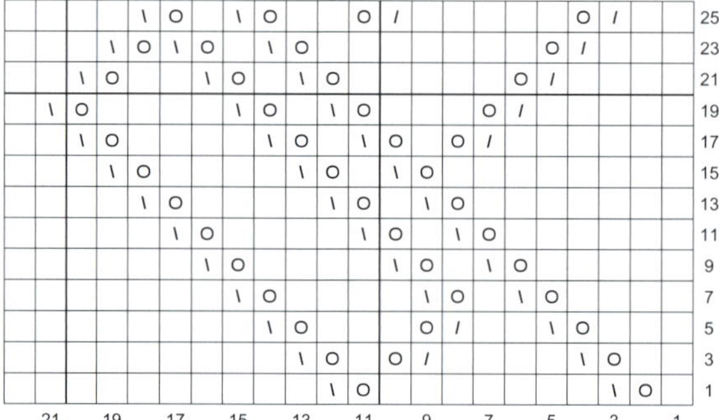

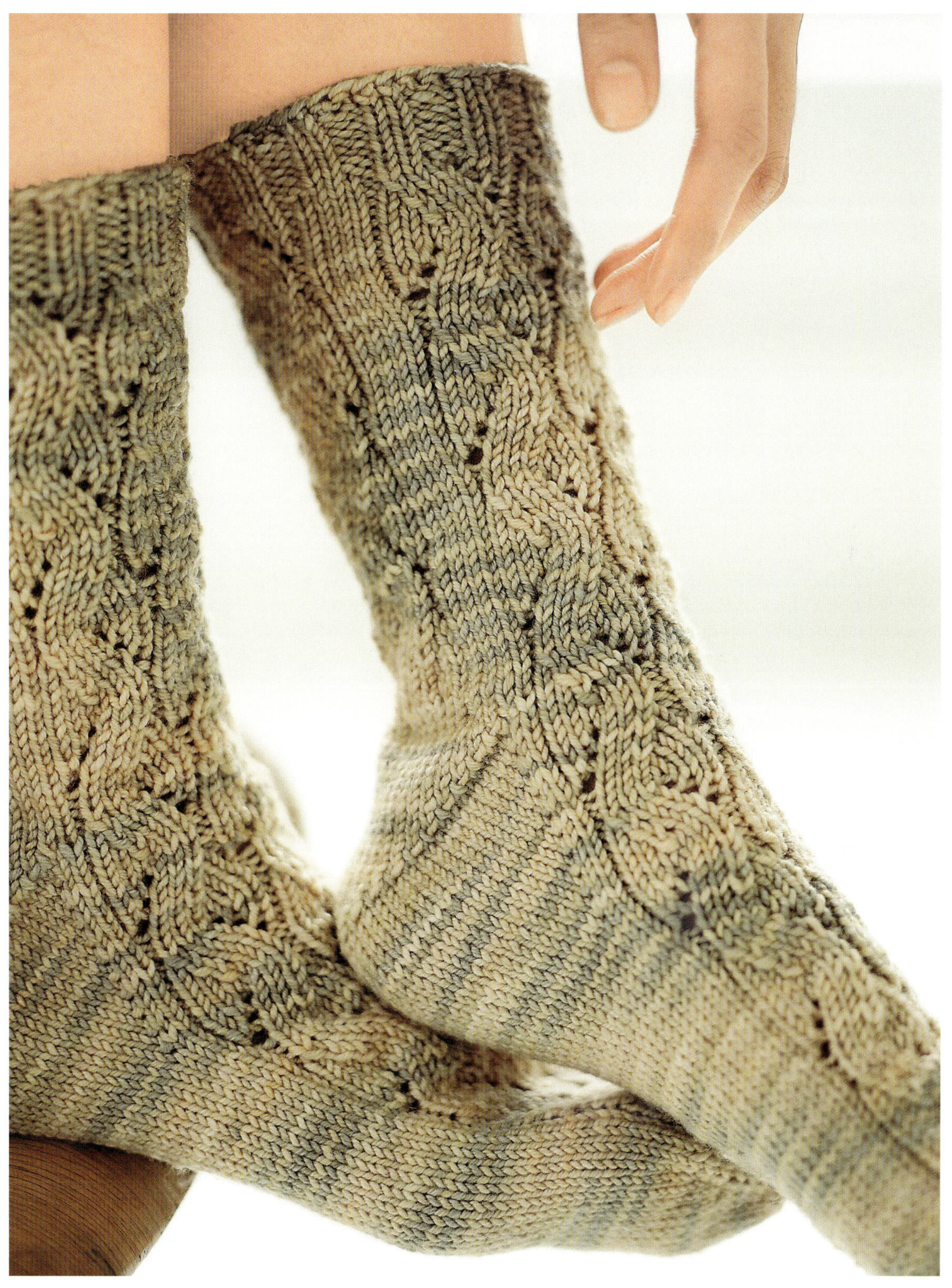

SCHLANGENMUSTER

SCHLANGENMUSTER (FORTSETZUNG)

Diese Schlangen sind weder giftig noch wild darauf, Sie zu verletzen. Im Gegenteil - sie sind sogar sehr fügsam und nehmen beim Stricken die gewünschte aparte Form an. Für drei Grössen ist die folgende Anleitung geschrieben.

GRÖSSE: S (M/L), Fußballen-Umfang 19 cm (20,5/21,5 cm)

MASCHENPROBE: 26 Maschen und 36 Reihen = 10 x 10 cm, glatt rechts gestrickt

NADELN: 2 Rundstricknadeln (oder 1 sehr lange Rundstricknadel), 2,75 mm stark oder in der Stärke, die Sie für die angegebene Maschenprobe benötigen

VERWENDETES GARN: 1 Strang (140 g) Boomerang (von Fiesta), Farbe: Painted Desert. Extra fine Superwash Merino Wool, Lauflänge 293 m/140 g (LL 105 m/50 g)

Hinweis: Das Musterschema umfasst hier 16 Reihen. Achtung, es sind nur die ungeraden Reihen dargestellt. In jeder zweiten, geraden Reihe nur glatt rechts stricken.

SPITZE

Mit dem Türkischen, dem Achteranschlag oder mit Judys Zauberanschlag 24 M anschl: 12 M pro Rundstricknadel (Seite 16 bis 21). Die M nach der jeweiligen Anschlags-Anleitung und dann auf jeder Nadel einmal re str.
In der nächsten Rd 4 M zun (Abkü. Seite 124):
Nadel 1: 1 M re, 1 M zun, bis vor die letzte M re str, 1 M zun, 1 M re.
Nadel 2: 1 M re, 1 M zun, bis vor die letzte M re str, 1 M zun, 1 M re.
Dann 1 Rd ohne Zunahme re str.
Diese zwei Runden so oft wiederholen, bis sich in der Runde insgesamt 48 (52/56) M ergeben.
Die M folgendermaßen aufteilen:
Nadel 1 (Oberfußmaschen):
24 (26/28) M
Nadel 2 (Sohlenmaschen):
24 (26/28) M

DAS LOCHMUSTER BEGINNEN

Nadel 1: Zuerst 1 (2/3) M re, dann die 22 M der 1. Musterschema-Reihe, danach 1 (2/3) M re str.
Nadel 2: Alle M re str.
Auf diese Weise fortfahren, dabei das 16-reihige Motiv vervollständigen und so oft wiederholen, bis das Fußteil bis zum Knöchel reicht – das sind knapp 5 cm bis 6,5 cm vor Erreichen der gesamten Fußlänge.

ZWICKEL

Runde 1: Alle M über Nadel 1 (Oberfußmaschen) im Musterschema str. Nadel 2 (Sohlenmaschen): 1 M re, 1 M zun, bis vor die letzte M re str, 1 M zun, 1 M re.
Runde 2: Alle M über Nadel 1 (Oberfußmaschen) im Musterschema str. Nadel 2: Alle M re.
Nun Runde 1 und 2 so oft wiederholen, bis auf Nadel 2 insgesamt 40 (44/48) M liegen. Die M von Nadel 1 noch einmal im Musterschema str.

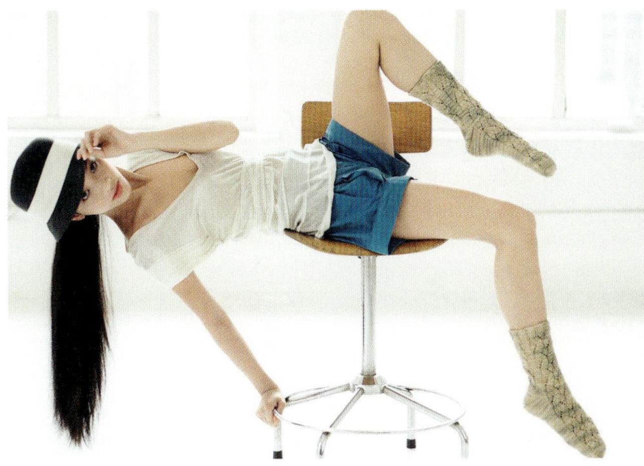

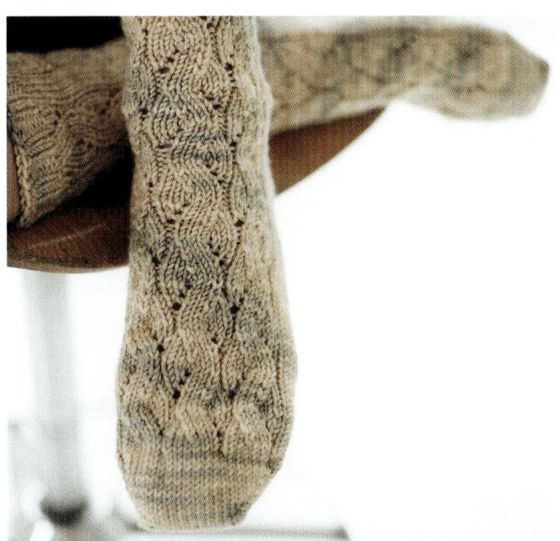

HINTERE FERSENWAND

Diese hintere Fersenwand folgendermaßen über Nadel 2 in Hin- und Rückreihen stricken (dabei ruhen die M von Nadel 1):

Reihe 1: 23 (25/27) M re, 1 M abn (linksg), 1 M re, wenden.

Reihe 2: 1 M abh, 7 M li, 2 M li zusstr, 1 M li, wenden.

Reihe 3: 1 M abh, 8 M re, 1 M abn (linksg), 1 M re, wenden.

Reihe 4: 1 M abh, 9 M li, 2 M li zusstr, 1 M li, wenden.

Reihe 5: 1 M abh, 10 M re, 1 M abn (linksg), 1 M re, wenden.

Reihe 6: 1 M abh, 11 M li, 2 M li zusstr, 1 M li, wenden.

Nach diesem Schema fortfahren, bis wie zu Anfang 24 (26/28) aktive Maschen auf Nadel 2 liegen.

Nun in Runden weiterarbeiten: Dabei über Nadel 1 wie zuvor im Muster stricken. Beim Beginn des Musters auf der Rückseite beachten, dass rundherum die gleiche Musterschema-Reihe gearbeitet wird: Über Nadel 2 dann ebenso zuerst 1 (2/3) M re str, dann die 22 M im Musterschema, danach 1 (2/3) M re str.

Das Bein so hoch stricken, bis die Socke etwa 2,5 cm kürzer ist als gewünscht.

BÜNDCHEN

Als Abschluss ein 2/2-Rippenbündchen stricken (2 M re, 2 M li im Wechsel). Die letzte Runde locker abketten (Seite 26 bis 29).

SCHLANGENMUSTER

Zeichenerklärung

- ☐ 1 M re
- • 1 M li
- o 1 Umschlag
- \ 1 M abn (linksg)
- / 2 M re zusstr

Lochmuster-Schema

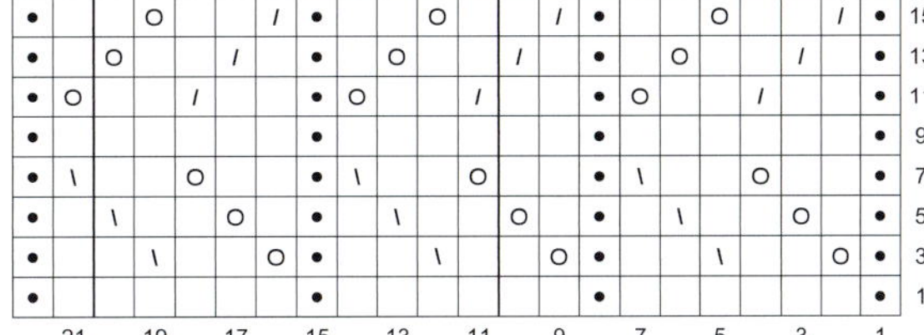

ABKÜRZUNGEN

1/1-Rippenbündchen – 1 Masche rechts, 1 Masche links, fortlaufend im Wechsel (siehe Definition Rippenmuster)
2/2-Rippenbündchen – 2 Maschen rechts, 2 Maschen links, fortlaufend im Wechsel
abh – abheben (Masche ohne zu stricken auf die linke Nadel heben)
Abn – Abnahme(n) (siehe Definition)
abn – abnehmen (siehe Definition)
abn (linksg) – linksgerichtet abnehmen (siehe Definition)
anschl – anschlagen (am Anfang des Gestricks Maschen erzeugen)
glatt rechts – nur rechte Maschen auf der Vorderseite stricken (ergibt eine glatte Seite; die Rückseite mit den linken Maschen wirkt rau)
Hebem – Hebemasche(n) (siehe Definition)
Hinr – Hinreihe(n)
li – links (1 M li = 1 linke Masche stricken)
LL – Lauflänge; Garnlänge im Knäuel/Strang, bezogen auf ein bestimmtes Gewicht
M – Masche(n)
Mmark – Maschenmarkierer (siehe Definition)
Perl-Zun – Perlzunahme(n) (siehe Definition)
Rd – Runde(n)
re – rechts (1 M re = 1 rechte Masche stricken)
Rückr – Rückreihe(n)
str – stricken
Wickelm – Wickelmasche(n) (siehe Definition)
wiederh – wiederholen
zun – zunehmen (siehe Definition)
Zun – Zunahme(n)
zus – zusammen
zusstr – zusammenstricken

DEFINITIONEN

abheben Eine Masche ohne zu stricken auf die andere Nadel heben. Man kann wie zum Rechts- oder Linksstricken abheben (siehe Hebemasche).

abketten Die letzte Maschenreihe abstricken, damit sich das Gestrick nicht mehr löst. Dafür abwechselnd 1 Masche stricken, die vorige fertige Masche darüberziehen. Beim mustergerechten Abketten mit rechten und linken Maschen arbeiten. Um die letzte aktive Masche zu sichern, das Ende des gekürzten Arbeitsfadens hindurchziehen und vernähen.

Abnahme/abnehmen Maschen innerhalb einer Reihe reduzieren. Die verschiedenen Abnahmetechniken ergeben unterschiedliche Maschenbilder.

Beispiele für die Abnahme von 1 Masche: linksgerichtete Abnahme (siehe unten); 2 Maschen zusammenstricken; doppelter Überzug (siehe unten).

Beispiele für die Abnahme von 2 Maschen: einfacher Überzug (1 M abh, 2 M re zusstr, die abgehobene M überziehen); doppelter Überzug (siehe unten); 3 M re zusstr (normal oder verschränkt); 3 M li zusstr.

Abnahme, linksgerichtet Zuerst 1 Masche, dann noch 1 Masche wie zum Rechtsstricken abheben (nicht beide gleichzeitig!). Dann die linke Nadel durch die vorderen Maschenglieder dieser beiden Maschen stechen und aus dieser Position heraus beide Maschen rechts zusammenstricken (mit den hinteren Maschengliedern, also rechts verschränkt). Bei wiederholten Abnahmen übereinander zeigt sich deutlich eine linksgeneigte Linie.

Hebemasche Eine Masche abheben, dazu in der Regel wie zum Linksstricken einstechen. Der Arbeitsfaden liegt dabei vor oder hinter dem Gestrick (wie meist üblich). Dieser querliegende Faden verdichtet es und verstärkt zum Beispiel Sockenfersen.

Hilfsnadel (Zopfnadel) Eine kleine, gerade oder gekrümmte, beidseitig spitze Stricknadel zum vorübergehenden Stilllegen und Umheben einer Masche(ngruppe), die sich dann mit einer anderen zum Zopf verkreuzen lässt.

Maschenmarkierer Praktisches Utensil zum Kennzeichnen von Musterwechseln. Geeignet sind unter anderem kleine Ringe (Metall, Kunststoff, Gummi etc.) oder eine Garnschlaufe.

Maschenprobe Die Anzahl von Maschen pro Reihe und die Reihenanzahl in der Höhe, in der Regel gezählt auf einer Fläche von 10 x 10 cm. Nur wenn die eigene Maschenprobe aus dem gewählten Garn mit der beim Modell genannten übereinstimmt, hat das spätere Gestrick die Maße, die in der Anleitung angegeben sind (siehe Seite 12). Die Maschenprobe dient auch zur Orientierung beim Garnkauf.

Maschenraffer Ein Hilfsmittel (wie eine lange Sicherheitsnadel) zum vorübergehenden Stilllegen und Sichern von Maschen. Zur Not tut es ein Garnrest oder eine Rundstricknadel mit aufgesetzter Endkappe.

Maschenstich Ein Stickstich, mit dem sich auch zwei offene Maschenreihen zusammennähen lassen. Die Stiche sehen wie eine Reihe gestrickter Maschen aus. Bei vom Bündchen aus gestrickten Socken schließt man die Spitze oft mit Maschenstichen. Bei Toe-up-Socken ist das nicht nötig.

Nadelspiel Ein Set aus fünf Stricknadeln (oder weniger) zum Rundstricken, mit Spitzen an beiden Enden.

Perlzunahme Vermehrung um 1 Masche, wobei sich später ein charakteristisches Pünktchen zeigt. Es gibt eine rechte und linke Perlzunahme.

Bei der re Perl-Zun aus einer Masche zwei Maschen herausstricken: Dazu 1 M re ins vordere Maschenglied str, 1 M re ins hintere Maschenglied, dann erst diese

Ausgangs-M von der linken Nadel gleiten lassen.

Bei der li Perl-Zun aus einer Masche zwei Maschen herausstricken: Dazu 1 M li ins vordere Maschenglied str, 1 M li ins hintere Maschenglied, dann erst diese Ausgangs-M von der linken Nadel gleiten lassen.

Rapport Kleinste Mustereinheit, die sich auf der Fläche mehrfach wiederholt (neben-, übereinander).

reguläre (aktive) Masche Normale Maschen im Unterschied zu vorübergehend stillgelegten oder abgeketteten Maschen.

Rippenmuster Ein aus rechten und linken Maschen entstehendes, senkrecht geripptes Muster, welches das Gestrick elastisch macht. Es sind verschiedene Kombinationen möglich (1/1, 2/2, 1/3 und andere), auch mit verschränkten Maschen. Rippenmuster bilden oft das obere und untere Bündchen an Pullovern, Mützen, Fausthandschuhen und Socken.

Rundstricknadel Biegsames Kunststoffseil mit zwei starren, kurzen Stricknadeln an den Enden (gerade oder leicht gebogen). Socken können mit zwei Rundstricknadeln gefertigt werden anstatt mit einem Nadelspiel. Bei der Zauberschlingen-Technik (Seite 23) reicht eine sehr lange Rundstricknadel.

spannen Die gestrickten Teile in der gewünschten Form auf eine Unterlage aufspannen und unter feuchten Tüchern trocknen lassen. Socken feuchtet man an, legt sie flach auf ein Handtuch und zieht sie von Hand in die passende Form und Größe. Oder man streift sie feucht über einen Sockenspanner und lässt sie langsam trocknen.

Überzug, doppelter 1 M wie zum Rechtsstricken abheben, 2 M re zusammenstricken, die abgehobene M überziehen. Dadurch werden 2 Maschen abgenommen.

Umschlag Eine Masche zunehmen, indem man den Faden einmal um die Nadel legt und dann die nächste Masche wie angegeben strickt. In der Folgereihe wird der Umschlag wie eine Masche abgestrickt. So entsteht eine Lücke im Gestrick, weshalb man Umschläge in Lochmustern einsetzt.

verkürzte Reihen Eine Technik, die dem Gestrick Kurven, Fülle oder eine bestimmte Form gibt. Man strickt mitten in der Fläche kürzere Reihen hin und her, während die Nachbarmaschen ruhen und erst später wieder mitgestrickt werden. Bei Socken kann man auf diese Weise die Ferse oder die Spitze ausformen.

verschränkt Bei einer rechts verschränkten Masche wird nicht ins vordere, sondern ins hintere Maschenglied eingestochen. Die Masche dreht sich und wird durch die Fadenverkreuzung elastischer und dichter.

Wickelmasche Wickelmaschen erzeugen zusammen mit verkürzten Reihen eine verstärkte Schrägnaht und treten als deutliche Linie hervor. Das Prinzip: Wie jeweils angegeben die letzte Masche abheben (Arbeitsfaden liegt vorn), die Arbeit wenden, dabei wickelt sich der Faden unten um die Masche. Am Reihenanfang diese Masche ebenfalls nur abheben und stilllegen. Später, wenn die Reihen wieder verlängert werden, bezieht man diese Masche wieder mit ein, indem man sie mit ihrer (doppelten) Wicklung zusammenstrickt. Der genaue Ablauf steht in der jeweiligen Anleitung.

Zopf Ein gedreht wirkender Strickmusterstreifen. Er entsteht dadurch, dass man einzelne Maschen oder Maschengruppen vor oder hinter dem Gestrick miteinander verkreuzt.

Zunahme/zunehmen Eine oder mehrere Maschen zum Verbreitern des Gestricks vermehren. Beispiele: das Herausstricken einer neuen Masche aus dem verkreuzten Querfaden zwischen zwei Maschen, den man zuvor auf die linke Nadel hebt und verschränkt abstrickt; der Umschlag (siehe oben); das Herausstricken zweier Maschen aus einer einzelnen Masche (siehe Perlzunahme).

TIPPS UND HILFEN

GARNE

Bei den Modellen sind die tatsächlich verwendeten Garne aus dem amerikanischen Originalbuch angegeben. Wenn Sie dieses Material nicht in Geschäften oder in Online-Shops finden, ersetzen Sie es durch ähnliche Sorten. Nehmen Sie die angegebene Lauflänge und die Maschenprobe als Anhaltspunkt.

Eine Auswahl internationaler und deutscher Bezugsquellen:

Blue Moon Fiber Arts:
(u. a. Socks-That-Rock-Garn)
www.bluemoonfiberarts.com

Claudia Hand Painted Yarns:
www.claudiaco.com

Colinette:
www.colinette.com

Dream in Color:
www.dreamincoloryarn.com
www.wollimpressionen.de

Fleece Artist:
www.fleeceartist.com

Lisa Souza Knitwear and Dyeworks:
www.lisaknit.com

Shibui Knits:
www.shibuiknits.com

Eine kleine **Auswahl weiterer Anbieter** für handgefärbte und andere Sockengarne:

www.naturesluxury.com
www.wollbox.de
www.wollkontor-erlangen.de
www.Sockenwolle-hoh.de
www.fischer-wolle.de
www.strumpfwolle.de
www.wolle-backnang.de
www.mariannes-opalwolle.de
www.mylys.de

ONLINE-HILFEN

Während Wollgeschäfte persönlich beraten, bisweilen Kurse anbieten und eine große Hilfe für Einsteiger sind, so lernte ich fast alles übers Sockenstricken im Internet. Obwohl das eine leichte Übertreibung ist – man kann tatsächlich viel darüber erfahren, wenn man über einen Computer und einen Internetanschluss verfügt. Etliche hübsche Websites bieten Hilfe und Anleitung an für alles rund ums Sockenstricken.

Englischsprachige Websites:
Detaillierte Anleitungen für Judys Zauberanschlag (Judys Magic Cast-On) findet man auf der Website von Judy Becker: www.persistentillusion.com.

Die Website Ravelry ist wie MySpace für Strickbegeisterte. Unter anderem findet man eine Sammlung frei nutzbarer Strickmuster und spezielle Interessengruppen. Allein zum Thema Socken gibt's über zweihundert Gruppen und Foren: www.ravelry.com.

Wer sich über amerikanische Gewichtsbezeichnungen für Garne (Lace, Fingering, Sock, Sport, DK, Light Worsted etc.) und andere Standards informieren möchte, dem sei eine Internetseite des »Craft Yarn Council of America« empfohlen:
www.yarnstandards.com
Falls Sie vorwiegend visuell lernen und Videofilme mit Stricktechniken suchen, werden Sie bei dieser wunderbaren Quelle fündig: www.knittinghelp.com.

YouTube ist auch eine Fundgrube für Lehr-Videos. Geben Sie als Suchbegriff »Socken stricken« oder »knit socks« ein, und Sie werden mit großartigen Anleitungsfilmen belohnt. Selbst spezielle Anschlagstechniken wie »Judys Magic Cast-On« oder »Turkish Cast-On« kann man entdecken: www.youtube.com

Deutschsprachige Online-Hilfen:

Neben www.youtube.com gibt es sehr viele Foren, Blogs und Websites mit Anleitungen und Lehrvideos. Es lohnt sich, zu stöbern, über Fragen und Stichworte zu suchen und Neues zu entdecken!
Eine dieser Seiten mit Videos lautet: www.nadelspiel.com

(Alle Internetadressen: ohne Gewähr)

DANKSAGUNG

Dieses Buch hätte nicht ohne die Hilfe vieler großzügiger Menschen entstehen können:
Ich bedanke mich bei Blue Moon Fiber Arts, bei The Loopy Ewe, bei Lisa Souza Knitwear and Dyeworks für ihre freigiebigen Garnspenden für die Socken dieses Buches.
Ein besonderes Dankeschön geht an meine Freundin Sheri Berger von The Loopy Ewe: Sie hat mir bei der Auswahl von Farben und Garnen für einige Modelle geholfen, hat mir geduldig zugehört und stets Rat und Unterstützung geboten, wann immer ich anrief und ohne Unterlass sehr ausgiebig über Socken redete.
Ich danke Judy Becker, die mir erlaubt hat, ihre wunderbare Technik für den Anfang einer Sockenspitze zu dokumentieren: Judys Zauberanschlag.
Ein Dank geht an Ian Ories, der mit Geduld und großer Genauigkeit die Fotos gemacht hat, die als Grundlage für die stricktechnischen Detail-Zeichnungen in diesem Buch dienten. Ich danke ihm auch dafür, dass er die Socken, die ich für ihn gestrickt habe, mit viel Freude getragen hat.
Ein großer Dank geht an meine Test-Strickerinnen: Alice Coppa, Sharon Hart, Lindsey-Brooke Hessa, Hariamrit Khalsa, Laura Linneman, Gail Marracci, Daisy Olsen, Jill Smith und Margaret H. Velard. Diese talentierten Frauen strickten nicht nur die Socken dieses Buches, sondern sie bügelten erfreulicherweise auch einige Fehler in den Mustern aus und machten einige Anleitungen verständlicher.
Und keinesfalls zu vergessen – mein herzlichster Dank geht an meine technische Redakteurin, liebe Freundin und meine Seelenverwandte in Sockenangelegenheiten: Lindsey-Brooke Hessa. L-B prüfte die Modelle sehr streng, stellte Fragen, gab Anregungen, strickte Musterstücke und rief mich – ständig einsatzbereit – mit Fragen und Erklärungen aus Restaurants, von Flughäfen, aus fahrenden Verkehrsmittel und von anderen ungewöhnlichen Orten an. Sie lauschte geduldig, wenn ich schwadronierte und schwärmte, sie leitete mich wieder sachte auf den rechten Pfad zurück, wenn ich abwegige Themen zur Sprache brachte. Und ihre Einwendungen waren stets taktvoll, wenn ich so absurde Vorschläge machte, dass man sie hier nicht wiederholen sollte. Niemals lachte sie mich aus. Gut, in Wahrheit lachte sie schon, aber sie tat es auf eine liebenswürdige Art. Und ganz zum Schluss sind wir Freunde geworden. Danke, L-B!

REGISTER

ISBN 978-3-8094-4804-4

2. Auflage 2025

produktsicherheit@penguinrandomhouse.de
(Vorstehende Angaben sind zugleich Pflichtinformation nach GPSR.)

Die englische Originalausgabe wurde unter dem Titel *Socks from the toe up* erstmals in den USA bei Potter Craft veröffentlicht, einem Imprint von Random House, einem Unternehmensbereich von Penguin Random House LLC

Design: La Tricia Watford
Fotos: Alexandra Grablewski
Illustrationen: Kara Gott Warner
Übersetzung: Regine Felsch

Projektleitung dieser Ausgabe: Sibylle Lehmann
Umschlaggestaltung: Atelier Versen, Bad Aibling
Herstellung: Franziska Polenz

Penguin Random House Verlagsgruppe FSC® N001967

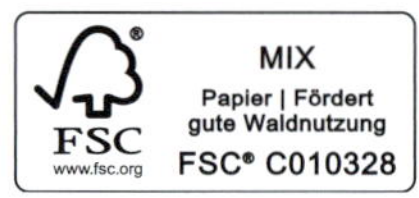

Druck und Bindung: Alföldi Nyomda Zrt., Debrecen
Printed in Hungary

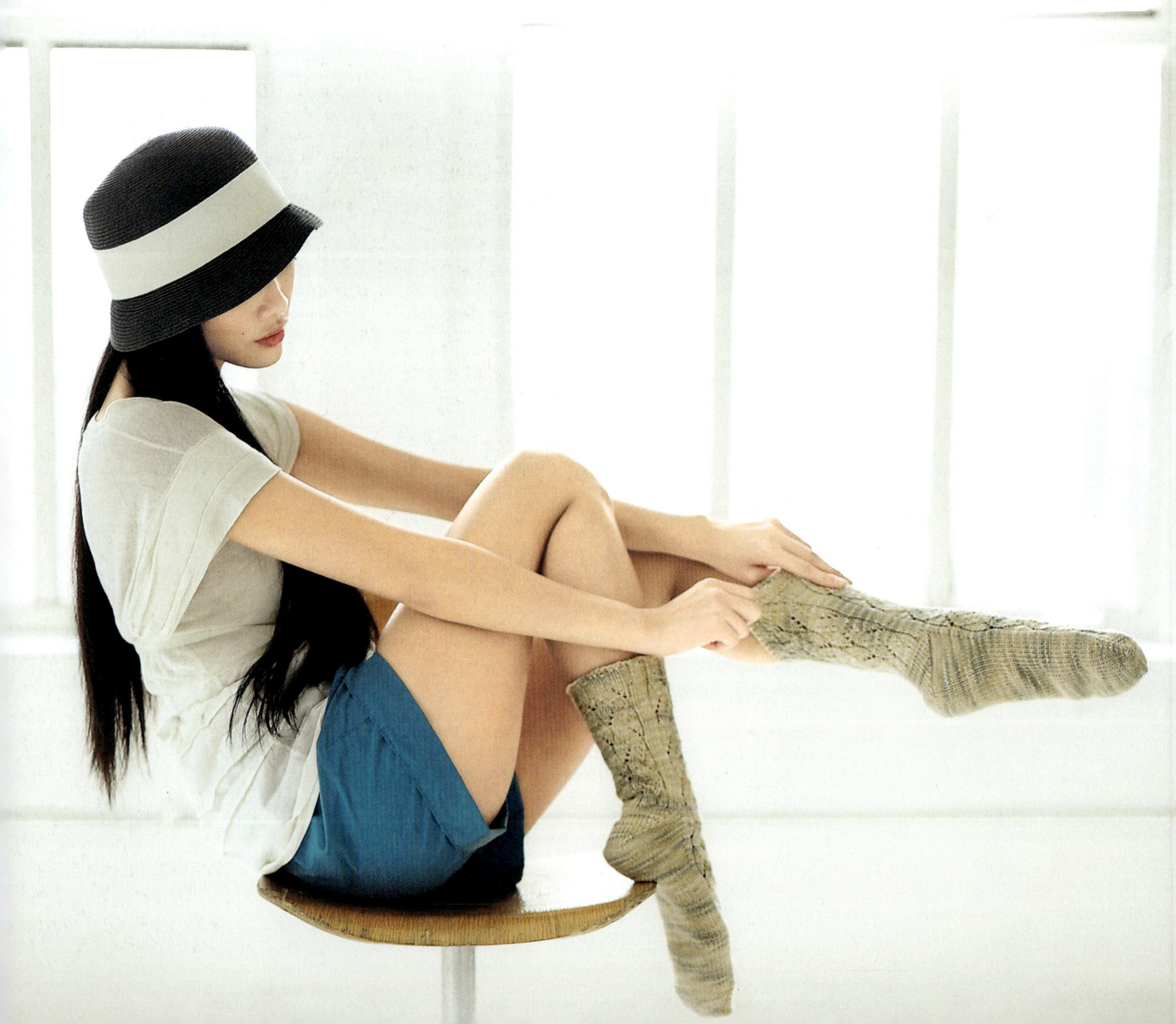